CSSCI 来源集刊

历史语言学研究

二〇二一年第一辑

（总第十五辑）

中国社会科学院语言研究所《历史语言学研究》编辑部　编

商務印書館
创于1897 The Commercial Press

图书在版编目(CIP)数据

历史语言学研究.二〇二一年.第一辑:总第十五辑/中国社会科学院语言研究所《历史语言学研究》编辑部编.—北京:商务印书馆,2021
ISBN 978-7-100-20413-2

Ⅰ.①历… Ⅱ.①中… Ⅲ.①语言学史—文集
Ⅳ.①H0-09

中国版本图书馆 CIP 数据核字(2021)第 200975 号

LÌSHǏ YǓYÁNXUÉ YÁNJIŪ
历史语言学研究
二〇二一年第一辑
(总第十五辑)
中国社会科学院语言研究所
《历史语言学研究》编辑部 编

商 务 印 书 馆 出 版
(北京王府井大街36号 邮政编码100710)
商 务 印 书 馆 发 行
北京虎彩文化传播有限公司印刷
ISBN 978-7-100-20413-2

2021年5月第1版 开本 787×1092 1/16
2021年5月北京第1次印刷 印张 13¾
定价:88.00 元

目　　录

・青年论坛・

从《高丽史》中的元白话资料看与第二语言习得有关的语言接触*

曹广顺　遇笑容

提　要　《高丽史》是朝鲜李朝郑麟趾等撰写的朝鲜高丽王朝的史籍，保存了元到明初一些元明两朝与高丽王朝交往的历史文献，从中可以看到元白话在十三世纪前期到十四世纪后期的使用、发展和变化，从这些使用与变化的情况里，可以看到一些与第二语言习得有关的语言接触的发展过程与一般规律。

关键词　高丽史　元白话　第二语言习得　语言接触

一　导言

元代是汉语语言接触历史中一个重要的时期，元白话是这个时期蒙古语与汉语接触的产物，蒙古人进入中原地区之后，迫于交际的需要，急需学习掌握汉语，匆忙的学习过程，造就了这种带有明显蒙古语（主要是语法）影响的结果，成为当时蒙汉（尤其是北方地区）交际的工具。蒙古人学习汉语是一个第二语言习得过程，而第二语言习得导致的语言接触是语言接触的两个基本类型之一。考察元白话的历史，对了解第二语言习得导致的语言接触有重要意义，近年来学术界也对此做了许多研究和讨论。但截至目前，由于材料等条件的限制，仍有许多尚待解决的问题。我们注意到，《高丽史》①中保存了元明两代不同时期的一些白话资料，本文希望通过对《高丽史》白话资料的考察，进一步了解元白话的情况，并借此对第二语言习得引发的语言接触做一些初步的探索。

二　《高丽史》与《高丽史》中的元代元白话资料

《高丽史》为朝鲜李朝郑麟趾等撰，成书于李朝文宗元年（明景泰二年，1451），记载朝鲜高丽王氏王朝的历史。高丽王氏王朝起自 918 年，迄于 1392 年，与我国辽宋金元时期大体

---

* 本文为庆贺蒋绍愚先生八十寿辰而作，并已于“汉语历史词汇语法研究国际学术研讨会”（北京，2019.10）上宣读。因种种原因到今年才发表，谨以此文送上迟到的祝贺之忱。

① 西南师范大学出版社、人民出版社，2014 年。

相当。其中熙宗至恭愍王在位期间(1200—1368)约当成吉思汗兴起至元朝灭亡、明朝初建的时期。

1270年以后,高丽全面降服于蒙古,蒙古高丽之间建立了比较密切的联系,期间一些蒙古与高丽交通的文献,保留于《高丽史》中,这些文献有一部分是用元白话写的。1368年明朝建立以后,这种使用元白话与高丽交流的情况,仍偶见于《高丽史》中。

《高丽史》中元朝与高丽使用元白话交流的资料,主要是一些往来公文,在这些公文有全篇使用白话的,也有使用零散的白话句子的。目前所见最早的是公元1231年《高丽史》卷23《高宗世家》里,1225年蒙古使节瓜古与在从高丽取走礼物的途中被杀,1231年蒙古以此为借口入侵高丽,直逼开京。《高丽史》中记载了两道1231年当时蒙古将领撒礼塔派人送给高丽王的牒文,其一为:

> 蒙使献王文牒一道,牒曰:天底气力,天道将来底言语,所得不秋底人有眼瞎了,有手没了,有脚子瘸了。圣旨:差撒里打火里赤军去者,问你每:待投拜?待厮杀?鼠儿年黑契丹你每高丽国里讨虏时节,你每迭当不得了去也。阿每差得扎剌、何称两介引得军来,把黑契丹都杀了。你每不杀了,阿每来。若阿每不将黑契丹了,你每不早了那是么?使臣禾利一女根底不拜来那是么?投了呵,差使臣瓜古与你每根底不行打来那什么?瓜古与没了,使臣觅瓜古与来,你每使弓箭将觅来底人射得回去了那上头,管是你每底将瓜古与杀了也。阿每觅问当来也。皇帝圣旨道:若你每待厮交阿每一处,厮相杀住到老者。若还要投呵,依前一般投了者去。若你每民户根底的爱惜,依前一般投拜来。下去底使臣快快地交回来者。若要厮杀,你识者。皇帝大国土里达达每将四向周围国土都收了,不投底国土都收了,你每不听得来?投去了底人都一处行打。你每不听得来?阿每将劫掳你每底寄不及都收抚了,听你每根底来?高丽国王,你每底民户里投拜了的人依旧住坐,不投拜底人户杀有。虎儿年投投拜了,咱你每不曾一家来那什么?使去底使臣是阿土。

1231年还是窝阔台担任大汗、蒙古定国号大元之前,在元白话研究中,被认为是元白话的早期阶段①。元白话的一些特殊语言特征,在以上的这道牒文里都有所使用:

1. 阿每差得扎剌、何称两介引得军来,把黑契丹都杀了。你每不杀了,阿每来。若阿每不将黑契丹了,你每不早了那是么?

2. 你每使弓箭将觅来底人射得回去了那上头,管是你每底将瓜古与杀了也。

3. 若你每待厮交阿每一处,厮相杀住到老者。

4. 若你每民户根底的爱惜,依前一般投拜来。

5. 不投拜底人户杀有。

---

① 参阅祖生利(2009),及其相关研究成果。

6.虎儿年投投拜了，咱你每不啻一家来那什么？

除此之外，牒中有些句子可能还没有能用汉语正确的表达，让我们读了以后有一些不知所言，如：

7.鼠儿年黑契丹你每高丽国里讨虏时节，你每迭当不得了去也。阿每差得扎剌、何称两介引得军来，把黑契丹都杀了。你每不杀了，阿每来。若阿每不将黑契丹了，你每不早了那是么？

元白话早期阶段的资料比较少见，除《高丽史》中撒礼塔的两道牒文外，还有成吉思汗给丘处机的四道圣旨，大家经常提到的是癸未年十一月十五日的：

宣差都元帅贾昌传奉成吉思皇帝圣旨：丘神仙，你春月行程别来至夏日，路上炎热艰难来，沿路好底铺马得骑来么？路里饮食广多不少来么？你到宣德州等处，官员好觑你来么？下头百姓得来么？我这里常思量着神仙你，我不曾忘了你，你休忘了我者。癸未年十一月十五日。

成吉思汗给丘处机的四道圣旨除一道文言的之外，其余三道都是白话圣旨，但这三道白话圣旨里并没有出现上述撒礼塔牒文中引述窝阔台圣旨中出现的特殊元白话成分。

也就是说如果把成吉思汗和窝阔台圣旨加以比较，区别在于成吉思汗这道圣旨还没有出现元白话特殊语法特征，窝阔台时则已经大体上具备了元白话的特殊语法特征；而共同之处是，他们的圣旨里使用的词汇语法都相对简单，语义表达都有不清楚的情况：

8.下头百姓得来么？（成吉思汗）

9.若阿每不将黑契丹了，你每不早了那是么？（窝阔台）

以上两句都没有把意思表达清楚。

元朝建立之后，进入中原的蒙古人日益增多，元白话使用可能日趋广泛，大量资料见于《元典章》等文献，《高丽史》里，同样可以见到类似的情况。

《高丽史》卷25《元宗世家》(1260)

癸卯，束里大在西京寄书于王曰："闻帝谕旨：岛子里坐底你识者？拣那里坐底你识者？王喜耶不？文武群臣亦喜耶不？"（束里大：忽必烈派驻高丽的达鲁花赤）

《高丽史》卷31《忠烈王世家》(1300)

于大德四年七月初八日都省就唤当职元引官员省会奏过事内一件：奴婢的勾当依本国体例行者。圣旨了也，钦此。续准都省咨文：该王与阔里吉思那的每言语不归一，各别的一般，除是别定夺怎生呵是？奏呵，奉圣旨：冬间王差将人来者，你也好生商量怎生定体的那其间了也者。除这的外，王教奏的言语依着他的言语者。钦此。

《高丽史》卷36《忠惠王世家》(1331)

今特降圣旨云：元附籍册人民水土文字有的人每根底奴婢，不拣是谁休争者。麽道。

《高丽史》卷37《忠穆王世家》(1348)

乙未元中书省移咨云:至正七年九月十四日,咬咬慨薛第三日,明仁殿内有时分,速古赤佛家奴云:都赤撒迪米失、殿中监给事中燕古儿赤等有来,帖木兒荅失左丞相特奉圣旨:在前高丽百姓未曾归附的时分,他每倚本俗行来也者,托赖上天属了咱每的时分,昨前知道不荅失里将那百姓好生残害的上,明知道一介害高丽百姓麽道,将不荅失里罚去迤南地面。为他依势力不依法度行来的勾当,已尝命语知彼中事体王脱懽、金那海教正理去来。时下促急,便怎生正理的有?如今交八麻朶兒赤和王脱懽等与省得的勾当的好人一同,不拣是谁依势力欺压百姓的,并民间不事理,好生正理,奏将来者。

明代初年,朱元璋与高丽王联系时有继续使用白话的现象,其见于《高丽史》里的白话诏书大约有 15 道,其中 1372、1373、1385 年的三道里出现了元白话中的特殊语法现象"有、根底(的)、麽道"等。

在下面这段《高丽史》卷 43《恭愍王世家》中看到的 1372 年圣旨里,朱元璋大量使用元白话的一些语言特征,仅下面一小段就包括"有"7 例、"根底"2 例、"麽道"1 例、"上头"1 例:

前年恁国家为耽罗牧子的事,进将表文来呵,我寻思这耽罗的牧子,系元朝达达人,本是牧养为业,别不会做庄家有。又兼积年生长耽罗,乐土过活的人有,更这厮每从前杀了恁国家差去的尹宰相麽道,把这厮每迁将别处住去呵,怕那厮不知国王的好意思,疑惑着别生事端,所以不准来。今番这厮每又怎的如此作乱有。我如今国王根底与将书去有。恁到那里,国王根底备细说者,休小觑他,多多的起将军马,尽行勦捕者!我听得恁那地面里倭贼纵横劫掠,滨海人民避怕逃窜,不能镇遏,致使本贼过海前来作耗的上头,我这里戒饬沿海守御官,见获到前贼船一十三只有,若耽罗牧子每与此等贼徒相合一处呵,剿捕的较难有。又听得女直每在恁地面东北,他每自古豪杰,不是分守的人有。

《高丽史》中朱元璋的白话圣旨已经有多位学者研究过(张全真 2005、汪维辉 2010),大家都指出其中出现了许多元白话的特殊语法特征,我们以上列举的是这些特殊语法特征出现比较集中的一段。但是其实大部分朱元璋圣旨是不用或少用元白话语法特征的,如《高丽史》卷 44《恭愍王世家》,所录一段 1373 年朱元璋圣旨,通篇白话:

姓李的火者并达达、回回诸色人都来推做买卖打细。李火者来了两三番也,见达达说达达话,见一般火者说高丽话,见汉儿说汉儿话。这般打细呵,怎中?

在这篇三千余字的圣旨里,只用了 2 例"根的",4 例"上(头)"。

其余的几段使用过"上(头)、呵、每"等,这些成分早期出现可能受到蒙古语影响,但到明代前期已经很大程度上汉语化了。

《高丽史》卷 43《恭愍王世家》(1372)

钦奉圣旨:那海东高丽国王那里自前年,为做立石碑,祭祀山川,飞报各处捷音,及送法服,使者重叠,王好生被暑热来为那般?我想着限山隔海,天造地设,生成的国土,那王每有仁政管抚的好时,天地也喜。我这里勤勤的使臣往来呵,似乎动劳王身体一般。为那般上头，我一年光景不曾教人去。于今恁每中书省，省收拾纱罗段子四十八匹，差元朝旧日老院使送去，选海船一只，用全身挂甲的军人在上面防海。就将那陈皇帝老少、夏皇帝老少去王京，不做军，不做民，闲住他自过活！王肯教那里住呵，留下；不肯时节载回来。恁省家文书上好生说得子细了。

而且，同期其他历史人物见于《高丽史》的白话资料里，基本上也没有出现元白话中的特殊语法现象。如：

《高丽史》卷133《辛禑列传》(1376)

判事金龙自定辽卫赍高家奴书还，其书曰：仆自洪武五年归降朝廷，数年之间，深蒙厚恩，非笔舌一言能尽。兹因本国不知怎生废了普颜帖木兒王上头，主人疑惑。况又将差去官蔡大使等亦废了，因此不通王命。这三二年，恁又与纳哈出通音，前后不一。然人在天地间，岂不知顺逆循环的道理？今次差使臣金龙来好生的好争，柰南雄侯大人回京，又恐恁那里心上不安，俺这里与两个守方面的官人商量了，且交他每回去。即自总兵官靖海侯、余都督、李平章三个大官人到牛家庄下岸，总统大军，转运大粮，至辽阳、海州、沈阳、开原等处，坚守城池，交恁知会。我想着前元时分，与王普颜帖木兒共同策应，杀沙刘二、破头潘，那其间王京官人每多信从我来，今日前日何异？未敢以不至诚待人。切思无知纳哈出，孤兵深入，所部将士，未战自败，从然侥幸到金山子，百无一二？然又接王保保辈，况彼几战败，将何足为论？旦夕我国家大军四面云集至彼，如劲风之扫败叶，临时虽悔何及？若原来使臣金龙至，专望列位相国，当以四海八方靡不来臣之心为意，作急差经济老臣，或奉上之马，并总兵官靖海侯等大官人处来说话，趁此之机，不可失期。更有辽阳先前避兵之民端，冀列位相国早为发付前来。不惟民之思，即实报国家善政之一端也。果允所祷，先将已未起男妇备细手本将来，与总兵官大人看。况东宁等处来归之民辽阳如市，去使详知。原差蔡大使取的马如达，可作急差人来，解与我国家添力一般。若今次不来，显知我也说谎，恁再如何说话？克日大军殄灭纳哈出等后，恁便将无万的马来何用？

据《辽东志》载："先是，高家奴团结乡民，结寨于老鸦山。至是，以其众袭破头潘擒送京师，以高家奴为辽阳行中书省平章事。"高家奴元亡后不受招降，仍与明朝抗争，直到1373年以后才兵败投降。这样一个长期忠于元政权的官员，在其书信里都不使用元白话，可见元末元白话在汉人中还远没有普遍使用。

三　元白话与第二语言习得导致的语言接触

近年来，汉语史中的语言接触一直是汉语史研究的热点之一，在这个研究领域里，元白话备受关注。所谓元白话，是指元代前后蒙汉语言接触下，主要在中国北方使用的一种混杂了蒙古语语法影响的汉语,是蒙古人学习汉语不完全习得的结果,是一种用于蒙汉交流的中介语。与元白话同时,汉语的"主流"应该是相对于文言而言的白话,白话才是元代汉人平常口语会话交流的语言表达形式。

元白话的产生无疑是语言接触的结果。在这里我们可以简略的回顾一下语言接触的一般概念和理论框架。

Thomason (2001)对语言接触的定义是:"按照一种最简单的定义,语言接触就是:在同一时间、同一地点,使用一种以上的语言。"

第二语言习得(second language acquisition)是指人们学习母语之外的语言的过程,当一种以上的语言在同一时间、同一地点使用的时候,不同语言的使用者对其他语言的态度可以分为与第二语言习得有关的语言接触和与第二语言习得无关的语言接触。

接触结果是造成语言的改变,Thomason(2001)在讨论语言接触时就曾经注意到:语言接触造成的语言改变一种是由以那种语言为母语的人带入该语言的,另一种是由不完全习得接受语言(也就是第二语言习得的结果)而把其学习中的错误带入接受语。

所谓第二语言习得造成的语言改变通常是指人们在学习第二语言的过程中,由于不完全习得,把母语干扰下出现的学习错误带进了目的语,从而改变了目的语。元白话正是这样一种改变的产物。

所以,语言接触可以两分:与第二语言习得有关的语言接触和与第二语言习得无关的语言接触。实际上接触的结果同样可以两分:改变母语和改变目的语。从理论上说,这两种结果对一次语言接触来说是同时存在的。元代蒙古语和汉语的接触应该是即改变了元代的汉语,也改变了当时的蒙古语。我们在元代文献中看到的元白话,只是蒙古人改变汉语的结果。

语言接触如何造成语言改变,Thomason (2001)提出过一个语言接触引起的语言演变机制的类型:

语码转换(code-switching)

语码交替(code-alternation)

耳濡目染(passive familiarity)

"协商"(negotiation)

第二语言习得策略(second-language acquisition strategies)

第一语言习得策略(first-language acquisition strategies)

有意为之(deliberate decision)

以上 7 种都是语言接触过程中造成语言改变的表现方式,而第二语言习得策略,是指在第二语言习得导致的语言接触中,母语的使用者会在习得第二语言时,某种程度上保留自己的一些语言特征或格式来构造他自己的目的语——一种习得过程里的中介语。

在以往研究的语言接触理论框架下，我们以《高丽史》中的资料重新审视一下与元白话有关的几个问题。

什么是“元白话”？

经过多年的研究，学界把元代主要是语法系统受到蒙古语语法影响的汉语，称之为“元白话”。从我们所列举的1231年牒文看，其中出现的蒙古语语法影响包括语序（你每民户根底的爱惜）、后置词（根底/上头）、特殊句式（那是么/有）、特殊语气词（者/呵），这些现象的出现是非强制性的，汉语的正常语序、句式、词汇也都同时使用。比较而言，较早的成吉思汗白话圣旨里蒙古语语法影响出现的更少。

后一阶段1348年的诏书已经是元代晚期了，里面出现的有特殊的“有”字句（3例），后置词（上），引语标记“麽道”，句末的“者”。这个时期元白话的资料较早期的丰富多了，从我们对《元典章·刑部》的研究看[①]，其中部分蒙古官吏、家眷等人的供词里，特殊语序、特殊句型、后置词、引语标记等受蒙古语影响的成分虽然仍是非强制性的，但出现数量明显增多了。

到明初以后，元白话在文献中还有出现，以往对《高丽史》的研究中反复提到过朱元璋的元白话诏令，从我们对《高丽史》的考察看，其中确有少数诏令继续使用带蒙古语影响色彩的元白话，像以上我们提到的《高丽史》卷43《恭愍王世家》中的朱元璋1372年圣旨里，就使用了特殊“有”字句7例、“根底”2例、“麽道”1例、“上头”1例，但同时也必须指出的是，《高丽史》中五分之四的朱元璋诏令是白话，而非元白话。这些白话诏令里会出现个别已经“汉化”的元白话成分，如前述1372年《高丽史》卷43《恭愍王世家》中的朱元璋另一份诏令中出现的“为那般上头”，这样与“为”重复使用表示原因的“上头”，已经很难说是受蒙古语影响的成分了。同时，前面提到的1376年《高丽史》卷133《辛禑列传》中所载高家奴信件，也是通篇白话，没有明显的元白话痕迹。汪维辉（2010）曾提出朱元璋可能会说两种话，需要说元白话时说元白话，一般场合说他们的“纯汉语”。换言之就是说元白话到明初已经除特殊场合外不再使用了，元代蒙汉语言接触蒙语对汉语的影响逐渐趋于消失。

那么，“元白话”是如何产生的？其产生和逐渐消亡的过程和机制又是什么呢？

元朝（1271—1368）是中国历史上第一个由少数民族（蒙古族）建立并统治全国的封建王朝。1206年成吉思汗建立蒙古汗国，1271年忽必烈改国号为“大元”，1368年被朱元璋建立的明朝灭亡。元朝自忽必烈定国号起，历十一帝98年。

早在蒙古人建立元朝之前，随着蒙古人进入中原地区，蒙汉之间的交流日益频繁，相对少量的蒙古人需要和数量巨大的汉人沟通，势必造成蒙古人学习汉语，使用汉语交流沟通的过程，这样的历史条件下开始的大规模语言接触，是一个蒙古人习得汉语的过程，是一次第二语言习得引发的、改变目的语的语言接触。而元朝建立之后，大量蒙古人和色目人定

① 参阅曹、陈（2009）；祖生利（2003）。

居汉地,形成民族杂居的局面,蒙汉接触日益深化,一些蒙古语的语法成分(包括 OV 语序、特殊句型、后置词系统,等等)被顽固地保留在蒙古人习得的汉语里,最终形成了元代的特殊汉语——元白话,被与汉人交流的蒙古人、可能也在与蒙古人交流时被部分汉人使用①。明代以后,《高丽史》朱元璋 1372 年诏令的语言证明,明代初期在特定条件下,元白话仍被使用,但这种特殊成分集中使用的情况,也透露出明显的模仿痕迹。以往对明代前期诏令的研究,也同样证明过这种情况②。

正如我们前面指出过的,语言接触可以分为与第二语言习得有关的和无关的两类,接触的结果也有改变母语和改变目的语两种。也就是说就与第二语言习得有关的语言接触而言,接触有可能会对母语和目的语都带来改变。限于材料,我们对元代语言接触的研究集中于蒙古语对汉语的影响,而汉语对蒙古语的影响则缺乏研究。我们从《高丽史》中保存的元代到明初的变化文献中可知,元代早期蒙古人学习汉语时,在汉语里混入了若干蒙古语语法的成分。到元代中期以后,虽然对于汉语更加熟练,但是一些早期带进汉语的蒙古语语法成分也已被固定下来,保留在他们使用的汉语里。这种扭曲汉语的使用,也从蒙古人扩展到部分汉人,到明初,汉人在特殊条件下使用的现象仍然存在。

这些蒙语语法成分是如何影响到汉语的? Heine & Kuteva(2005)在讨论语言接触造成的语言改变时(他们将讨论限定于"由以那种语言为母语的人带入该语言的"接触,也就是与第二语言习得无关的语言接触),把由语言接触引发的语言变化分为借用和复制两种,"借用"是指形式或者音一义单位转移的过程,包含接触导致的某种语音形式的转移。"复制"则是一种创新机制,是指复制语的使用者利用自己语言里可得到的语言材料,仿照模型语的特定模式,在其语言里产生出一个新的意义或结构③。

第二语言习得导致的语言接触与 Heine & Kuteva 讨论的对象不同,但其变化机制其实是相同的,引发的变化仍是借用和复制两种。在第二语言习得导致的语言接触中,复制是第二语言习得者在学习第二语言(模型语)的时候,利用自己熟悉的母语材料(语序、句型等语法手段),在错误的中介模型语中,产生出一些新的结构。也就是说,他们在学习过程里反过来把复制语的某些模式复制到模型语里,就像元白话一样,把蒙古语的语法成分带进了元代白话,成了元白话。

语言接触是一种社会现象,其产生和发展都会受到社会环境的控制和影响。第二语言习得者在不完全习得阶段把母语成分带进目的语是普遍现象,但这些习得错误如何发展有多种可能,正常第二语言习得会越来越趋近完全习得,而在元代蒙古人统治的环境下,显示

① 参阅曹、陈(2009)。
② 参阅陈(2019)。
③ 参阅 Heine & Kuteva(2005)和 Heine(2008)。

出这些错误可以固定下来，不仅蒙古人使用，部分汉人也会使用。元代只有存续了不到一百年时间就被明朝取代，社会环境的变化使元白话迅速消失了。但在这种第二语言习得引发的语言接触中，最后达到完全习得，并不是接触产生变化的唯一途径，现代西北方言（如兰州话）[①]就仍保留着一些蒙、藏等语言的语法成分。又如甘肃的临夏、唐汪，青海的甘沟等地区汉蒙藏诸民族杂居，使得汉语和藏缅语、阿尔泰语系语言长期接触，在这几个地区的方言里，元白话中常见的OV语序、名词的格系统、引语标记语法等现象也广泛的存在。在元末明初开始出现的伊斯兰教清真寺中讲解《古兰经》使用的“经堂语”中，也经常使用OV语序、名词的格系统等。这些现象的存在，证明了第二语言习得导致的语言接触造成语言改变的另一种可能，即作为一种汉语的变体或方言长期存在。而国内几个混合语的形成原因，也不排除是从第二语言习得引发的语言接触发展而来的可能。另外，就汉语史上的语言接触而言，也存在第二语言习得造成的接触变化最终融入并改变汉语的可能，也就是说中介语的语法错误改变了目的语的语法。我们在研究汉译佛经导致的语言接触时反复讨论过的汉语狭义处置式的产生和完成态表达方式“了”的出现，就属于这种情况。

四 小结

《高丽史》里保存了一些元明之际的白话资料，从这些资料里，我们可以观察元白话从早期到晚期的发展过程。

元白话是蒙古人统治中原时与汉人交流的汉语对话，是他们不完全习得汉语的结果，是一种中介语。

从成吉思汗、窝阔台到朱元璋，现有的材料显示，元白话可能始终只是元代蒙古人没有能够完全习得汉语时用作交流的中介语，这些特殊的蒙古语语法成分的使用是非强制性的，有明显的局限性，并随着蒙古王朝的结束走向了消失。

以往的研究已经注意到，语言接触的方式可以依据是否与第二语言习得有关分成两类。与第二语言习得有关的语言接触对于习得者而言，在不完全习得阶段有可能会造成母语和目的语两方面的改变。我们对汉语史中语言接触的研究，基本上限于对目的语（汉语）造成的改变。

元白话中蒙古语对汉语的改变主要采取两种方式：借用和复制。所谓复制是指蒙古人学习汉语的过程中用蒙语的语法成分、格式组织汉语词汇，构成不合语法的汉语句子。

与第二语言习得有关的语言接触造成的改变是多样的，仅就目的语而言，改变会逐渐消亡，完成完全习得；会长期保留中介语里，也就是语言接触研究中常常论及的，变成皮钦语、

---

① 参阅曹、遇(2010)。

甚至克里奥尔语;改变也可能最终被目的语接受,成为目的语的组成成分。无论是在汉语语言接触史,还是在现代汉语、现代汉语一些特殊方言和一些混合语里,都可以看到与第二语言习得有关的语言接触造成的语言改变的痕迹。

参考文献:

曹广顺 2013 《西北方言特殊语法现象与汉语史中语言接触引发的语言改变——以"格"范畴为例》,《历史语言学研究》第五辑,商务印书馆。

曹广顺 2015 《从历时与共时的不同视角看中古译经和元白话的语言性质》,《北方汉语中的语言接触:历时与共时研究》,法国高等社科院东亚语言研究所专刊。

曹广顺 陈丹丹 2009 《元白话特殊语言现象再研究》,《历史语言学研究》第二辑,商务印书馆。

曹广顺 遇笑容 2010 《中古译经、元白话语法研究与语言接触》,《汉语史学报》第十辑,上海教育出版社。

曹广顺 遇笑容 2014 《变与不变——汉语史中语言接触引发语法改变的一些问题》,《历史语言学研究》第八辑,商务印书馆。

陈丹丹 2010 从《〈元典章〉和〈经世大典〉的异同看元白话的性质》,《历史语言学研究》第三辑,商务印书馆。

陈丹丹 2019 《明初白话受蒙古语影响产生的特殊语法现象研究》,《民族语文》第6期。

江蓝生 1988 《〈皇明诏令〉里的白话敕令》,《语文研究》第3期。

太田辰夫 1991 《汉语史通考》,江蓝生、白维国译,重庆出版社。

汪维辉 2010 《〈高丽史〉和〈李朝实录〉中的汉语研究资料》,《汉语史学报》第九辑,上海教育出版社。

遇笑容 2004 《汉语语法史中的语言接触与语法变化》,《汉语史学报》第四辑,上海教育出版社。

遇笑容 2011 《试用对比分析看〈老乞大〉中的特殊语言现象》,《历史语言学研究》第四辑,商务印书馆。

张全真 2005 《朝鲜文献中的明初白话圣旨语言研究》,日本《言语文化研究》26/2。

祖生利 2001 《元代白话碑文中方位词的格标记作用》,《语言研究》第4期。

祖生利 2002 《元代白话碑文中助词的特殊用法》,《中国语文》第5期。

祖生利 2003 《〈元典章·刑部〉直译体文字中的特殊语法现象》,《蒙古史研究》第七辑。

祖生利 2007 《元代的蒙式汉语及其时体范畴的表达——以直译体文献的研究为中心》,《当代语言学》第1期。

祖生利 2009 《试论元代的"汉儿言语"》,《历史语言学研究》第二辑,商务印书馆。

祖生利 2011 《古本〈老乞大〉的语言性质》,《历史语言学研究》第四辑,商务印书馆。

Heine, Bernd 2008 Contact-induced word order change without word order change. In Peter Siemund & Noemi Kintana (eds.) *Language Contact and Contact Language*. 33-60. John Benjamins Publishing Company.

Heine, Bernd & Tania Kuteva 2005 *Language Contact and Grammatical Change*. Cambridge University Press.

Thomason, Sarah G. 2001 *Language Contact: An Introduction*. Georgetown University Press.

The Language Contact vis-à-vis Second Language Acquisition:
From the *Yuan Baihua* Documents in *Gaoli Shi*

CAO Guangshun YU Hsiaojung

Abstract: *Gaoli Shi* (高丽史, *The History of Goryeo*) is a historical document about the Goryeo Dynasty written by Jeong In-ji and others during the Joseon Dynasty in Korea. It preserved some historical documents on the correspondences between the Yuan, and Ming dynasties and the Goryeo dynasty. From this, we can examine how the 'Yuan Dynasty colloquial language' (*Yuan baihua*) was used, developed, and changed from the early 13th century to the late 14th century. By studying the usages and changes of *Yuan baihua*, we can observe the development process and general rules of language contact vis-à-vis second language acquisition.

Keywords: *The History of Goryeo*, *Yuan baihua*, second language acquisition, language contact

（曹广顺　中国社会科学院语言研究所　100732；
遇笑容　美国加州大学圣芭芭拉校区）

论上古汉语“句法、韵律、语体”三维语法系统的综合研究*

冯胜利

提 要 本文从句法、韵律、语体三个角度，提出上古汉语“三维性综合体系”语法的设想，亦即“生成语法＋韵律语法＋语体语法”三维一体的语体系统。文章首先从上古“之”“其”对立的格位句法以及“唯命是听”中“是”的指代性(clitic doubling)等句法现象入手，讨论形式句法分析的必要性；然后从单音节音步与双音节音步的对立(唯妇言用 vs. 唯妇言是用)及“吾、我”韵律之别，说明韵律语法的必要性；最后通过[唯O是V]正式体以及《诗经》风、雅、颂的语体三分，说明语体语法在上古汉语语言(包括文学)分析中不可或缺的作用。文章最后指出上古汉语的研究可以构建一个以句法为骨架、韵律为血脉、语体为肤腴的三维一体的语法体系。

关键词 上古汉语 句法 韵律 语体 三维语法

一 引言

自《马氏文通》以来，上古汉语的语法分析取得了巨大的成就。最典型代表是王力(1958)的《汉语史稿》，周法高(1959、1961、1962)的《中国古代语法》。国外较有影响的研究有何莫邪(1981)的《古汉语语法四论》(*Aspects of Classical Chinese Syntax*)，蒲立本(1998)的《古汉语语法纲要》(*Outline of Classical Chinese Grammar*)，等等。有关上古汉语语法方面的研究，新近又出版了梅广(2015)的《上古汉语语法纲要》、冯胜利(2016)的《汉语历时句法学论稿》①。然而，以往的研究大多只从句法、词法或语音等专一的角度来关照上古的语法，尚未综合性地从句法(或语法)、韵律和语体的三维角度来观察和研究上古汉语语法。本文提出上古汉语的语法形式(包括句法、词法和音法)，均可(也应当)从“生成语法”“韵律语法”和“语体语法”的三维角度做综合性地、全方位地观察、分析和解释。具言之，任何一个句法形式都是句法、韵律和语体的三合一的统一体。据此，本文尝试提出一个上古汉

* 本文曾在南京大学2020年11月20日至23日的第二届“汉语史研究的材料、方法与学术史观国际学术研讨会暨《汉语史与汉藏语研究》创刊四周年”学术讨论会上口头发表，得到与会者的批评指教，在此表示由衷感谢。文章在准备中得到韩宇娇、苏婧、刘丽媛的帮助，谨致谢意。本文蒙国家社科基金冷门绝学研究专项学者个人项目“皖派绝学中理必文献的发掘、整理与研究”(项目批准号：20VJXG038)的资助，特此鸣谢。

① 梅广先生著作书评参见洪波、陈祝琴、李明(2019)；冯胜利著作书评参见贝罗贝、何丽莎(2019)。

语“三维语法系统”的综合性研究的新策略。

下面即从三个维度的必要性上逐一讨论“生成语法的必要性”“韵律语法的必要性”及“语体语法的必要性”。

二 生成语法的必要性

生成语法的研究成果较多，这里主要以两个上古句法现象为例，说明生成分析法的必要性。

2.1 生成语法与“之、其”之异

“之”和“其”有明显的句法分工，一般研究者都了若指掌。然而，如何区分它们的不同，没有形式句法的根据，很多句法上的不同就殊难（甚至无法）解决。譬如，何九盈先生（1993）发现下面的例子中，“之”有“其”的用法：

(1)《战国策·魏策三》：“两弟无罪，而再夺之国。”

(2)《韩非子·内储说下》：“鲁孟孙、叔孙、季孙相勠力劫昭公，遂夺其国而擅其制。”

(3)《文子·上义》：“丈夫丁壮不耕，天下有受其饥者；妇人当年不织，天下有受其寒者。”（《淮南子·齐俗》亦有此语）

(4)贾谊《论积贮疏》：“一夫不耕，或受之饥；一女不织，或受之寒。”

上述现象中的“之”和“其”无疑可在一定的条件下互换，所以说“之”有“其”的作用，似乎可以成立。然而，王泗原（1988：2）则认为不然，他说：

> 魏晋时期当社会变动剧烈之际，语言变改已多，而文章仍摹拟定型之古文。古语文规律严密，苟非研之至深至精，属文或不免舛驳，不免紊乱，甚至不免不通。其误用者有代词，有助动词，有副词，有助词。可见欲准确通晓古语文，关键在于句法。①

由此看来，先秦时期尽管“之”与“其”可以互换，但是它们各自有各自的功能，不容淆乱。就是说，虽然在可以互换的位置上，但“之”仍然是宾格的“之”，而“其”仍然是“属格”的“其”。王氏的见解非常精辟，但是没有句法结构的原理支持，只能从语感上“说”，不能从语法上“证”。因此王说虽是，而难以凿实。

如何解决“受之饥”和“受其饥”的句法不同呢？从形式句法的结构分析法和北京口语的“骂他娘”歧义结构可以进行第一步的说明。“骂他娘”有两个意思，一是“骂他的娘”，一是“用骂娘的方式骂他”。前者的“他”相当于“其”，后者的“他”相当于“之”。显然二者的句法结构完全不一样，否则不会有两个完全不同的“骂”的对象。这种结构在现代汉语里不多见了，但

① 参王泗原（1988）“古语文魏晋变改之例”一节。

上古汉语里比比皆是。比如“夺其国”是夺“他的”国,而“夺之国”则是“朝他/对他/冲他夺国”的意思(就像英文“read me a book”=对我/冲我/给我读书≠“read my book”)。这种语法魏晋以后开始消失,所以《史记·项羽本纪》“项王乃疑范增与汉有私,稍夺之权”中的“夺之权”,苏轼则将它理解为“夺其权”(《范增论》)——在所有者也成为对象的一部分的时候,两个结构的表层形式重合了,这就给魏晋以后的古人造成对上古句法的误解,以为“之”有“其”的功能。

如何从结构上彻底解决这种误解呢?冯胜利(2014b)根据形式句法的分析指出了一个上古汉语所特有的“轻动词句法运作”导致与后代不同的双宾或三宾的句法结论。其树形结构如下:

(5)

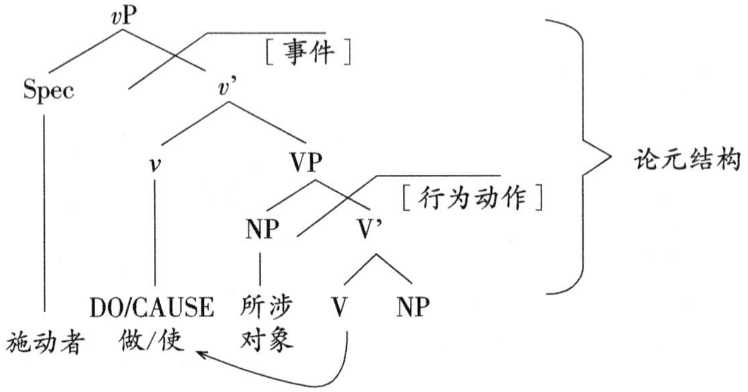

在这种轻动词致使的动词移位结构分析下,我们可以很好理解项羽夺的不仅是权,而且是范增手里的权。“权”是夺的对象,而有权的人在 VP 的 spec 位置上。形成一个“项羽对范增(或从范增那里)做出夺权的行为”。其中表达“从”“对”这个意思的词(现在叫作介词),在句法位置上没有出现,但意思在那里,这就叫“空动词”。下面的动词“夺”移位到空动词后,就变成了“夺范增权”,如果“范增”是个代词“之”,就是“夺之权”。显然,如果把“之”理解成“其”,表面“不是不可以”,但如果对结构有足够敏感性的话,就会发现二者的意思完全不同。“夺其权”是“简单行为”:[夺$_{他的}$权];而“夺之权”则是“复杂行为”:[涉 X [夺权]]。后者是[涉事]+[行为]的复杂表达,它和前者的简单动宾,不仅结构截然不同,语义也大相径庭[①]。这就是不了解上古结构,读不出上古语义的原因所在。请看:

(6)a. 为人后者为之子也。为人后者为其子。(《公羊传·成公十五年》)

b. 闻之死(《礼记·檀弓》)/闻其死(《左传·僖公七年》)

c. 为之备(《左传·宣公三年》)/为其备(《三国志·蜀书·关张马黄赵传》)

(7)a. 树之君(《左传·文公十三年》)≠树其君(或“树之以君”,刘琨《劝进表》)

b. 受之饥(《汉书·食货志》)≠受其饥(《三国志·吴志·王楼贺韦华传》)

c. 夺之权(《史记·项羽本纪》)≠夺其权(苏轼《范增论》)

d. 为之备(《左传·宣公三年》)≠为其备(《三国志》)

① 不要把宾语的复杂(他的权)混同于涉事的复杂,把涉事者扯进来的行动(夺权)。

显然，不用形式句法的双层结构很难说清楚“树其君”和“树之君”的语义之别——前者的单层结构是“立一个你们的国君”；后者的双层结构是“因为你们/为了你们立一个国君”。结构之于语义，亦大矣哉！不从层级结构上看语义，解出的意思都是线性的表层含义，而很难体会出古人层级叠压的复杂语义。例如，“逃臣”不是简单的“逃避”，而是更为复杂的“臣出现＋君逃跑”这两个事件压合出来的意义（苏婧、冯胜利 2020）。因此，如果不用形式句法的移位分析，我们连“夺之权”和“夺其权”都是无法分清的。尽管在有些地方可以互换，但是互换的结果并不一样，因为表层结构和底层结构完全不同，底层结构的分辨是形式句法分析的结果。

2.2　形式分析与“一宾三位”的$[_{VP}$唯 N$[_{V'}$是 V$]]$

上古汉语保留着一种特殊句型：$[_{VP}$唯命 $[_{V'}$是听$]]$，这是一种 OV 结构特殊用法。一般认为“唯”是焦点标记（沈培 1992，何乐士 1994，Djamouri 2001，罗端 2014）①，“是”是代词，指前面的宾语（俞敏 1981，张世超 1994，王力 2003：418—419）。这种句式在《左传》中非常普遍。如：

(8) a. 唯余马首是瞻。（《左传·襄公十四年》）

b. 将唯命是从。（《左传·昭公十二年》）

“余马首”是“瞻”的宾语，但又出现在“瞻”的前面，同时还需要一个“是”。这到底是一种什么结构？句法上怎么分析？显然，如果结构不明，那么对“是”的性质也无从定断。譬如，王力先生说“是”代词，但也有人说是助词（丁贞蕖 1983，何乐士 1985，杨伯峻、何乐士 2001）。哪种说法更能反映上古的句法？其实更难回答的是下面的问题：

第一，如果“命”是“听”的宾语，“是”指宾语，“命”是焦点前移，那么动词“听”后的宾语位置则是空位，其结果，该结构就有了“三个宾语的位置”，其中两个是词，一个是空的。什么样的句法理论允准并生成这样的形式或现象？任何句法分析必须对此做出解释，否则不算彻底解决了问题。这里的核心问题是“是”。如果“是”指代焦点宾语，那么它既不在正常宾语的位置上也不在焦点的位置上，“是”的句法位置是什么呢？

第二，句法为什么会创造这样一个[唯 O 是 V]的格式？换言之，它作为焦点结构的句法交际功能是什么？

第三，$[_{VP}$唯 N$[_{V'}$是 V$]]$结构是 SVO 的产物（如焦点结构说），还是 SOV 的残留（章太炎 2014，俞敏 1981，Feng 1997）？

---

① 沈培（1992：30）对甲骨文中的带有“惠”“唯”的宾语前置句做了分析，他指出：“一般的否定句中代词宾语放在动词之前，前面没有‘惠’或‘唯’；如果前面出现了‘惠’或‘唯’就表明这个代词宾语是句子的焦点……所以‘惠’或‘唯’不应看作宾语提前的标记，而应看作焦点的标记。”何乐士（1994）提出《左传》中的“唯”是一个表限定的副词。Djamouri（2001）、罗端（2014）将甲骨文中“唯”“惠”视为用以构造分裂焦点句的系词。他们虽然对“唯”的词性判断不同，但均认为“唯”有标记焦点的作用。

这三个问题都需要具体而精密的句法分析才能得到相应的解释。

先看第一个问题。"唯余马首是瞻"可以分析为一个焦点结构(Djamouri 2001,罗端 2014)。如果我们进而分析其句法结构的话,我们会发现该句中的动词所带的宾语有"两个形式":1)余马首;2)是。另,还有"三个位置":1)原来动词后面的宾语位置;2)前移的焦点位置;3)前帖动词的复指位置。这种"一宾二形三位"的情况,如果理论上没有原则性的句法分析的话,是无法被句法允准而出现的。形式句法学的结构分析在这里正可提供较好的解释。在 Feng(1996)的文章里,提出一个"附着复指 clitic doubling"的句法分析法,具体如下:

(9)

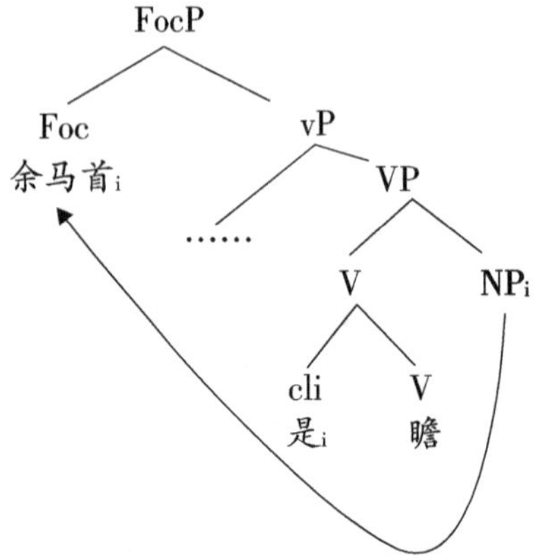

"余马首"和"是"两个成分同指,且都出现在动词左边。实践上,这两个同指成分的句法分析必须有事实的根据;理论上,必须说明同一补述语所占据的两个位置的句法性质是什么①。Feng(1996)发现西班牙语中存在一种"两个位置上的不同形式充当同一句法成分(宾语)"的情况,譬如:

(10) Lo_i lei' el $periódico_i$

it read. I. PST the newspaper

它 读.我.过去时 这 报纸

'I read the newspaper.'我读这张报纸。

这种现象在句法分析上称之为"附着复指 clitic doubling"。上古汉语的"是"与西班牙语中的"*Lo*=it"一样,都是附着性复指代词。就是说,"余马首"占据焦点位置,"是"(指代前面的焦点)只贴附在动词上(本身不占据句法的一个结点位置)。显然,正是附着重复的运作才允许代词"是"与名词短语"余马首"同指,而且代词和名词短语同时充当动词的补述语。这样就形成了"一个宾语、两个形式、三个位置"的现象,只有根据形式句法学上这种分析,才能在焦点移位、附着复指、宾语空泛的三种情况下,允许宾语"余马首"和宾语代词"是"合法出现在动词左边,而原来宾语的位置在动词后面。西班牙语中的附着复指及其相应的句法分析,

① 早期材料中的这类句子极其普遍,随后越来越特殊且今天依然存在。

让上古汉语“唯……是……”结构得到较为合理的解释[①]。

第二个问题是个老而新的问题。上古汉语为什么会创造这样一个[唯 O 是 V]格式，老问题的答案很容易：因为它是焦点结构。焦点结构哪个语言都有，不足为奇。但如果深入思考“焦点有结构，结构是句法”，那么焦点句法的“交际功能”是什么？这就一定要从语体语法的角度提出并解决。我们发现[唯 O 是 V]焦点格式具有其独特的交际功能，它是庄典体语法的产物（见下文），是融句法、韵律和语体为一体的上古语法的综合创造。

第三个问题同样需从形式句法的角度来回答，才能较好地解释上古倒置的复杂现象及其蕴含的原理。首先，“民献有十夫予翼=翼予”（《尚书·大诰》）、“不爪翦=不翦爪”（《庄子·德充符》）等 OV 结构，是上古所见无条件的前置现象（=常规），同时也是今天 SVO 语言里所不见的 OV 现象。西周、春秋时期“是”作宾语全部是前置的，没有例外（裘锡圭 1979）[②]。此外，“谚所谓‘室于=于室怒，市于=于市色’者”（《左传·昭公十九年》）、“启乃……野于=于野饮食”（《墨子·非乐》）等表达，也非 SVO 机制所能生成者。然而，它们所以出现的可能解释是：它们是 SOV 生产体系的遗留。[③] 当然，虽是 SOV 之残留，但在 SVO 系统中必被重新分析为 SVO 句法移位所得之 OV 运作，否则无法生成。然而，一旦移位，语体语法的体原子（“离核律”）便迫使原来无距之 OV（底层表层都如此）变成有距之 OV（表层移位结果），此即“语体重新分析”之结果。换言之，“唯……是……”句式乃三种重新分析而后定型的结果。首先是“句法重新分析”（Kroch 2000），其次是“韵律重新分析”（刘丽媛 2019），最后是“语体

① Meisterernst(2010)提出不同的结构分析：

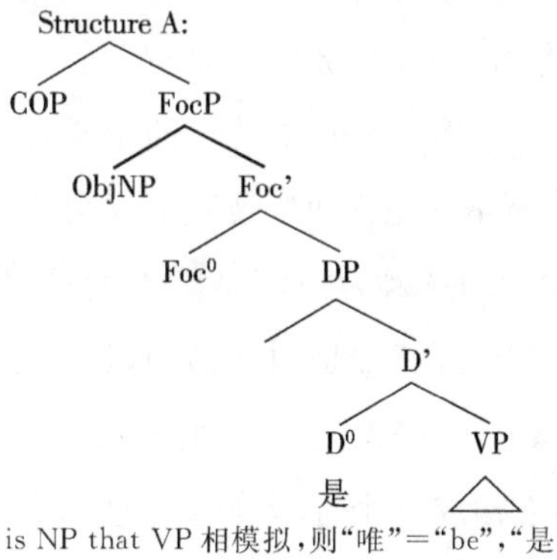

将“唯命是听”和英语中的分裂焦点句 It is NP that VP 相模拟，则“唯”=“be”，“是”=“that”，把“that VP”当作了“NP”的同位语。但问题是：(1)“是”从未有“that”的用法；(2)“是听”中间不能有任何成分；(3)“听”前面不能有主语，“唯命是吾听”不合法；(4)“是”后面只能是一个单音节动词，“听”前面没有副词或情态词，后面也不能有任何成分，“唯命是听不怠”不合法；(5)“余唯利是视”，如果是[I，it was advantage that [__look for__]，则违背语法运作了。

② 裘锡圭(1979)说：“我们检查了一下西周、春秋金文里‘是’字作宾语用或者可能作宾语用的二十来个例句，发现‘是’字全部是前置的。……连一个例外也没有。由于这一事实的启发，我们又检查了一下古书里把‘是’字用作宾语的句子，发现凡时代可靠的西周、春秋时代的作品（如《诗经》和《尚书》中时代可靠的各篇），所用的宾语‘是’也全部是前置的。”这种情况也说明远古汉语是 SOV 语序的语言。

③ 商代甲骨文中存在少量名词性宾语的 OV 结构，如“五十牛入于丁/三十牛入/三十豕入”（《殷墟花园庄东地甲骨》113），“酉以/卤以”（《甲骨文合集》22294）（齐航福 2015：54—57），也足以证明远古汉语的 SOV 的类型性。

重新分析”(冯胜利、刘丽媛 2020),是为综合重新分析之效应。没有形式句法,没有级层结构的重新分析,多重重新分析的可能也无从谈起。

三　韵律句法的必要性

上面讨论了上古汉语语法中形式句法分析的必要性。然而句子的句法分析如果不考虑韵律的要素、如果没有韵律语法的分析,很多语法现象甚至句法结构,均得不到充分的解释。研究上古句法不仅是要有充分的描写,更需要充分的解释。而本节所要强调的是:如果没有韵律句法的帮助,我们有些情况下甚至连句法所以如此的来源都无从知晓。譬如“唯……是……”即是一例,吾、我之别则又是一例。下面分别说明之。

3.1　没有韵律,“唯……是……”的来源则无从谛解

(11)a. 隹黍年受(《甲骨文合集》9988)

b. 惟妇言用(《汉书・五行志》)

c. 惟妇言是用(《尚书・牧誓》)

我们知道,甲骨文没有“唯……是……”结构(许嘉璐 1983)。实际上,甲骨文不是没有,而是该结构中没有“是”字复指(clitic doubling)。如(11)所示,“隹黍年受”就是甲骨文中的常见句式。因此,应问的问题是:为什么这个附着性的复指代词“是”在甲骨文或早期句式里可以不出现?我们在《汉书・五行志》中还发现了一个反映早期的用例——“惟妇言用”,而现存版本《尚书・牧誓》中已作“惟妇言是用”。我们认为《汉书・五行志》中的“惟妇言用”和甲骨文中的“隹黍年受”的结构和后来的“惟妇言是用”是一样的,所不同者只在于附着性复指代词的有无。如上文所示,“是”不占据句中结点的位置,因此,我们的问题是,为什么西周以后,甲骨文没有的“是”(或句法没有位置的“是”)不仅会出现,而且不出现就不合法呢?[①]

回答这个问题必须从韵律入手(因为“是”是附着而非必要成分,因此不是句法之必)。从韵律上看,(11a)(11b)中的“受”“用”都是句末动词,是核心重音的负载者。单音节成分为什么能“只身”承载重音?节律上,它必然是一个独立的节律单位(或一个音步)才能独当此任。由此可证,单音节可以独立构成一个音步。这就意味着,西周以前是单音步的年代,就像二言诗每一言都是一个音步一样(Feng 2016)。然而,西周以后单音节音步变成了双音节的音步。在双音节音步的系统里,重音位置不双音就站不住。因此,句末承载核心重音的

---

① 古代语言中句子的合法性,无法像判断现代语言一样,用说话者的语法语感(linguistic intuition)来断定,但我们仍然说古汉语某个结构不合法,其根据是:(1)该结构在当时的语言里不存在(找不到用例);(2)其不存在的原因是当时的语法系统没有生成该结构的规则;(3)生成当时语言的语法规则与生成不合法现象的规则(如果该现象反映规则的话)相互冲突。

“受”就需要另一个音节来支助。于是，这个附着性的代词“是”就为满足韵律的需要应运而生了。可见，没有韵律很难解释“是”所以不在甲骨文时期出现的共时原因，没有韵律更难解释西周以后“是”所以必须出现的历时原因。

3.2 没有韵素，难分“吾”“我”

事实上，如果说“隹黍年受”中的“受”可以“只身”支撑重音的话，它本身就意味着“单音节”在节律上是一个上分支的结构。原因很简单，节律最小的独立单位必需是一个由“凸显—非凸显”组合的二元体（参冯胜利、施春宏 2021）。如果单音节必须是一个双分支结构，那么音节内部的韵律要素——韵素——就要发挥作用。因此，冯胜利（2009）提出上古汉语单音节独撑重音局面的事实反映的是当时节律系统上“韵素音步”音系系统。换言之，汉语从西周以前的双韵素音步变化成西周以后的双音节音步。在这一交替过程中（competition between two grammars），我们认为其“斗争”方式很可能采取如下策略进行的：需要重音（韵律凸显）的地方，由双音节音步去占领；需要轻读（韵律弱化）的地方，由单韵素形式来实现。这样，既保证了新生语法（双音节音步）的发展，也允准了旧式语法的存活（双韵素音步因单韵素的对立而生存），虽然这种生存是有限制条件的。用一个简单的陈述性“互补公式”来表述，即：欲强，则双音节；欲弱，则单韵素。可以说这是对上古韵律转型方式的一种新的认识（或发现）。上文我们看到的是二法竞争的第一个方面——强则双音节，下面我们将看到二法竞争的另一面——弱则单韵素。

冯胜利（2009、2012c）、赵璞嵩（2014、2018）对上古“吾”“我”之异的研究，充分说明“以弱显强”的韵律机制和语言现象，下面分别论证。

我们知道，郑张尚芳（2003）给“吾”和“我”构拟的上古音分别是 *ŋaa 和 *ŋaalʔ。显然，“我”的韵素比“吾”多。虽然不同学者的构拟或有不同，但没有一个构拟“吾”的韵素多于“我”的，可见古音构拟虽非真实发音，但所反映的音系结构则颇为可信。据此，我们可以（一般人也均如此）认为，“我”是“吾”的强调式——音长则较重、较重为强调，常识如此，又何疑焉？譬如：

（12）今者吾（/ŋaa/）丧我（/ŋaalʔ/），汝知之乎？（《庄子·齐物论》）

宾语位置重（核心重音所在），所以这个位置用“我”不用“吾”，而我们绝对不见“我丧吾”的用例。俞敏先生（1949）明确指出《庄子》可以说“吾丧我”，而不是“我丧吾”，就是因为“我”读为“ŋad”，“吾”读为“ŋa”（“我”比“吾”多一个韵素）。“吾”“我”之别就在于轻重之别，而这里的轻重差别不在音节的多少，而是音节里面韵素的多少。所以，没有韵素解决不了“吾”“我”之别。

然而问题并没有解决，“我”是“吾”的重读形式，虽然看起来天经地义，毫无疑义。但上古汉语的事实摧毁了这一假说——“我”的出现在历史上远远早于“吾”（周生亚 1980，罗端 2009，张玉金 2009）。哪里有“有标记”的形式在出生年代上早于它所从生的无标记母体的呢？可见“我”是“吾”的强调形式的说法，不成立。如何解决呢？赵璞嵩（2014、2018）提出事实是误解了“吾”“我”的“因果”关系，不是“我”是“吾”的重读(或强调)形式，而是“吾”是“我”的弱化形式。[①] 一语破的！不仅解决了千古疑案，而且暗含着一个重要的演变原理，即双音化逼迫下的韵素音步的生存方式(和空间)。

我们知道，语法演变一般都会经过一个“二法竞争”的阶段。但是，不是所有的“竞争”都采取这里提出“互补模式”，仍然是一个有待研究的大课题。尽管如此，这里“韵素音步→双音节音步”的竞争模式，可以启发我们提出一个语法竞争可能采取的更一般的模式：

语法竞争的互补模式

旧语法和新语法之间的竞争采取新强、旧弱的“语境互补”方式而出现、而发展。

由是可见，韵律之于句法演变乃至句法研究，亦大矣哉！

四　语体语法的必要性

除了形式句法和韵律语法以外，要做到对上古语法的充分解释，还须有语体语法的帮助。以往的句法研究对语体关注不足，甚至认为是语用范畴的工作而与结构无关。事实上，语体不明，语言的语法也不可能得到充分得到解释。因为根据最近发展的语体语法理论，语言作为交际的工具，一开始就铸定了功能和形式同生同长的“基元单位”，是为“形式—功能对生律”。“对生机制”派生出不同类型的语距定律，以语体原子(Register Atom or RA)的身份作用于语言语法的各个部门，影响和制控着语言的结构、机制和系统(冯胜利、刘丽媛2020)。因此，在这个系统里，什么样的语体则赋有什么样的语法，反之亦然，什么样的语法赋有什么样的语体属性。据此，上古汉语语法的充分描写充分解释，就不仅仅是形式句法的单一角度，也不仅加进韵律句法就可完成的任务。一个较为完备(或全面)的充分分析，就目前的理论而言[②]，还必须有语体语法的部门。下面分两点说明为什么“上古句法研究须关注语体语法而后得充分解释”的观点。

---

①　显然，不在这个基本事实和原理上讨论或分析“吾、我”的轻重之差(譬如有的学者说“‘我’：没有格区别，是强调式，经常表示复数”中的“是强调式”)都没有历史事实根据和音系节律原理。

②　这里“完备或全面”的概念(或定义)根据的是冯胜利(2012a)，冯胜利、刘丽媛(2020)中提出和发展的人类语言“三足语法模型”说。图示如下：

4.1 没有语体语法，风、雅、颂在语言学上难得其解

《诗经》有风、雅、颂三体，何以如此？古往今来虽不乏讨论和卓见，但这三者之间的必然关系及其语言学原理性的意义，迄今没有统一的认识。事实上，虽然“雅、颂”二体毛亨早就有说，“风”至宋才有“民俗歌谣之诗”的谛解，如下所示：

1)风＝民歌 informal　　《诗集传·卷一》：“风者，民俗歌谣之诗也。”

2)雅＝国歌 formal　　《毛诗序》：“雅者，正也，言王政之所由废兴也。”

3)颂＝神曲 elevated　　《毛诗序》：“颂者，美盛德之形容，以其成功告于神明者也。”

何以“民歌、国歌、神曲”合为三体，而不加入譬如“弹歌、采歌”形成四体如“风、古、雅、颂”，甚至五体呢？事实上，我们发现，语体语法，机制唯三。请看下面的语体语法的时空系统：

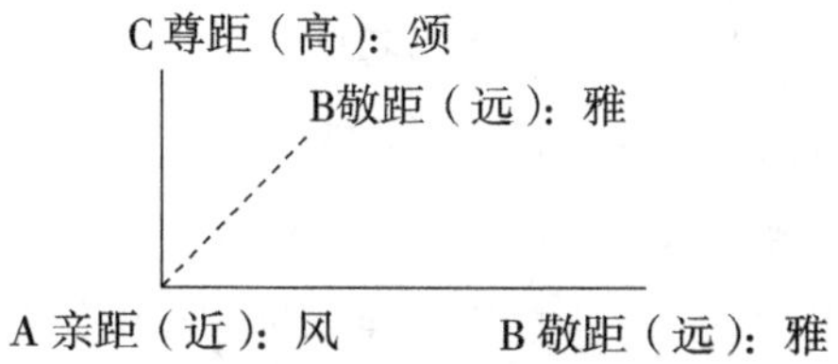

图1 《诗经》三维语体图

语体语法以“语距（语言调节的交际距离）”为核心；语距以平、直为圭臬。因此远近、高低则是其必不可少的基本关系和结构骨架。“风、雅、颂”其实就是语体语法时空骨架的“近、远、高”——《诗经》三体与语体三体，貌似巧合，实属必然。由此可见，没有语体语法，我们无法对《诗经》的风、雅、颂之不同做出语言学原理性的解释。而在语体语法理论的关照下，国事正式体的雅，日常民俗体的风，尊祖敬神体的颂，就可以整齐地对应着非正式、正式和庄典三种语体的体系和机制。不仅《诗经》的三体可以得到语言学语体语法的原理性解释，语体语法的理论体系也因此而得到上古《诗经》体分为三的证明①。

4.2 没有语体语法，无解“鲁颂”之体

前文看到，《诗经》的颂是“美盛德之形容，以其成功告于神明者也”。就是说，维天子与神灵堪当为颂，然而鲁颂则不然。顾炎武(1994:106)言：“鲁之颂，颂其君而已。而列之周颂之后者，鲁人谓之颂也。”显然，它和周颂、商颂放在一起，有违体规。为什么会如此违章呢？戴震(1995:148)说：“余曰：鲁颂，颂之体变矣，然不可谓之风。其始作之也，及以为颂而作之。”他实际提出了至少三大疑问：

1)风体与颂体有何不同？(《毛诗序》曰：“颂者，美盛德之形容，以其成功告于神明者也。”)

① 这里从表面看来好像是“循环论证”，其实不然。可参冯胜利(2015b)有关“拱桥楔形石咬合法”的论证原理。

2)鲁颂何以变颂之体?(顾炎武曰:“鲁之颂,颂其君而已。而列之周颂之后者,鲁人谓之颂也。”)

3)鲁颂作者乃“为颂而作之”,其“作法”为何,其结果“何变”?

在语体语法的理论关照下,这些问题可以得到相应的解释,鲁颂之体乃语体语法之庄典体——其始作之也,即以为颂而作之。这是庄典体的体原子(鲁颂语言的内部结构)决定的结果。因此,虽非天子、上帝,仍为庄典语体而不是国风口语体的作品,其体性之归属,非“颂”而无属。因此戴震才说鲁颂是“颂之变体”。虽体有变,但仍不能归之于国风。因为“告”的对象虽然重要,但告的方式更重要!虽然鲁颂的对象不是天地,不是祖先,但作颂的人是按照颂体“而作之”的。既合“颂体”,自然当如颂诗。由此可见,不以语体为圭臬,则不解鲁颂何以仍为颂体之缘故。

4.3 没有语体语法,无解[唯……是……]之谜

最能让我们看出语体语法对上古句法研究重要性的,还是本文开篇提出的[唯……是……]句式。虽然句法分析解释了它的焦点移位及“一宾三位”结构、韵律分析解释了它为什么当音节动词奠后必须加“是”而后独立的节律原因。但是,该句句法和出现环境仍有很多的谜团,非语体语法而得不到充分解释。许嘉璐(1983)指出几个重要者如下:

1)何以此句式在雅、颂 52 见、在风则仅 11 见?

雅、颂中比风中多出几乎五倍,而且限于国风中的邶、墉、魏、唐、秦、豳。

2)何以只出现于贵族对话和对神誓咒语境?

3)为什么《战国策》鲜见使用?

上述问题的答案均可看作语体语法“形式—功能对生律”所预测的必然结果。我们先逐词标识“唯……是 V”结构中的体原子(“i”是同指符号,“t”是移位后的遗迹,“()”标识音步单位,“|”标识节律间界)。

(13)

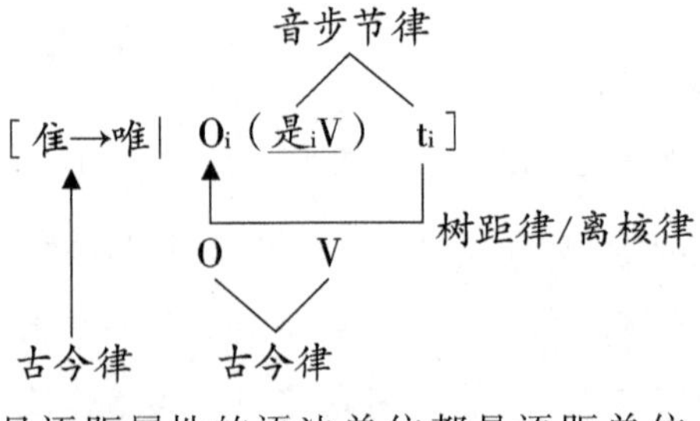

在语体语法里,凡具语距属性的语法单位都是语距单位,每个语距单位都是语距定律的产物;而每一个语距定律都是一个“体原子”。由上图可见,“唯……是 V”结构涉所入的体原子包括:古今体原子、树距律体原子、离核体原子和节律体原子(较为复杂,分析见后)①。根据

---

① 一个句型(或语言单位)究竟牵涉多少体原子以及该体原子如何作用,根据不同的人(或不同的时间)的分析,或有不同的结论。这是预期的结果,也是该理论在分析力度和运作张力上的潜能所在。

冯胜利、刘丽媛(2020),它们的定义分别如下:

1. 古今律(时间语距)

古语今用,均具庄典/正式性。

(14)助词:卖东西—的 vs. 售货—者(者=古汉语虚词)

数量名结构:“一个大问题” vs.“一大问题”(古汉语没有量词)

双及物结构:to construct$_{\text{[拉丁根]}}$ us a house vs. to build us a house

2. 树距律(冯胜利 2015b,骆健飞 2017)

最大投射中句法移位越高越正式[1]。

比较:

(15)唱哑嗓 vs. 歌唱祖国、尤其特别冷 vs. *特别尤其冷

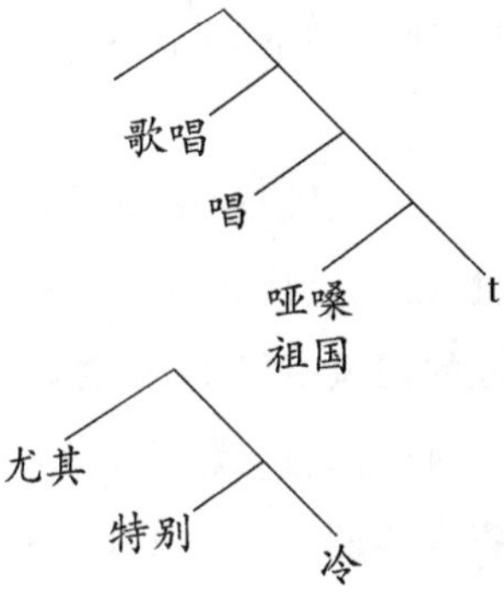

3. 离核律

结构上离核心词越远越正式。

比较:

(16)[[军马饲养__]场] vs. [[养马]场]

a friend of mine vs. my friend[2]

Let us go. vs. Let's go.

下面具体分析[唯……是……]结构中的体原子。

首先,“唯”字可以看作源于甲文“隹/惠……V……”句式中之“隹”字[3],进入西周再经后代重新分析(包括文字、句法)后,而成为先秦之“唯”。因此这个位置上的“唯”即使到了战国,也仍具“承古”因素或效能(类似“之”在现代汉语的语体功能)。所以“唯”具“古今律”语体效能。

---

[1] 树图首尾律使 CP 不受本定律的制约:树图(tree structure)首尾两端,即首端 CP 之 C=intoneme 和底端 VP 之 VO,均具口语属性。

[2] 参孙鑫(2021)和瞿冲(2021)有关英文“of”和“紧缩”的语体分析。

[3] 黄德宽(1989)、唐钰明(1990)、王力(2003)都认为[唯 O 是 V]结构来源于甲文中的[隹/惠 OV]与后来的[O 是 V]的新旧混合,是可将“唯”字看作源于甲文“隹/惠……V……”句式中之“隹”。

其次看“是$_i$ V”。如果“是”是代词(王力 1958,等等),那么“是$_i$ V”当时 VO 常态下的一个 OV 残留,显然是“承古”结构。因此,它是本结构中的第二个“古今体原子”的产物。

最后再看殿句“是听”的节律结构。这时期(春秋战国)的双音节音步比较复杂,因为那时是正双音节音步兴起、双韵素音步仍然没有退出历史舞台的“二法相争”的时代。因此,如果把这个句式的殿句单位(“是 V”)分析为双音节音步,那么它就代表着一种新兴的语体;如果按照旧的韵素音系系统把它分析两个双韵素音步的组合的话,那么“是听”“是从”等形式,就是平衡律体原子的产物了,亦即:

平衡律[1]

相对的两个节律单位如长短一致,则具正式性。

譬如四字格的“守株|待兔”,再如书面正式体格式的“进行 VV”都是典型的平衡律。如果[唯……是从]的节律是[……$(\mu\mu)(\mu\mu)$],那就如同现代书面语中的[对……(加以)(表彰)],都是平衡律体原子的语体作用。

综此以观,[唯 O 是 V]短短一句,其中嵌入了四种体原子,而它们不是庄典体原子,就是正式体原子。因此,注定该句的语体属性必然是庄正体。这就给我充分的理据解释为什么它们在诗经雅颂体中 52 见、而在口语性的国风中仅 11 见的分布原因。需要注意的是,虽然是国风,它们也都分布于近沿着京畿一带的邶、墉、魏、唐、秦、豳之《诗》中。不仅如此,当春秋战国社会之变,只要贵族存在,正式庄典体就不衰。因此,这个句式一般都存于当时贵族圈内。

就像五四“我手写口”语体从文言转换到口语一样,《战国策》中很少用到这个句式,因为这是语体的社会性所致。战国时的社会发生巨大的变化,周礼官方的语体教育制度被破坏。礼崩乐坏下战国时的知识分子(纵横家)们也趋于说什么就写什么,没有了往日用贵族语体拉开社会距离的“教养”和需要。社会人群之间的距离和层级减少了,语体的差异也就减少了。但无论如何,在官方政治、法律和教育的场合,仍然还有群体之差,因此还有语体之别。

4.4　仿古的语体属性

《诗经》《尚书》中的“唯……是……”是“承古”的典正语体语法,那么它与后代所谓“套用”“袭用”及“仿古”有何区别[2]? 没有语体语法的理论,这个问题也得不到恰当的解决。常人所说的“套用、袭用或者仿古”表面看来不错,但从语体语法的角度来看则不然。我们要问:“袭用”“仿古”的行为是癖好或卖弄学问呢,还是有什么语言学的意义或原理在背后呢? 对“常见”现象,一般人都习惯归因于“用”,唯科学性研究才致力于“制”的原理。

---

①　韵律诗体学里面的齐整律和这里的平衡律有时或指一种现象,但事实上是两个性质不同的概念。齐整律是诗体定律,是平衡律的工艺用法,平衡律是语距定律,需分而别之。

②　如马建忠(1983:252)所云:“此种句法,《左氏》《论语》最所习见。后则韩文袭用者最多。”

还是从“唯……是V”的结构谈起。上文分析到,“隹黍年受”是SOV形式,在SVO的正常词序语境中,如果第二代接受这种SOV句法格式的话,就要按照SVO词序来理解,于是启动对SOV的重新分析,使之按VO语言的运作将其分析为焦点移位。就在移位的同时,树距体原子也因之而重新赋值——从原来的VO俗常语体变为正式语体。这就告诉我们这里启动了一个重要的语体重新分析的机制和法则。

一旦语体重新分析被启动,这个句式就会呈现出既符合焦点表达也具备正式体特征的表达形式。而后代以至今天人们对它的使用,也因为正式体或庄典体的需要,而非口语的需要。所以在小雅中的“玁狁于襄”、《左传》中的“晋郑焉依”,这些身载“四体原子”的形式不仅被当时的语体语法重新分析为庄正语体,也为后代的语体表达提供了再创的、丰富的语体形式。譬如:①

(17)惴惴焉,惟不得出大贤之门下是惧。(韩愈《后廿九日复上宰相书》)

(18)愈今者,惟朝夕刍米、仆赁之资是急。(韩愈《与于襄阳书》)

(19)是无异卢狗之遇嗾,呀呀而走,不顾险阻,唯嗾者之从,何无已之心也?(柳宗元《与杨诲之第二书》)

(20)足下勤奉养,宁朝夕,唯恬安无事是望也。(柳宗元《贺进士王参元失火书》)

这些“仿古”形式均具有语言学的属性,而不是一般抄袭或者仿照!在这里有化古为今的典雅格式,而古今律这一语体定律在这里起着“定体”的作用。古今中外都有这样的例子。书语、文学的“仿古”其实都是语体语法的文学作用。从这个意义上说,“文起八代之衰”的古文运动,实际上就是一个根据语体语法的原理、利用不同属类的体原子再创文体的文学运动,是以启动古代的语体材料来重新构建文体的运动。也可以说,唐宋古文是以古今律体原子为基本要素完成“正式体化的言说体”的文学运动。其他语言有无这类文体革命以及如何发生和发展则可另论,我们这里看到的是:中国古典文学家们所创造的是人类历史上用古今(及其他)体原子创造了一个非口语的语体文体——唐宋古文。它不是先秦古文,也不是两汉古文,更不是魏晋骈文,它是唐宋文学家根据他们上古(书面)语言语感和他们自己语言的语感而创造的新文体。我们不能说庄典体文学不是文学,也不能说正式体文学不是文学,就如同我们不能说口语体(民间文学)文学不是文学一样。如果我们把语体语法纳入到语言学的研究、纳入到语法演变的研究、纳入到文学史的研究,我们就会发现,文学史上的所谓的古文运动,实际上是一场“以古作新”的文体革命。作为古文运动旗手的韩愈、柳宗元不是在“仿古”,而是在创新。

---

① 案,后代造体即可整体“套用”还可以使之词汇化,如今天的“唯命是听”,甚至也可以截取原形中的一个体原子来重新造体。如韩愈《原道》“不求其端,不讯其末,惟怪之欲闻”、柳宗元《永州龙兴寺息壤记》“余恐学者之至于斯,征是言,而唯异书之信,故记于堂上”。如何截取古语中哪些体原子、如何借此启动其他体原子来创造新的语体类型,是一个本文揭示而有待开辟的新领域,均有待将来的深入研究。

五　结语

本文从"生成语法""韵律语法"和"语体语法"三个角度论证了它们在上古汉语语法研究中必要性,提出上古语法研究的三维一体的研究方案,图示如下:

图 2　三维语法

如果这个设想可以成立,那么在汉语句法演变研究中我们就可以构建一个以句法为骨架、以韵律为血脉、以语体为肌腴的三维语法体系。

以往的语法研究要么重形式,要么重功能,而未尝措意于形式本身必具韵律的自然属性(否则就不是人的语言),不仅如此,句法形式和音读韵律也必具语体才能体现其交际属性(否则亦不成语言)。句法的韵律性和功能性,就如同三棱草的三个棱面,缺一不可,而我们平时看到的,只是正对自己的那一面。事实上,在我们的三维体系中,韵律也是语法,语法也是功能——功能长在语法上,语法一诞生就具功能。因此,任何一个句型、任何一个句型的创造(无论是重新分析的产物,还是 UG 启动的结果)、其存在、其发展、其消失,无不是句法、韵律和功能三者齐头并进或齐头并退的同步结果(当然也有交错和互动)。[唯 O 是 V]格式就充分说明了这一点:以往的研究一般都把它作为焦点结构来分析,这不仅远远不够,而且十分片面。很简单,[唯 O 是 V]是"句法+韵律+语体"的综合产物,它的语体功能是其语法属性的产物。就语体类别而言,它是庄典语法;然而就其生成而言,它是集句法 UG、韵律 UG 和语体 UG 为一体的综合性的语言创造——既是人类语言能力的创造,也是人类艺术能力的创造。从这个意义上来说,三合一语法探索的就是人类语言生理能力的创造以及人类语言艺术能力的创造,不仅包括语言的声音,而且还包括它的功能;不仅是语言学的,而且还是文学的。

参考文献

贝罗贝　何丽莎　2019　《"轻动词"与韵律形态在汉语历时句法演变中的重要作用:评冯胜利〈汉语历时句法学论稿〉》,*Journal of Chinese Linguistics* vol. 47,no. 1.

〔清〕戴震　1995　《戴震全书》第一册,黄山书社。

丁贞蕖　1983　《论前置宾语后的"是""之"的词性》,《中国语文》第 2 期。

冯胜利　1994　《论上古汉语的宾语倒置与重音转移》,《语言研究》第 1 期。

冯胜利　2009　《论汉语韵律的形态功能与句法演变的历史分期》,《历史语言学研究》第 2 辑。

冯胜利　2010　《论语体的机制及其语法属性》,《中国语文》第 5 期。

冯胜利　2011　《语体语法及其文学功能》,《当代修辞学》第 4 期。
冯胜利　2012a　《语体原理及其交际机制》,《汉语教学学刊》第 8 辑,北京大学出版社。
冯胜利　2012b　《语体语法:“形式—功能对应律”的语言探索》,《当代修辞学》第 6 期。
冯胜利　2012c　《上古单音节音步例证》,《历史语言学研究》第 5 辑。
冯胜利　2013　《语体语法与语体功能》,载冯胜利编《汉语书面语的历史与现状》,北京大学出版社。
冯胜利　2014a　《语体俗、正、典三分的历史见证:风、雅、颂》,《语文研究》第 2 期。
冯胜利　2014b　《从古人误读看上古汉语的轻动词句法》,《历史语言学研究》第 8 辑。
冯胜利　2015a　《乾嘉“理必”与语言研究的科学属性》,《中文学术前沿》第 2 期。
冯胜利　2015b　《语体语法的逻辑体系及语体特征的鉴定》,《汉语应用语言学研究》第 4 辑。
冯胜利　2016　《汉语历时句法学论稿》,上海教育出版社。
冯胜利　2018　《汉语语体语法概论》,北京语言大学出版社。
冯胜利　刘丽媛　2020　《论语体语法的生物原理与生成机制》,《民俗典籍文字研究》第 26 期。
冯胜利　施春宏　2018　《论语体语法的基本原理、单位层级和语体系统》,《世界教学与研究》第 3 期。
冯胜利　施春宏　2021　《韵律语法学的构建历程、理论架构与学理意义》,《语言科学》第 1 期。
〔清〕顾炎武　1994　《鲁颂商颂》,载黄汝成集释、秦克诚点校《日知录集释》,岳麓书社。
何九盈　1993　《古汉语语法札记一则“动·之·名”与“动·其·名”》,《中国语文》第 3 期。
何乐士　1985　《古代汉语虚词通释》,北京出版社。
何乐士　1994　《“唯”在句中的多种位置及其作用》,载《左传语言研究文集第 1 分册·左传范围副词》,岳麓书社。
洪　波　陈祝琴　李　明　2019　《〈上古汉语语法纲要〉评介》,《中国语文》第 4 期。
黄德宽　1989　《甲骨文“(S)惠 OV”句式探踪》,载安徽省语言学会编《语言学论文集》,安徽教育出版社。
金启华　1984　《诗经全译》,江苏古籍出版社。
刘丽媛　2019　《拷贝结构产生的深层机制——句法韵律的相互作用》,《古汉语研究》第 4 期。
罗　端　2009　《先秦汉语人称代词系统的演变》,《历史语言学研究》第 2 辑。
罗　端　2014　《对上古汉语否定句里代词宾语位置的进一步讨论》,《历史语言学研究》第 8 辑。
骆健飞　2017　《论单双音节动词带宾的句法差异及其语体特征》,《语言教学与研究》第 1 期。
马建忠　1983　《马氏文通》,商务印书馆。
梅　广　2015　《上古汉语语法纲要》,(台湾)三民书局。
齐航福　2015　《殷虚甲骨文宾语语序研究》,中西书局。
裘锡圭　1979　《谈谈古文字资料对古汉语研究的重要性》,《中国语文》第 6 期。
瞿　冲　2021　《体原子分析法:英语非正式属性缩约式所在语句融合度与非正式度的关联性分析》,载冯胜利主编《语体语法“体原子分析法”论文集》,中西书局。
沈　培　1992　《殷墟甲骨卜辞语序研究》,(台湾)文津出版社。
苏　婧　冯胜利　2020　《上古汉语旁格述宾式的语法属性与分析》,《语言科学》第 2 期。
孙　鑫　2021　《基于离核律的“NP1＋of＋NP2”结构研究》,载冯胜利主编《语体语法“体原子分析法”论文集》,中西书局。
唐钰明　1990　《甲骨文“唯宾动”式及其蜕变》,《中山大学学报》(哲学社会科学版)第 3 期。
王　力　1958　《汉语史稿》,科学出版社。2004 重排本,中华书局。
王泗原　1988　《古语文例释》,上海古籍出版社。
向　熹　2010　《简明汉语史》(下),商务印书馆。
许嘉璐　1983　《关于“唯……是……”句式》,《中国语文》第 5 期。

杨伯峻　何乐士　2001　《古汉语语法及其发展》(修订本),语文出版社。

俞　敏　1949　《汉语的"其"跟藏语的 gji》,《燕京学报》37 期。

俞　敏　1981　《倒句探源》,《语言研究》创刊号。

章太炎　2014　《章太炎全集·訄书》,上海人民出版社。

张世超　1994　《论"是""之"复指的宾语位置》,《古汉语研究》第 3 期。

张玉金　2009　《先秦汉语第一人称代词的发展》,《历史语言学研究》第 2 辑。

赵璞嵩　2014　《从"吾"、"我"的互补分布看上古汉语韵素的对立》,香港中文大学博士学位论文。

赵璞嵩　2018　《上古汉语韵素研究——以"吾""我"为例》,北京语言大学出版社。

郑张尚芳　2003　《上古音系》,上海教育出版社。

周法高　1959　《中国古代语法·称代编》(上下),"中研院"历史语言研究所。

周法高　1961　《中国古代语法·造句编》(上),"中研院"历史语言研究所。

周法高　1962　《中国古代语法·构词编》,"中研院"历史语言研究所。

周生亚　1980　《上古汉语人称代词繁复的原因》,《中国语文》第 2 期。

Djamouri, Redouane　2001　Markers of predication in shang bone inscriptions. In Hilary Chappell (ed.) *Sinitic Grammar*. 143 - 171. Oxford: Oxford University Press.

Feng, Shengli(冯胜利)　1996　Prosodically constrained syntactic changes in Early Archaic Chinese. *Journal of East Asian Linguistics* 4.

Feng, Shengli(冯胜利)　2016　Disyllabification. In RintSybesma, Wolfgang Behr, Yueguo Gu, Zev Handel, C.-T. James Huang & James Myers(eds.) *Encyclopedia of Chinese Language and Linguistics*.

Harbsmeier, Christoph　1981　*Aspects of Classical Chinese Syntax*. London and Malmö: Curzon Press.

Kroch, Anthony　2000　Syntactic change. In Mark Baltin & Chris Collins (eds) *The Handbook of Contemporary Syntactic Theory*. 629 - 739. Malden, MA: Blackwells.

Meisterernst, Barbara　2010　Object preposing in Classical and Pre-Medieval Chinese. *Journal of East Asian* 19.

Pulleyblank Edwin G.　1998　*Outline of Classical Chinese Grammar*. Seattle: University of Washington Press.

Syntax, Prosody and Register: A Trinitarian System of Grammar in the Study of Archaic Chinese

FENG Shengli

Abstract: From the perspective of syntax, prosody and register, this paper proposes a trinitarian system of grammar for the study of Archaic Chinese, namely, Generative Grammar (GG) plus Prosodic Grammar (PG). Based on genitive pronoun 其 and accusative pronoun 之 and the clitic doubling *shi* in [*wei* Obj. *shi* V], it is argued that a formal analysis is best responsible for their syntactic analysis. Likewise, the change from bimoraic foot formation to disyllabic formation and their contracts between 唯妇言用 and 唯妇言是用, and between 吾 and 我, necessities the application of Prosodic Grammar. Finally, the 风、雅、颂 divided in *Odes* and the [唯 O 是 V] used in Royal speech in archaic Chinese evidenced the hypothesis that Register Grammar developed recently in terms of Register-Atom (体原子) cannot be ignored in achieving a full-fledged linguistic explanation. If the arguments provided here are correct it follows that a "Trinitarian Grammatical System" can be established not only for the study of Archaic Chinese, but also for the study of human languages in general.

Keywords: Archaic Chinese, Generative Grammar, Prosodic Grammar, Register Grammar, Trinitarian Grammar

(冯胜利　北京语言大学/香港中文大学)

原始闽北区方言中"剥""布""风"等字的韵母*

秋谷裕幸

提　要　原始闽北区方言的 *uo 韵和 *uoŋ 韵除了拼 *k 系声母以外还可以拼 *p 系声母。例如：布 *puo⁵｜剥 *puo⁷｜风 *puoŋ¹。除了入声字以外，这些字一般发生细音化。比如，建阳方言中"布"读作[piɔ⁵]，"风"则读[piɔŋ¹]。

关键词　原始闽北区方言　音韵史　韵母　*uo　*uoŋ　双唇音声母

一　引言

Norman(1969)和孙顺(2016)所构拟的原始闽北区方言韵母系统中都有 *uo 韵。Norman(1969:224)里的例子只有"果"，而孙顺(2016:49—50)里的例子共有八个，即"过""货""科""郭""果""伙你～：你们""祸""课"。这些例子的声母都是原始闽北区方言的 *k 系声母(即 *k、*kʰ、*g、*ŋ、*x、*ʔ、*ɦ)。本文把这一组称作"货"类字。

Norman(1969:244)还构拟了与 *uo 相应的 *uoŋ 韵。例子只有"黄"。孙顺(2016:65—66)则把它改成了 *uŋ。例子共有四个，即"光""荒""黄""簧"。这些例子的声母也都是原始闽北区方言的 *k 系声母，与 *uo 相同。本文把这一组称作"光"类字。"货"类和"光"类在各地方言中的表现大致上平行，再说 *uŋ 恐怕难以解释迪口和建瓯方言的[uaŋ]以及建阳和枫溪的[uɔŋ]等音值，所以本文赞同 Norman(1969:244)所拟的 *uoŋ。

本文在 Norman(1969)和孙顺(2016)的基础上将提出 *uo 韵和 *uoŋ 韵除了 *k 系声母以外还可以拼 *p 系声母的新观点。

本文中用两个星号 ＊＊ 表示原始闽语形式。原始闽北区方言、各地方言较早时期的读音、原始宁德方言以及上古音则用一个星号 ＊ 来表示。送气音一律使用上标的"ʰ"来表示。当代方言的调类使用右上角的数字表示：1—阴平、2—阳平或阳平甲、9—阳平乙、3—上声或

＊　撰写本文的过程中笔者多承沈瑞清助理教授指教。《历史语言学研究》匿名评审专家亦提出宝贵修改意见。在此一并致谢。文中的错误一概由笔者负责。

阴上、4—阳上、5—阴去、6—阳去、7—阴入、8—阳入、8a—阳入甲、8b—阳入乙。轻声用 0 表示。闽北区方言音标后面的"声!""韵!""调!"分别表示声母、韵母或调类不符合语音对应规律。中古音使用平山久雄(1967)的系统,上古音则使用 Baxter & Sagart(2014)的系统。上古拟音里的括号[ ]表示构拟括号内音值的相关证据还不够充分。大括号{ }表示意义,而双引号如"剥""风"表示实际的词语。

闽北区方言的材料使用峡阳、建瓯、迪口、松溪、镇前、石陂、建阳、崇安、枫溪和临江方言的材料。顺昌方言和光泽方言都属于邵将区,宁德方言则属于闽东区,均作为参考点。宁德方言使用原始宁德方言的音系,该音系是秋谷裕幸(2018)根据三个宁德方言的材料构拟出来的原始系统。它十分接近原始闽东区方言,大致上可以代表沿海闽语较早时期的读音。

二 "货"类字

我们首先观察"货"类字。2.1 节列举"货"类字的主要例子。接着在 2.2 节归纳各地方言之间的语音对应规律并阐明自原始闽北区方言至现代各地方言之间的语音演变过程。以下"闽北"指本文所构拟的原始闽北区方言。

2.1 举例

过古卧切,动词①

峡阳 ko^{4}|建瓯 kua^{5}|迪口 kua^{5}|松溪 ko^{5}|镇前 ko^{5}|石陂 ko^{5}|建阳 $kuɔ^{5}$|崇安 ko^{5}|枫溪 $kɔ^{5}$|临江 ko^{5}|闽北 $^{*}kuo^{5}$;顺昌—②|光泽—③;宁德 $^{*}kuɔ^{5}$;上古 $^{*}k^{wʕ}aj\text{-}s$|中古 kuɑ去。

郭姓

峡阳 ko^{7}|建瓯 kua^{7}单字音|迪口 kua^{7}|松溪 ko^{7}|镇前 ko^{3}|石陂 $kɔ^{7}$|建阳 $kuɔ^{7}$|崇安 ko^{7}|枫溪 $gɔ^{7}$|临江 go^{7}|闽北 $^{*}kuo^{7}$;顺昌 ko^{2}|光泽 $kuɔ^{7}$;宁德 $^{*}kuk^{7}$;上古 $^{*}k^{wʕ}ak$|中古 kuɑk。

[说明]枫溪和临江方言中不送气塞音塞擦音逢阴入时都读作浊音。

窠脱~:脱臼

峡阳 $k^{h}o^{1}$离~|建瓯 $k^{h}ua^{1}$山窝|迪口 $k^{h}ua^{1}$山窝|松溪—|镇前 $k^{h}o^{1}$|石陂—|建阳—|崇安 $k^{h}o^{1}$|枫溪 $k^{h}ɔ^{1}$|临江 $k^{h}o^{1}$|闽北 $^{*}k^{h}uo^{1}$;顺昌 $k^{h}o^{1}$□$luaɛ^{2}$~|光泽 $k^{h}uɔ^{1}$山~:山谷;宁德 $^{*}k^{h}uɔ^{1}$;上古—|中古 k^{h}uɑ平。

---

① 《广韵》里"过"还有平声戈韵古禾切,"经也。又过所也。"在包括闽北区方言在内的多数闽语方言里古禾切的"过"表示{菜老}。关于这个字在闽北区方言中的读音,请看秋谷裕幸(2017:41—43)。

② {过动词}说"□"[$t^{h}o^{6}$]。

③ {过动词}说"□"[$hɔ^{6}$]。

伙 你～人：你们

峡阳—①｜建瓯 xua^{3}｜迪口—②｜松溪—③｜镇前—④｜石陂—⑤｜建阳 xuɔ^{3}｜崇安 xo^{3}｜枫溪 xɔ^{3} 你～｜临江—⑥｜闽北 *xuo^{3}；顺昌—⑦｜光泽—⑧；宁德—；上古—｜中古 huɑ 上。

货

峡阳 xo^{4}｜建瓯 xua^{5}｜迪口 hua^{5}｜松溪 ho^{5}｜镇前 ho^{5}｜石陂 xo^{5}｜建阳 xuɔ^{5}｜崇安 xo^{5}｜枫溪 xɔ^{5}｜临江 ho^{5}｜闽北 *xuo^{5}；顺昌 ho^{5}｜光泽 fɔ^{5}；宁德 *huɔ^{5}；上古 *q^{whʕ}aj-s｜中古 huɑ 去。

祸

峡阳 xo^{4}｜建瓯 xua^{6}｜迪口 hua^{4}｜松溪 ho^{6}｜镇前 ho^{6}｜石陂 xo^{6} 调！｜建阳—｜崇安 xo^{5}｜枫溪—｜临江 ho^{4}｜闽北 *xuo^{4}；顺昌 ho^{5}｜光泽—；宁德—；上古 *[g]^{wʕ}ajʔ｜中古 ɦuɑ 上。

*ʔ 声母不存在合适的例子。

2.2　原始音值及其演变过程

根据 2.1 节所举的例子，10 个闽北区方言之间的语音对应规律可以归纳如下：

峡阳	建瓯	迪口	松溪	镇前	石陂	建阳	崇安	枫溪	临江
o	ua	ua	o	o	ɔ *7 调	uɔ	o	ɔ	o
					o 其他				

除了石陂方言以调类为条件的分化以外，都只有一种读音出现。

Norman（1969：224）和孙顺（2016：49—50）所构拟的 *uo 可以解释各地方言的读音。*uo 韵的介音 *u 不很稳定。10 个方言中，只有建瓯、迪口和建阳方言才把介音 *u 保存下来。其他方言中这个 *u 都脱落了，即发生了 *uo＞o 或 ɔ。建瓯和迪口方言中都发生了 *uo＞*uɤ⑨＞ua 的语音演变。*uo＞o 或 ɔ 的语音演变导致 *uo、*o 两韵的合并，*uo＞ua 则导致 *uo、*ua 两韵的合并。试比较：

歌

峡阳 ko^{1}｜建瓯 kɔ^{1}｜迪口 kɔ^{1}｜松溪 ko^{1}｜镇前 ko^{1}｜石陂 kɔ^{1}｜建阳 kɔ^{1}｜崇安 ko^{1}｜枫溪 kɔ^{1}｜临江 ko^{1}｜闽北 *ko^{1}；顺昌 ko^{1}｜光泽 kɔ^{1}；宁德 *kɔ^{1}；上古 *[k]^{ʕ}aj｜中古 kɑ 平。

---

① ｛你们｝说“你多”[nue^{9} ta^{1}]。

② ｛你们｝说“你人”[niɛ^{8} neiŋ^{2}]。

③ ｛你们｝说“你齐人”[nie^{8} tsa^{2} neiŋ^{2}]。

④ ｛你们｝说“汝人”[nio^{5} neiŋ^{2}]。

⑤ ｛你们｝说“你人”[n̩i^{2} neiŋ^{5}]。

⑥ ｛你们｝说“你齐”[ni^{2} laɛ^{2}]。

⑦ ｛你们｝说“汝儿□”[lɛ^{4} ki^{3} ʃɔ^{2}]。

⑧ ｛你们｝说“□多”[hien^{3} tai^{0}]。

⑨ 也有可能是 *uə。

瓜

峡阳 kua^{1}|建瓯 kua^{1}|迪口 kua^{1}|松溪 kua^{1}|镇前 kua^{1}|石陂 kua^{1}|建阳 kua^{1}|崇安 kua^{1}|枫溪 kuᴀ^{1}|临江 kua^{1}|闽北 *kua^{1};顺昌 ko^{1}|光泽 kua^{1};宁德 *kua^{1};上古 *k^{wʕ}ra|中古 kua平。

共有三种情况出现:①

(1)“歌”≠“过动词”≠“瓜” 建阳

(2)“歌”≠“过动词”=“瓜” 建瓯、迪口

(3)“歌”=“过动词”≠“瓜” 峡阳、松溪、镇前、崇安、枫溪、临江

保持三分的建阳方言代表了原始闽北区方言的音韵状态。除了*7 调的字以外,石陂方言也属于第1类。第2类和第3类都是它的进一步发展。第2类建瓯和迪口方言里“货”类字[ua]韵的主要元音[a]与中古音ɑ和上古音*a相近。但这不是存古而是一种回头演变的结果。

三 “剥”类字

“货”类字的声母都是*k系声母。本章接着分析“剥”“缚捆、绑”“曝晒”三个字的读音。它们在原始闽北区方言里的声母都是*p系声母。下文把这一类称作“剥”类字。

3.1节列举“剥”类字的读音。在3.2节将归纳各地方言之间的语音对应规律并阐明自原始闽北区方言至现代各地方言之间的语音演变过程。

3.1 “剥”类字的读音

剥

峡阳 pu^{7}|建瓯 pu^{7}|迪口 pua^{7}|松溪 pu^{7}|镇前 po^{3}|石陂 pu^{7}|建阳 po^{7}|崇安 pu^{7}|枫溪 bɔ^{7}|临江 bo^{7}|闽北 *puo^{7};顺昌 pu^{2}|光泽 piɔ^{7};宁德 *puɔʔ^{7};上古 *[p]^{ʕ}rok (~ *mə-p^{ʕ}rok)|中古 pauk。

缚捆、绑

峡阳 pu^{1}|建瓯 pu^{6}|迪口 pua^{4}|松溪 pu^{6}|镇前 po^{6}|石陂 pu^{1}|建阳 po^{8}|崇安 pu^{8}|枫溪—②|临江—③|闽北 *puo^{8};顺昌—④|光泽—;宁德 *puɔʔ^{8};上古 *bak|中古 bɪɑk。

[说明]在汉语史上“缚”是自先秦至宋末的{捆绑}义词。参看谢智香(2013:136—153)。

---

① 此处不算调类。

② {系、捆、缚}说“□”[ga^{2}]。

③ {系、捆、缚}说“□”[kaɛ^{6}]。

④ {系、捆、缚}说“□”[hɛ^{4}]。

曝晒

峡阳 pʰu^1｜建瓯 pʰu^6｜迪口 pʰua^4｜松溪 pʰu^6｜镇前 pʰo^6｜石陂—①｜建阳—②｜崇安—③｜枫溪—④｜临江—⑤｜闽北 *pʰuo^8；顺昌 pʰu^8｜光泽—⑥；宁德 *pʰuɔʔ^8；上古 *m-pˤawk｜中古 bǒuk。

[说明]闽北西北地区的方言不用“曝”而用“晒”表示{晒}。上古汉语使用“曝”，而“晒”是始见于西汉的新词(汪维辉 2017:252—255)。

3.2　原始音值及其演变过程

根据 3.1 节所举的例子，10 个闽北区方言之间的语音对应规律可以归纳如下：

峡阳	建瓯	迪口	松溪	镇前	石陂	建阳	崇安	枫溪	临江
u	u	ua	u	o	u	o	u	ɔ	o

这种语音对应只限于三个“剥”类字才出现。建阳方言的[o]来自早期的 *u。要留意的是，枫溪和临江方言都不用“缚捆、绑”和“曝晒”，所以难以判断“剥”的[ɔ]和[o]是固有读音还是外来读音。

“剥”类字的原始闽北区方言形式本文建议拟作 *uo，与“货”类字相同。在迪口方言中，“剥”类字经历了与“货”类字相同的 *uo＞*uɤ＞ua。

峡阳、建瓯、松溪、石陂、建阳和崇安方言的表现与 *u 韵 *p 系声母入声字，即“腹”类字相同。试比较：

腹肚子

峡阳 pu^7～屎｜建瓯 pu^7｜迪口 pu^7～肚｜松溪 pu^7～底｜镇前 pu^3～□lu^3｜石陂 pu^7～屎｜建阳 po^7｜崇安 pu^7｜枫溪 bu^7｜临江 bu^7｜闽北 *pu^7；顺昌 pu^2～屎｜光泽 py^7；宁德 *puk^7～脐:肚脐；上古 *p(r)uk｜中古 pɪǒuk。

[说明]关于原始闽北区方言 *pu^7 的构拟，参看孙顺(2016:34、263)。

覆趴

峡阳 pʰu^7｜建瓯 pʰu^7｜迪口 pʰu^7｜松溪 pʰu^7｜镇前 pʰu^3｜石陂 pʰu^7｜建阳—｜崇安 hu^7｜枫溪pʰu^7｜临江 pʰu^7｜闽北 *pʰu^7；顺昌 pʰu^2｜光泽 pʰu^7；宁德 *pʰuk^{7}脸朝下躺在床上；上古 *pʰ(r)uk-s｜中古 pʰɪǒuk。

---

① {晒}说“晒”[sai^5]。

② {晒}说“晒”[sai^5]。

③ {晒}说“晒”[sai^5]。

④ {晒}说“晒”[sa^5]。

⑤ {晒}说“晒”[saɛ^5]。

⑥ {晒}说“晒”[sa^5]。

木～虱:臭虫

峡阳 mu^{1}单字音|建瓯 mu^{8}|迪口 mu^{8}|松溪 mu^{8}|镇前 mu^{5}|石陂 mu^{2}单字音①|建阳 mo^{8}单字音|崇安 mu^{8}|枫溪 mu^{8b}|临江 mu^{4}～檏:锯末②|闽北 *mu^{8};顺昌 mu^{8}单字音|光泽—③;宁德 *muk^{8};上古 *C. m^{ʕ}ok|中古 mǒuk。

[说明]根据 Norman(2002:360),建阳连墩方言{臭虫}说“木虱”[mo^{8} se^{7}]。而根据顺昌县地方志编纂委员会(1994:792),顺昌方言{臭虫}也说“木虱”[muʔ^{8} ʃɛ^{2}]。

峡阳、建瓯、松溪、石陂、建阳和崇安方言中的“剥”类字都发生了以 *p 系声母和入声为条件的 *uo>u,与“腹”类字合并。在建阳,u 进一步变成了[o]。

镇前、枫溪和临江方言的表现则与 *o 韵 *p 系声母入声字相同。试比较:

博换

峡阳 po^{7}|建瓯 pɔ^{7}|迪口 pɔ^{7}|松溪 po^{7}|镇前 po^{3}|石陂 pɔ^{7}|建阳 pɔ^{7}|崇安 po^{7}|枫溪 bɔ^{7}|临江—|闽北 *po^{7};顺昌 po^{2}|光泽 pɔ^{7};宁德 *pɔk^{7};上古 *p^{ʕ}ak|中古 pɑk。

泊苍蝇等栖止

峡阳—|建瓯 pɔ^{6}|迪口 pɔ^{4}|松溪—|镇前—|石陂 pɔ^{1}|建阳—|崇安 po^{8}|枫溪 p^{h}ɔ^{8a}|临江 p^{h}o^{4}|闽北 *po^{8};顺昌—|光泽—;宁德 *pɔʔ^{8};上古 *[b]^{ʕ}ak|中古 bɑk。

[说明]在枫溪和临江方言中逢 *8 调(*阳入)的不送气清塞音和塞擦音发生了浊音化后再清音化的语音演变,此时要伴随送气音化。“泊苍蝇等栖止”在临江方言中的语音演变应该是 *po^{8}> *bo^{8}> *p^{h}o^{8}>p^{h}o^{4}。详细的讨论参看秋谷裕幸(2014)。

这三个方言中发生了以 *p 系声母和入声为条件的 *uo>o、ɔ。枫溪的[ɔ]和临江的[o]都有可能是外来读音。

总之,共有三种情况出现:

(4)“腹肚子”≠“剥”≠“博换”　迪口

(5)“腹肚子”≠“剥”=“博换”　镇前、枫溪、临江

(6)“腹肚子”=“剥”≠“博换”　峡阳、建瓯、松溪、石陂、建阳、崇安

保持三分的迪口方言代表了原始闽北区方言的音韵状态。第 5 类和第 6 类都是它的进一步发展。请注意,原始闽北区方言中在 *p 系声母的后面也出现 *o 和 *uo 之间的最小对立,即“博换” *po^{7}≠“剥” *puo^{7}。

四　“布”类字

“剥”类字“剥”的原始调类是 *7 调(*阴入),“缚捆、绑”和“曝晒”的原始调类则为 *8 调(*阳

---

① {臭虫}说“□虱”[kau^{1} se^{7}]。

② {臭虫}说“□虱”[kao^{1} se^{7}]。

③ {臭虫}说“乌□”[u^{1} pi^{7}]。

入)，均为入声字而没有舒声字。本文认为这不是偶然现象，而在原始闽北区方言中也存在着舒声的*uo 韵*p 系声母字。它的语音演变过程与“剥”类字不一样。至今共发现四例，即“布”“补”“步”和“哺嚼”。下文把这一类称作“布”类字。

4.1 节首先列举“布”类字的读音。在 4.2 节将归纳各地方言之间的语音对应规律并阐明自原始闽北区方言至现代各地方言之间的语音演变过程。

4.1 “布”类字的读音

布

峡阳 po^{4} | 建瓯 piɔ^{5} | 迪口 piɔ^{5} | 松溪 po^{5} | 镇前 po^{5} | 石陂 pio^{5} | 建阳 piɔ^{5} | 崇安 pyo^{5} | 枫溪 pu^{5} | 临江 pu^{5} | 闽北 *puo^{5}；顺昌 po^{5} | 光泽 piɔ^{5}；宁德 *puɔ^{5}；上古 *pˤa-s | 中古 po去。

哺嚼

峡阳 po^{6} | 建瓯 piɔ^{6} | 迪口 piɔ^{7} | 松溪 po^{6} | 镇前— | 石陂 pio^{6} | 建阳 piɔ^{6} | 崇安—① | 枫溪—② | 临江—③ | 闽北 *puo^{6}；顺昌—④ | 光泽—⑤；宁德—；上古 *[b]ˤa-s | 中古 bo去。

补

峡阳 po^{9} | 建瓯 piɔ^{3} | 迪口 piɔ^{9} | 松溪 po^{9} | 镇前 po^{9} | 石陂 bio^{3} | 建阳 piɔ^{3} | 崇安 jyo^{3} | 枫溪 pu^{3} | 临江 pu^{6} | 闽北 *buo^{3}⑥；顺昌 p^{h}y^{4} | 光泽 p^{h}y^{3}；宁德 *puɔ^{3}；上古 *[Cə]-pˤaʔ | 中古 po上。

[说明]关于闽北区方言中“补”字的读音，参看秋谷裕幸(2017:48—49)。

步

峡阳 pu^{6}韵！| 建瓯 piɔ^{6} | 迪口 pu^{6}韵！| 松溪 po^{7} | 镇前 pu^{9}韵！| 石陂 bu^{6}韵！| 建阳 uo^{6}韵！| 崇安 wu^{6}声！韵！| 枫溪 bu^{6} | 临江 pu^{6} | 闽北 *buo^{6}；顺昌 p^{h}u^{6} | 光泽 p^{h}u^{6}；宁德 *puɔ^{6}；上古 *mə-bˤa-s | 中古 bo去。

[说明]峡阳、迪口、镇前、石陂、建阳和崇安方言的读音来自早期的*bu^{6}(Norman 1969:257)。不过，原始闽北区方言*bu^{6}的韵母在峡阳和石陂方言中要变成[y]，在崇安方言方言中则要变成[ɐu]。参看下文 4.2 节。“步”*bu^{6}应该是在晚于原始闽北区方言阶段后从外方言中引进的外来读音。关于枫溪和临江方言里的读音，留待下文 4.2 节进行讨论。

4.2 原始音值及其演变过程

根据 4.1 节所举的例子，10 个闽北区方言之间的语音对应规律可以归纳如下：

---

① {嚼}说“嚼”[liəu^{6}]。

② {嚼}说“嚼”[dʑiɔ^{8b}]。

③ {嚼}说“嚼”[tɕ^{h}io^{4}]。

④ {嚼}说“嚼”[tsio^{8}](不送气音)。

⑤ {嚼}说“嚼”[t^{h}iau^{6}]。

⑥ 秋谷裕幸(2017:48)拟作了*bio^{3}。今改。

峡阳	建瓯	迪口	松溪	镇前	石陂	建阳	崇安	枫溪	临江
o	iɔ	iɔ	o	o	io	iɔ	yo	u	u

这种语音对应只出现在"布"类字。

枫溪和临江方言里的[u]较难判断是固有读音还是外来读音。由于[u]的表现与"风"类字的"枫"字读音平行(参下文6.2节),而且临江方言"补"字的调类也是固有读音的表现,所以本文认为枫溪和临江方言里的[u]也源自*uo。

Norman(1969:223、256、257)把"补"和"布"分别拟作了*pio³和*pio⁵。孙顺(2016:44—45、227)则把这两个字拟作*bio³和*pio⁵。韵母都是*io。① 下面举出两个*io韵其他声母的例子。

戍房子

峡阳 tsʰiəu⁴|建瓯 tsʰiɔ⁵|迪口 tsʰiɔ⁵|松溪 tɕʰio⁵|镇前 tɕʰio⁵|石陂 tɕʰio⁵|建阳 tɕʰiɔ⁵|崇安 tɕʰyo⁵|枫溪 tɕʰiɔ⁵|临江 tɕʰio⁵|闽北*tsʰio⁵;顺昌 tʃʰo⁵|光泽 tʃʰɔ⁵;宁德*tʃʰuɔ⁵;上古*[n̥]o-s|中古 ɕyu去。

借资昔切

峡阳 tsia⁷韵!|建瓯 tsiɔ⁷|迪口 tsiɔ⁷|松溪 tɕio⁷|镇前 tɕio³|石陂 tɕio⁷|建阳 tɕiɔ⁷|崇安 tɕyo⁷|枫溪 dʑiɔ⁷|临江 dʑio⁷|闽北*tsio⁷;顺昌 tsia⁵子夜切|光泽 tia⁵子夜切;宁德*tʃiɔʔ⁷;上古*[ts]Ak|中古 tsiɛk。

本文则认为"布"类字当拟作*uo,和"剥"类字一样。而在除枫溪和临江方言以外的闽北区方言中发生了以*p和*b以及舒声为条件的*uo>yo>io、iɔ。峡阳、松溪和镇前方言的[o]是[io]的进一步发展。我们可以给峡阳、松溪和镇前方言假设*uo>o的语音演变。本文不采取这个方案主要是因为"风"类字之一"枫"在松溪方言中发生了细音化。详见下文第六章。

假设*uo>yo的语音演变有两个理由。第一,"剥"类字和"布"类字构成互补。前者只有*7调和*8调的字即入声字,后者则只有*3调、*5调和*6调的字即舒声字。这似乎不是偶合。

第二个理由是闽北区方言中"匏瓠子"等*u韵*p系声母(除*m以外)舒声字的演变。此举两例:

殕霉

峡阳 pʰy²|建瓯 pʰy³|迪口 pʰu³|松溪 pʰy³|镇前 pʰu³|石陂 pʰy³|建阳 pʰo³|崇安 hɐu³~毛|枫溪 pʰɐu³生~毛:食上生白毛|临江 pʰu³|闽北*pʰu³;顺昌 pʰy³生~:食上生白毛|光泽—;宁德*pʰu³;上古—|中古 pʰɣu上。

① 秋谷裕幸(1997:35)也拟作了*io。

匏瓠子

峡阳 py^{9} | 建瓯 py^{3}～仔 | 迪口 pu^{9}水～ | 松溪 py^{9}～仔 | 镇前 pu^{9} | 石陂 by^{2}牛腿～ | 建阳 uo^{9}～仔 | 崇安 βɐu^{5}～仔 | 枫溪 bɐu^{2}～仔 | 临江 bu^{2}蕃～：南瓜 | 闽北 *bu^{2}；顺昌 p^{h}y^{2}～仔 | 光泽 p^{h}y^{2}～仔；宁德 *pu^{2}；上古 *[b]^{ʕ}ru | 中古 bau平。

建阳方言的[o]来自早期的*u。“匏瓠子”[uo^{5}]的[u]则是*β的进一步发展，即*bu＞*bo＞*βo＞uo。崇安和枫溪方言的[ɐu]是[y]的进一步发展。试比较：

肉

峡阳 ny^{1} | 建瓯 ny^{8} | 迪口 ny^{8} | 松溪 nœy^{8} | 镇前 ny^{5} | 石陂 ny^{2} | 建阳 ny^{8} | 崇安 nɐu^{8} | 枫溪 nɐu^{8b} | 临江 niu^{4} | 闽北 *ny^{8}；顺昌 ŋy^{8} | 光泽 ny^{7}；宁德 *nyk^{8}；上古 *k. nuk | 中古 ɲiǝuk。

总之，峡阳、建瓯、松溪、石陂方言以及崇安、枫溪方言中发生了以*p系声母(除*m以外)和舒声为条件的*u＞y。逢入声时没有发生这种语音演变。参看上文3.2节的“腹肚子”“覆趴”“木～虱”。①*uo＞yo和*u＞y的实质内容都是细音化。只是枫溪和临江方言没有发生*uo＞yo，迪口、镇前、建阳和临江方言则没有发生*u＞y。即：

*uo＞yo	峡阳	建瓯	迪口	松溪	镇前	石陂	建阳	崇安	
*u＞y	峡阳	建瓯		松溪		石陂		崇安	枫溪

与*p、*p^{h}和*b以及舒声为条件*u＞y之间的平行关系是本文假设以*p和*b以及舒声为条件*uo＞yo＞io、iɔ音变的第二个理由。

五　“光”类字

接下来我们观察“光”类字。本章5.1节列举“光”类字的主要例子。接着在5.2节归纳各地方言之间的语音对应规律并阐明自原始闽北区方言至现代各地方言之间的语音演变过程。

5.1　举例

光亮

峡阳 kouŋ^{1} | 建瓯 kuaŋ^{1} | 迪口 kuaŋ^{1} | 松溪 koŋ^{1} | 镇前 koŋ^{1} | 石陂 kǝŋ^{1} | 建阳 kuɔŋ^{1} | 崇安 koŋ^{1} | 枫溪 kɔŋ^{1} | 临江 kõ^{1} | 闽北 *kuoŋ^{1}；顺昌 kɔ̃^{1} | 光泽 kuɔŋ^{1}；宁德 *kuɔŋ^{1}；上古 *k^{wʕ}aŋ | 中古 kuɑŋ平。

荒

峡阳 xouŋ^{1} | 建瓯 xuaŋ^{1} | 迪口 huaŋ^{1} | 松溪 hoŋ^{1} | 镇前 hoŋ^{1} | 石陂 xǝŋ^{1} | 建阳 xuɔŋ^{1} | 崇安

① 孙顺(2016:34－36)所构拟的*u韵和*y韵都可以拼*p、*p^{h}、*b声母。本文则认为*p系声母只出现在*u韵之前。[y]或[ɐu]都是它的进一步发展。相关讨论参看秋谷裕幸(1997:36－37)。其实，这是一个较为复杂的问题，另待详细的研究。闽中区方言中也存在同样的现象。参看郑君龙(2019:65－69)。

xoŋ^{1} | 枫溪 xuɔŋ^{1} | 临江 hõ^{1} | 闽北 *xuoŋ^{1}；顺昌 hɔ̃^{1} | 光泽 fɔŋ^{1}；宁德 *huɔŋ^{1}；上古 *m̥ˤaŋ | 中古 huɑŋ平。

楻大木桶

峡阳 xouŋ^{2} | 建瓯 xuaŋ^{5} | 迪口 huaŋ^{2} | 松溪 hoŋ^{2} | 镇前 hoŋ^{2} | 石陂 xəŋ^{5} | 建阳 xuɔŋ^{2} | 崇安 xoŋ^{2} | 枫溪 xuɔŋ^{5} | 临江 hõ^{5}～仔 | 闽北 *xuoŋ^{2}；顺昌 hɔ̃^{5} | 光泽 fɔŋ^{7}；宁德 *huɔŋ^{2}；上古— | 中古—。

黄颜色

峡阳 uouŋ^{2} | 建瓯 uaŋ^{5} | 迪口 uaŋ^{2} | 松溪 oŋ^{2} | 镇前 uoŋ^{2} | 石陂 ʔəŋ^{5} | 建阳 uɔŋ^{2} | 崇安 ʔoŋ^{2} | 枫溪 ɦuɔŋ^{2} | 临江 õ^{2} | 闽北 *ʔuoŋ^{2}；顺昌 ŋɔ̃^{2} | 光泽 vɔŋ^{2}；宁德 *uɔŋ^{2}；上古 *N-k^{wˤ}aŋ | 中古 ɦuɑŋ平。

5.2 原始音值及其演变过程

根据 5.1 节所举的例子,10 个闽北区方言之间的语音对应规律可以归纳如下：

峡阳	建瓯	迪口	松溪	镇前	石陂	建阳	崇安	枫溪	临江
uouŋ *ʔ	uaŋ	uaŋ	oŋ	uoŋ *ʔ	əŋ	uɔŋ	oŋ	uɔŋ *x、*ʔ	õ
ouŋ 其他				oŋ 其他				ɔŋ *k	

Norman(1969:244)所拟原始音值 *uoŋ 能够合理地解释现代各地方言中的读音。

迪口和建瓯方言发生了 *uoŋ＞*uɤŋ①＞uaŋ,与“货”类字的 *uo＞*uɤ＞ua 平行。建阳方言一律保存了 *uoŋ 的介音 *u,也与 *uo＞uɔ 平行。参看上文 2.2 节。

和 *uo 韵的介音 *u 一样,*uoŋ 的介音 *u 也不很稳定。10 个方言中,只有建瓯、迪口和建阳方言才把介音 *u 完整地保存下来。其他方言中这个 *u 除了拼 *x、*ʔ 声母的少数例子以外都脱落了,即发生了 *uoŋ＞oŋ 或 ɔŋ。请注意,这个语音演变导致 *uoŋ、*oŋ 两韵的合并。只有峡阳方言的 *ʔ 声母字和枫溪方言的 *x、*ʔ 声母字仍保持着 *uoŋ、*oŋ 两韵之间的区别。建瓯和迪口方言则发生了 *uoŋ、*uaŋ 两韵的合并,与 *uo、*ua 两韵的合并平行。崇安方言较特殊,*uoŋ、*oŋ、*uaŋ 三韵合并成[oŋ]。试比较：

糠

峡阳 k^{h}ouŋ^{1} | 建瓯 k^{h}ɔŋ^{1} | 迪口 k^{h}aŋ^{1} | 松溪 k^{h}aŋ^{1} | 镇前 k^{h}auŋ^{1} | 石陂 k^{h}ɔŋ^{1} | 建阳 k^{h}ɔŋ^{1} | 崇安 k^{h}oŋ^{1} | 枫溪 k^{h}ɔŋ^{1} | 临江 k^{h}aõ^{1} | 闽北 *k^{h}oŋ^{1}；顺昌 k^{h}ɔ̃^{1} | 光泽 k^{h}ɔŋ^{1}；宁德 *k^{h}ɔŋ^{1}；上古— | 中古 k^{h}ɑŋ平。

梗菜～

峡阳 kuaŋ^{2} | 建瓯 kuaŋ^{3} | 迪口 kuaŋ^{3} | 松溪—② | 镇前 koŋ^{3}韵！ | 石陂 kuaŋ^{3} | 建阳 kuaŋ^{3} |

① 也有可能是 *uəŋ。

② {菜梗}说“菜秆”[ts^{h}œ^{5} kueiŋ^{3}]。

崇安 koŋ^{3} | 枫溪 kuʌiŋ^{3} | 临江 kuã^{3} | 闽北 *kuaŋ^{3}；顺昌 kɔ̃^{3} | 光泽 kuaŋ^{3}；宁德 *kuaŋ^{3}；上古— | 中古 kaŋ上。

[说明]松溪和镇前方言中 *uaŋ 韵的表现可以参考“横”字的读音：松溪 huaŋ^{2} | 镇前 huaŋ^{2}。

共有四种情况出现：①

(7)“糠”≠“光亮”≠“梗菜～”　石陂、建阳、临江

(8)“糠”≠“光亮”=“梗菜～”　建瓯、迪口

(9)“糠”=“光亮”≠“梗菜～”　峡阳、枫溪

(10)“糠”=“光亮”=“梗菜～”　崇安

保持三分的第 7 类代表了原始闽北区方言的音韵状态。松溪和镇前方言应该也属第 7 类。第 8 类、第 9 类和第 10 类都是它的进一步发展。第 10 类崇安方言代表了最新状态。第 8 类建瓯和迪口方言里“光”类字[uaŋ]韵的主要元音[a]与中古音 ɑ 和上古音 *a 相近。但这不是存古而是一种回头演变的结果，情况与“货”类字的主要元音[a]相同。

六　“风”类字

“光”类字的声母都是 *k 系声母。本章接着分析“风”“枫”两个字的读音。它们在原始闽北区方言里的声母都是 *p 系声母。下文把这一类称作“风”类字。

6.1 节列举“风”类字的读音。在 6.2 节将归纳各地方言之间的语音对应规律并阐明自原始闽北区方言至现代各地方言之间的语音演变过程。

6.1　“风”类字的读音

风

峡阳 xouŋ^{1}声！| 建瓯 xɔŋ^{1}声！韵！| 迪口 hɔŋ^{1}声！韵！| 松溪 poŋ^{1} | 镇前 hoŋ^{1}声！| 石陂 xəŋ^{1}声！韵！| 建阳 piɔŋ^{1} | 崇安 pyoŋ^{1} | 枫溪 fəŋ^{1}声！| 临江 həŋ^{1}声！| 闽北 *puoŋ^{1}；顺昌 piɔ̃^{1} | 光泽 pioŋ^{1}；宁德 *huŋ^{1}；上古 *prəm② | 中古 pɪə̆uŋ平。

[说明]闽北区方言中“风”字的读音受了较多外方言的影响。能够追溯到原始闽北区方言的只有松溪、建阳和崇安方言的“风”字读音。

---

① 此处只算韵母。

② 《释名·释天》：“风，放也。”王先谦《释名疏证补》认为“风放声相近”。“放”的上古音是 *paŋʔ，与“光”“黄”共享主要元音 *a。

枫枫树

峡阳—①|建瓯—|迪口—②|松溪 hioŋ^{8}～桦[ka^{9}]树|镇前—|石陂—③|建阳 iɔŋ^{9}～仔树|崇安 jyoŋ^{1}～仔树|枫溪 p^{h}əŋ^{3}～树。声!|临江 pəŋ^{6}～树|闽北 *buoŋ$^{1-}$④;顺昌 p^{h}əuŋ^{4}～树|光泽 p^{h}oŋ^{3}～树;宁德—;上古—|中古 pɪə̆uŋ平。

[说明]关于闽北区方言中"枫"字读音,参看秋谷裕幸(2017:36—37)。

6.2 原始音值及其演变过程

根据 6.1 节所举的例子,10 个闽北区方言之间的语音对应规律可以归纳如下:

峡阳	建瓯	迪口	松溪	镇前	石陂	建阳	崇安	枫溪	临江
—	—	—	oŋ *p ioŋ *b	—	—	iɔŋ	yoŋ	əŋ	əŋ

本文认为"风"类字的原始闽北区方言形式是 *uoŋ。最大的理由是"风"类字和"布"类字之间的平行关系。"布"类字以 *p 系声母和舒声为条件发生了细音化 *uo>yo>io、iɔ。对松溪、建阳和崇安方言来说,"布"类字和"风"类字的主要元音相同。枫溪和临江方言的[əŋ]来源多元,其中之一是原始闽北区方言的 *uŋ。试比较:"虫"枫溪 həŋ^{5}|临江 t^{h}əŋ^{5}|闽北 *t^{h}uŋ^{2}。那么,这两个方言中"布"类字和"风"类字的主要元音都追溯到早期的 *u。我们按照"布"类字的演变过程逆推就可以得到 *uoŋ。下面以崇安方言为例:

布　　*puo^{5}>pyo^{5}

风　　*puoŋ^{1}>pyoŋ^{1}

补　　*buo^{3}>*byo^{3}>*βyo^{3}>jyo^{3}

枫枫树　*buoŋ$^{1-}$>*byoŋ$^{1-}$>*βyoŋ$^{1-}$>jyoŋ^{1}

其次,*uo 韵除了 *k 系声母以外还有 *p 系声母的字。那么,我们有理由推测 *uoŋ 应该也有 *p 系声母的字。

原始闽北区方言的 *oŋ 韵也可以拼 *p 系声母。以下是闽北区方言中 *oŋ 韵"帮"字的读音:

帮动词

峡阳 pouŋ^{1}|建瓯 pɔŋ^{1}|迪口 paŋ^{1}|松溪 paŋ^{1}|镇前 pauŋ^{1}|石陂 pɔŋ^{1}|建阳 pɔŋ^{1}|崇安 poŋ^{1}|枫溪 pɔŋ^{1}|临江 paõ^{1}|闽北 *poŋ^{1};顺昌 pɔ̃^{1}|光泽 pɔŋ^{1};宁德 *pɔŋ^{1};上古—|中古 pɑŋ平。

"帮"和"风"构成 *oŋ 韵和 *uoŋ 韵之间的最小对立,即"帮" *poŋ^{1}≠"风" *puoŋ^{1}。

---

① {枫树}说"□□□"[ɛiŋ^{9} iouŋ^{2} y^{6}]。

② {枫树}说"□树"[iɛ^{8} ts^{h}iu^{7}]。

③ {枫树}说"□树"[ɦiŋ^{2} tɕ^{h}iu^{6}]。

④ 秋谷裕幸(2017:36)拟作了 *bioŋ$^{1-}$。今改。关于" *1-"调,参看秋谷裕幸(2017:27)。

七 结论

原始闽北区方言的*uo、*uoŋ 两韵除了拼*k 系声母以外还可以拼*p 系声母。以下以松溪、建阳和临江方言为例显示本文所研究五类字的语音演变过程：

松溪

郭姓　*kuo^{7}＞ko^{7}（“货”类字）

光亮　*kuoŋ^{1}＞koŋ^{1}（“光”类字）

剥　*puo^{7}＞pu^{7}（“剥”类字）

布　*puo^{5}＞*pyo^{5}＞*pio^{5}＞po^{5}（“布”类字）

风　*puoŋ^{1}＞*pyoŋ^{1}＞*pioŋ^{1}＞poŋ^{1}（“风”类字）

枫枫树　*buoŋ$^{1-}$＞*βyoŋ$^{1-}$＞*ɦioŋ$^{1-}$＞hioŋ^{8}（“风”类字）

建阳

郭姓　*kuo^{7}＞kuɔ^{7}（“货”类字）

光亮　*kuoŋ^{1}＞kuɔŋ^{1}（“光”类字）

剥　*puo^{7}＞*pu^{7}＞po^{7}（“剥”类字）

布　*puo^{5}＞*pyo^{5}＞*pio^{5}＞piɔ^{5}（“布”类字）

风　*puoŋ^{1}＞*pyoŋ^{1}＞*pioŋ^{1}＞piɔŋ^{1}（“风”类字）

枫枫树　*buoŋ$^{1-}$＞*byoŋ$^{1-}$＞*βyoŋ$^{1-}$＞*ɦioŋ$^{1-}$＞iɔŋ^{9}（“风”类字）

临江

郭姓　*kuo^{7}＞*ko^{7}＞ɡo^{7}（“货”类字）

光亮　*kuoŋ^{1}＞*koŋ^{1}＞kō^{1}（“光”类字）

剥　*puo^{7}＞*po^{7}＞bo^{7}（“剥”类字）

布　*puo^{5}＞pu^{5}（“布”类字）

枫枫树　*buoŋ$^{1-}$＞*buŋ$^{1-}$＞pəŋ^{6}（“风”类字）

最关键的观点有三：第一，“剥”类字和“布”类字之间的互补关系；第二，“布”类字的细音化；第三，“风”类字和“布”类字之间的平行关系。

关于“布”类字的细音化，Norman(1981:38—39)已讨论过。他把闽北区“布”类字的原始闽语韵母拟作了洪音**o，并推测了**o＞*uo＞iɔ(建瓯)、io(建阳)的语音演变。*uo 和本文所拟测“布”类字的原始闽北区形式相同。Norman(1981:38)认为*uo＞iɔ、io 是一种异化。同样的异化也发生在闽东区泰顺方言中。试比较：

	破劈	磨动词
宁德	*pʰua⁵	*mua²
泰顺	pʰua⁵～pʰia⁵	mua²～mia²

另外,原始闽北区方言音系里不存在*io韵*p系声母字。这个空格应该也是促进这种细音化的原因之一。

Norman(1981:71—72)把闽北区"剥"类字"剥""缚""曝"的原始闽语韵母拟作了细音**yok。① 拟测细音的证据之一是邵将区将乐方言的表现[io]。以下举出四个邵将区方言中"剥""缚""曝"三个字的读音:

	将乐	顺昌	泰宁	光泽
剥	pio³	pu²	piɔ³	piɔ⁷
缚捆、绑	pʰio⁸	—	pʰiɔ¹	—
曝晒	pʰio⁵	pʰu⁸	pʰiɔ⁵	—

将乐、泰宁和光泽方言读细音,顺昌方言则读洪音。细音不一定是存古。②

原始闽语的**uok不存在**p系声母字(Norman 1981:70—71)。所以"剥"类字也可以拟作**uok,与"郭姓"同韵。不过,相应**uoŋ目前不拼**p系声母而只拼**k系声母。能否把"风"和"枫枫树"安排在这个音韵地位还得继续研究。③

方言材料出处

建瓯:北京大学(2005)、北京大学(2008)、李如龙、潘渭水(1998);建瓯迪口、政和镇前、浦城石陂:秋谷裕幸(2008);泰顺三魁:秋谷裕幸(2005);南平峡阳、建阳莒口、松溪、武夷山、浦城临江、浦城枫溪、光泽寨里、顺昌元坑、泰宁朱口、仙游:秋谷裕幸的田野调查。以上加下划线的是本文中的称呼。武夷山市城关方言本文称作崇安方言。

参考文献

北京大学中国语言文学系语言学教研室　编　2005　《汉语方言词汇》(第二版重印本),1995年第二版,语

① "剥""缚""曝"三个字的上古韵母和中古韵母都不一样,而在闽语诸方言中这三个字的韵母都相同。这是闽语的创新特点之一,也是闽语的鉴别性特点之一。

② 闽北区方言和邵将区方言都发生了"剥"等三个入声字的细音化。我认为这不能追溯到共同的来源,而是平行演变的结果。

③ 主要难点在于莆仙区方言里的表现。比如,仙游方言中"风"和"枫～树"都读作[puĩ¹],而可以构拟原始闽语**uoŋ韵的"光亮"则读[kŋ¹],韵母不一致。当然,这个现象可以理解为以声母为条件的分化。不过,我们需要更多的相关证据。

文出版社。

北京大学中国语言文学系语言学教研室编 王福堂 修订 2008 《汉语方音字汇》(第二版重排本重印本),1989年第二版,语文出版社。

李如龙 潘渭水 1998 《建瓯方言词典》,江苏教育出版社。

秋谷裕幸 2005 《浙南的闽东区方言》,《语言暨语言学》专刊甲种之十二,"中研院"语言学研究所。

秋谷裕幸 2008 《闽北区三县市方言研究》,《语言暨语言学》专刊甲种十二之二,"中研院"语言学研究所。

秋谷裕幸 2014 《浦城临江方言古全浊入声读送气音的来历》,《中文学术前沿》第九辑,108—115页,浙江大学出版社。

秋谷裕幸 2017 《闽北区方言的阴调浊声母字考察——兼评白—沙上古新系统》,《语言学论丛》第五十六辑,20—75页,商务印书馆。

秋谷裕幸 2018 《闽东区宁德方言音韵史研究》,《语言暨语言学》专刊系列之六十,"中研院"语言学研究所。

顺昌县地方志编纂委员会 编 梁玉璋 执笔 1994 《顺昌县志·卷三十一 方言 谣谚》第一章,773—803页,中国统计出版社。

孙 顺 2016 《原始闽北语的重新构拟及演变》,北京大学博士研究生学位论文。

汪维辉 2017 《东汉—隋常用词演变研究》(修订本),商务印书馆。

谢智香 2013 《汉语手部动作常用词演变研究——以〈世说新语〉语料为中心》,中国社会科学出版社。

郑君龙 2019 《闽中方言语音研究》,北京语言大学博士研究生学位论文。

平山久雄 1967 《中古汉语の音韵》,《中国文化丛书1·言语》,112—166页,(东京)大修馆书店。

秋谷裕幸 1997 《闽语における模·虞·尤韵唇音字について》,《中国文学研究》(早稻田大学中国文学会)第二十三期,30—45页。

Baxter, William and Sagart, Laurent 2014 Baxter-Sagart Old Chinese reconstruction, Version 1.1 (20 September 2014). Online at http//ocbaxtersagart. lsait. lsa. umich. edu/BaxterSagartOCbyMandarin-MC2014-09-20. pdf. Accessed 2015. 6. 18.

Norman, Jerry 1969 *The Kienyang Dialect of Fukien*. University of California, Berkeley, Ph. D.

Norman, Jerry 1981 The Proto-Min finals, *Proceedings of the International Conference on Sinology, Section on Linguistics and Paleography* (Academia Sinica), 35-73.

Norman, Jerry 2002 A glossary of the Lianduentsuen dialect, *Short Chinese Dialect Reports* 1 (Yuen Ren Society), 339-394.

Finals of 'To Peel' 'Cloth' and 'Wind' Classes in Proto Northern Min

AKITANI Hiroyuki

Abstract: In Proto Northern Min, finals *uo and *uoŋ are distributed after labial initials in addition to velar and guttural initials, such as *puo⁵ 'cloth', *puo⁷ 'to peel' and *puoŋ¹ 'wind'. Except for words with entering tone, these words are accompanied by the palatalization of vowels generally. For example, in Jianyang dialect 'cloth' is pronounced [piɔ⁵], 'wind' is pronounced [piɔŋ¹] respectively.

Keywords: Proto Northern Min, phonological history, finals, *uo, *uoŋ, labial initials

(秋谷裕幸 日本爱媛大学)

明清汴洛韵书中唇音字的合口介音*

段亚广

提　要　《交泰韵》《青郊杂著》《书学慎余》《音韵六书指南》是明清时期反映河南汴洛一带方音的音韵文献。四部韵书显示，明清时期汴洛地区方言的唇音字后有带合口介音[u]的现象。从发展历程看，这类合口介音早期因强化而成为显性特征，随之扩散到开口字中，致使唇音合口字的数量增加。随后[u]又因失去音位区别意义而成为语音羡余成分，最终在语言经济性原则作用下消失，形成今天唇音声母一般不带合口介音的局面。

关键词　汴洛方言　唇音字　合口介音　语音羡余

开口与合口是音韵学上一对重要区别特征，在语音演变研究中受到特别重视。唇音声母的部分字到底有无合口介音，又是争议的焦点所在，《切韵》、宋元韵图、《中原音韵》都牵涉此问题。今以明清时期河南汴洛地区的四部方言韵书为对象，考察近代汴洛方言中唇音字的合口介音演变问题，探求明清以来唇音字的合口介音在汴洛方言中发展变化的轨迹，以期为唇音字在官话中的演变研究提供参考资料。

一　《交泰韵》

《交泰韵》成书于明万历三十一年（1603 年），河南宁陵人吕坤所著。此书共分二十一韵，其中的二真、六先、九青、十支、十二鱼、十六萧、二十遮等七韵无唇音合口①，比较明显；十三模韵为合口无须讨论，其余十三韵则需要针对唇音字加以分析判断。分析的依据：一是根据吕坤本人的分韵，就是韵书分韵的结果；二是反切，即吕坤给每个字加注的反切标音。《交泰韵》中反切上字决定被切字的声母和介音（宁忌浮 2009）。下文逐韵分析剩余十三韵中唇音字的读音。

一东和八庚都有唇音声母字，二者对立。东韵来自中古通摄，用“扑、复、伏”作切上字，可知读合口；庚韵的来自中古梗摄开口，用开口字作反切上字，读开口。一东和八庚两韵，中

---

* 本文为国家社科基金重点项目“中原官话语料库建设”（20AZD128）的阶段性成果，感谢匿名审稿人提出的宝贵意见。

① 本文讨论“唇音”时不涉及古微母。

古的开合格局在吕坤《交泰韵》中仍旧保持着对立。

三文都是中古的合口三四等字，唇音字“奔芬盆焚”用“不没佛”作反切上字，可以判断读合口。

四寒与五删对立。寒韵来自中古合口一等桓韵，反切也证明为合口；删韵来自中古开口二等删韵和合口三等的元韵、凡韵：删韵的双唇音“班用八切、板用把切、扮用罢切、蛮用帓切、慢用骂切”，切上字都是开口字，可以确定为开口；删韵唇齿音被切字和切上字都是唇齿音，难以断定开合口。

七阳韵中，唇齿音“芳、房”用合口字作反切上字，有合口介音；双唇音中“邦、博、镑、朴”中古都是开口，但《交泰韵》中：榜—簸块切、谤—播盎切、膀—颇块切、胖—破盎切，反切上字都是古合口字，被切字应该读合口，这些字与中古读音有别。

十一齐韵有唇齿音：非—福衣切、斐—府倚切、费—父意切，反切上字都是合口，被切字有合口介音。

十四皆韵，来自中古蟹摄的开口的皆、佳韵，“摆拜、排派、埋卖”分别用“百、拍、陌”作切上字，切上字和被切字都是中古的开口字，可以判断皆韵唇音无合口介音。

十五灰韵，中古蟹摄合口一等灰与止摄开口三等支、脂合并，所配入声都是合口，这些字也有合口介音。

十七豪韵，来自中古开口一二等，“包抛茅”的反切上字是“百拍墨”，也是开口，说明无合口介音。

十八歌韵，来自中古果摄合口一等，“波、坡、婆、磨”的反切上字也是合口，故有合口介音。

十九麻韵，舒声来自中古假摄开口，但“爬把霸拨、葩怕泼、杷拨”的反切上字都用合口，如“怕”用“破”作反切上字，这说明麻韵的双唇塞音声母字有合口介音。

二十一尢，古属开口，韵书反切也用开口作反切上字，无合口介音。

把我们的统计结果及其在《交泰韵》中的拟音分析列表如下：

韵部	例字	中古来源①	拟音
一东	菶○埄扑，○○○卜，风捧讽复 蓬埄槰仆，蒙蠓梦木，冯捧讽伏②	东、钟韵合口	uŋ
八庚	○○迸伯，烹○繃拍 彭下同烹切，上同絣切白，盲猛孟陌	庚、耕韵开口	əŋ

① 为简明起见，文中表只分析阴声韵和阳声韵的中古来源，不分析所配入声的来源，入声韵的读音开合情况与所配韵一致，只是韵尾有别。

② 表中“风、冯”“芬、焚”对举不是韵的对立，而是声调阴类和阳类的对立。《交泰韵》先分韵为二十一部，每一韵再按古声母的清浊分为阴类和阳类，基本相当于今天的阴平和阳平。

续表

三文	奔本体不，溢〇〇〇，芬粉粪〇，盆〇坌孛，门懑闷没，焚中同芬切佛	魂、文韵合口	uən
四寒	般版半钵，潘坢判泼，盘下同潘切，上同般切钹，瞒满幔末	桓韵合口	uɑn
五删	班板扮八，蛮〇慢帓，眅〇办拔，	删、山韵开口	an
	幡返贩发，烦反饭伐，凡范梵乏	元、凡韵合口	uan/an
七阳	邦榜谤博，镑膀胖朴，芳下同房切，房纺放缚，茫莽漭莫	唐、江韵开口 阳韵合口	uaŋ
十一齐	非斐费〇，肥下同非切	微韵合口	ui
十三模	逋补布博，铺普饰泼，敷抚赴〇，蒲下同铺切，扶下同敷切，模姥暮末	模、虞韵合口	u
十四皆	〇摆拜百，排犻派拍，埋买卖陌	皆、佳韵开口	ai
十五灰	杯彼背不，坯呸配扑，眉美妹木，裴下同坯切	灰韵合口，支、脂韵开口	uei
十七豪	包饱豹百，抛孢炮拍，庖下同抛切，茅卯貌墨	豪、肴韵开口	au
十八歌	波跛播不，坡颇破扑，婆下同坡切，磨〇〇没	戈韵合口	uo
十九麻	爬把霸拨，葩〇怕泼，杷〇〇拨，麻马祃莫	麻韵开口	ua
二一尤	吥剖踣迫，䳰否覆发，浮下同䳰切，谋某茂默	侯、尤韵开口	ou

从以上分析可以看出，《交泰韵》唇音字的开合与中古的开合基本一致，不一致的地方有三处：

（一）七阳韵的唇音字来自中古的江韵和唐韵，中古是开口，但在《交泰韵》读合口；

（二）十五灰韵中，中古来自止摄开口支、脂韵的字与中古蟹摄合口的灰韵字合流，即“杯＝悲”了；

（三）十九麻韵的唇音字来自中古的麻二，古为开口，今为合口。另外，因为唇齿音都是用中古的合口三等字切的，有的可以判断有介音，如一东中的“风”用“复”切；有些比较难以判断，如五删韵中的“烦”用“乏”切，只能根据中古音类推。

关于《交泰韵》唇音字介音问题，先后有陈雪竹(2010:48—51)、杨剑桥(2012:245)著文讨论，本文结论与陈雪竹(2010:51)用反切上字系联得出的结论基本一致。

二　《青郊杂著》

《青郊杂著》为明代濮州(今河南濮阳市范县)人桑绍良著，成书于嘉靖癸卯年(1543年)。韵书中声母共二十个，用“宫商角徵羽”对应“喉齿腭舌唇”五音，唇音为羽，含“帮滂明非微”五母。韵母分十八部，以四科分析韵类(耿振生1992:248)。书中四科即四呼：重科—合口呼、次重科—撮口呼、轻科—开口呼、极轻科—齐齿呼，因此很容易判断此书的唇音字合口介音。书中侵部、支部、鱼部和遮部四部无重科，不再罗列，下面我们仍按《交泰韵》的韵目顺序列出其余十四部，以便比较①。

韵部	例字	中古来源	拟音
东部重科羽音	葂芃蓬蒙梦朦风冯奉封丰—卜醭木	东、钟韵合口	uŋ
庚部重科羽音	旁傍崩绷彭烹朋迸萌盲猛孟—檗麦默	登、庚、耕韵开口	uəŋ
真部重科羽音	奔本喷盆门溃闷分忿粪粉纷芬—没绂	文、魂合口	uən
元部重科羽音	般半斑版绊颁板扮潘盼办判盘瞒慢漫蛮番反藩烦饭—钵拔跋八伐抹罚	山、删开口，桓、元韵合口	uɑn
覃部重科羽音	凡帆范梵—乏法	凡韵合口	uan
江部重科羽音	邦胖庞蚌龙—剥扑朴	江韵开口	uɑŋ
阳部重科羽音	谤榜镑旁膀骨旁邙忙莽茫方防房芳	唐韵开口，阳韵合口	uaŋ
模部重科羽音	逋布铺步部捕菩墓牡夫扶父斧俯负孵妇—莫幕漠摸缚	模、虞韵合口	u
皆部重科羽音	摆败拜排坝坯牌派培湃稗埋霾迈—拨袯魄泊箔粕	皆、佳韵开口	uai
灰部重科羽音	碑杯彼披悲辈背丕皮疲被帔坯培倍配眉妹每靡枚煤—孛勃鹁脖饽拂芾弗	灰韵合口，支、脂韵开口	uei
萧部重科羽音	包胞保豹饱鸨宝泡毛卯茅猫冒帽貌—驳雹	豪、肴韵开口，觉韵开口	uɑu
歌部重科羽音	波跛簸播菠颇坡叵破婆磨摩—勃孛悖	戈韵合口	uo
麻部重科羽音	巴把葩杷爬爸罢怕麻马骂—百伯白拍脉陌貘蓦	麻韵开口	ua
尤部重科羽音	掊裒剖瓿牟母茂矛拇某谋浮桴缶阜富罘—匐菔睦穆复福蝠覆副服伏	侯、尤韵开口	uou

用上表与《交泰韵》比较可以发现，二者的区别是：

（一）中古登、庚、耕韵开口字，《交泰韵》为开口，《青郊杂著》为合口；

（二）中古删、山韵开口字，《交泰韵》为开口，《青郊杂著》为合口；

（三）中古皆佳韵开口字，《交泰韵》为开口，《青郊杂著》为合口；

（四）中古豪、肴韵开口字，《交泰韵》为开口，《青郊杂著》为合口；

（五）中古侯、尤韵开口字，《交泰韵》为开口，《青郊杂著》为合口。

还有一处区别上表没有显示出来：中古为微韵合口的"非斐费肥"等字，《交泰韵》归十一齐，读合口（见上文分析）；在《青郊杂著》归于支部极轻科羽音，当为 fi，读齐齿呼。也就是说，除了"非飞肥非费"等字外，上表中的唇音字全部带合口介音。

三　《书学慎余》

《书学慎余》成书于清康熙壬戌年（1682 年），为河南柘城（今商丘市柘城县）人李子金的一部音韵学著作。全书共两卷，分十五个韵类。书中所列拼读图与宋元韵图接近：每一韵类

① 《青郊杂著》中收有大量僻字、俗字等不常用字，此处只录常用字。"—"后为入声字。

内部以声母为序,一组声母(李子金的声母为声介合母,含开齐合撮四类)构成一幅小图,从上到下按齐、撮、合、开分行,每行从右到左按平上去入(实即阳平、上声、去声、阴平)分列,每一音下有反切。

《交泰韵》中反切上字决定被切字的声母和介音。李子金与吕坤系同乡(宁陵与柘城二县相邻),《书学慎余》继承了《交泰韵》的反切特点,因此除了用书中位置来判断开合口,遇到四呼不全时还可用反切上字帮助判断介音。比如,“言”韵晓母所拼的一组音“闲显苋掀、玄烜绚暄、桓缓唤欢、豻罕汗鼾”,“桓缓唤欢”的反切上字分别为“胡虎户呼”,“豻罕汗鼾”的反切上字分别为“何歌荷呵”,开合一目了然。

十一逸韵、十三鱼韵、十五慈韵或无唇音字,或无唇音合口介音,不再罗列。下表是我们对其余十二韵唇音声母读音的统计。

韵部	例字	中古来源	拟音
一盈	蛢栟迸崩、彭蒯搒烹、蒙猛孟梦、冯捧奉风	登、庚、耕韵开口 东、钟韵合口	uŋ
四吟	○本笨奔、盆口本坌喷、门濶闷扪、焚粉愤分	魂、文韵合口	uən
三言	瓣板半班、盘坪判潘、蛮满慢○、凡反泛番	删、山韵开口,桓、元、凡韵合口	uan
二羊	○榜谤邦、庞膀胖镑、茫莽漭牻、房纺放方	唐、江韵开口,阳韵合口	uɑŋ
十四吾	醭补布不、蒲普铺扑、没母暮木、扶斧父夫	模、虞韵合口	u
九厓	○摆败杯、排摰派呸、埋买卖○	皆、佳韵开口	uai
十为	○彼背北、裴啡配坯、梅每妹墨、肥匪费非	灰、微合口,支、脂开口	uei
五姚	○饱豹包、咆孢炮抛、茅卯貌○、○否①○○	豪、肴开口	uau
十二娥	薄簸播博、婆颇破波、磨抹礳末、缚○缚仢	戈韵合口	uo
七牙	拔把罢八、杷靶怕葩、麻马祃帓、伐○○法	麻韵开口	ua
八爷	白○○百、○○○拍、○○○麦	铎、陌、麦韵开口	uɛ
六尤	棓保○○、咆剖踣吥、谋某茂○、浮否覆鴀	侯、尤韵开口	uou

一盈韵四组小韵所出现的图只有两类呼法,不能一眼识别它们是开口呼还是属合口呼,每小韵各举一字反切为例帮助判断(以下分析同此):崩,不嫈切;烹,扑嫈切;孟,暮硬切;风,夫嫈切。反切上字都是合口,可知它们带合口介音。

二羊韵与盈韵相同,上面的小韵出现的图中也是只有两类呼法。看反切:邦,不泱切;庞,蒲昂切;茫,没昂切;房,扶昂切。反切上字都是合口,它们带合口介音。

三言韵中:班,不安切;判,铺安切;满,母俺切;反,斧俺切。反切上字为合口,被切字带合口介音。以下的韵也同此,可以从反切上字上判断被切字带合口介音:

四吟韵:奔,不恩切;盆,蒲恩切;门,没恩切;分,夫恩切。

五姚韵:饱,布袄切;咆,蒲嗷切;貌,暮奥切;否,斧袄切。

① “否”字重出,六尤韵也收。

六尤韵：棓，醭牛切；剖，普偶切；某，母偶切；否，斧偶切。

七牙韵：拔，醭犽切；怕，铺砑切；马，母庌切；伐，扶犽切。

八爷韵：白，醭厄切；拍，扑厄切；麦，木厄切。

九厓韵：败，布艾切；排，蒲皑切；买，母蔼切。

十为韵：北，不威切；配，铺位切；梅，没为切；肥，扶为切。

十二娥韵：博，不阿切；婆，蒲娥切；磨，没①娥切；缚，父饿切。

十四吾韵：补，簸五切；蒲，婆吾切；没，磨吾切；扶，缚吾切。

其中"肥匪费非"四字在十一逸韵和十为韵重出，说明当时这类字有 fi、fuei 两读。

可以看出，《书学慎余》的唇音字全部带合口介音，比《青郊杂著》更彻底。

四 《音韵六书指南》

《音韵六书指南》系清道光乙巳年(1845 年)河南温县人崔鸿达所作的一部具有方音色彩的韵书。此书前为韵图，介绍全书的架构；后为韵书，收字 12000 余。韵书的编排是先按开、齐、合、撮分韵母为四类，再按声母的次序排列韵字，同一声母下按韵部的顺序列字，我们在韵书的合口呼里找到第二、第三、第五、第十一张图，就分别是唇音声母的 p^h、f、m、p 所拼合各音节的字汇，下面是我们的统计结果和拟音②。

	上平	下平	上	去	入	拟音
一	方滂镑邦帮	防房芳旁庞螃忙茫芒	仿纺莽榜膀绑	放胖谤傍棒蚌	法发伐缚泼拍莫末摸八博剥拨驳	uaŋ
二	翻攀潘班颁般扳搬	凡烦繁藩帆盘瓣蛮瞒馒	反返坂满版板	饭犯判慢半办瓣伴拌	麦默陌墨脉蓦白百伯帛擘北	uan
三	风枫封峰烽烹崩绷	冯逢朋彭蓬蒙萌朦	捧讽拌蜢艋猛懵	凤奉俸缝碰孟梦迸	福复服伏幅沸仆目没木穆睦脖不	uŋ
四	分纷芬氛喷奔贲锛	焚汾坟盆门扪	粉濆悯本畚	愤奋忿份喷闷奔笨		uən
五	抛泡脬包苞胞褒	庖咆刨狍毛茅猫锚蝥	跑卯昴保褓宝饱堡鸨	炮泡貌冒帽报豹暴抱		uau
六		排牌俳埋霾	买摆	派迈拜败惫		uai
七	罘抔裒	芣谋眸谬矛	否剖某亩牡	覆阜贸茂		uou

① 没，汴洛一带方言读 mu，阴平。

② 原书合口呼类韵母共十二类，四个唇音声母 f、p^h、m、p 每个声母拼合一次为一张，共四张，分别是合口第二张、合口第三张、合口第五张、合口第十一张。这里把四张合并在下面一个表里，不再按声母细分。《音韵六书指南》有入声，今温县方言仍保留此特点。这里所录为常用字，一些冷僻字没有录入。

续表

八	非菲妃坯呸杯悲碑	肥培赔裴縻梅眉媒煤	匪斐诽蓓美每浼彼	废费配妹媚贝背被臂庇		uei
九	坡颇波菠	婆鄱磨摩魔	颇叵么跛簸	破磨播簸		uo
十	夫麸	敷扶肤浮符俘	府甫斧抚釜腐俯辅腑	傅付副赴赋讣妇负附		u
十一	铺逋餔	蒲脯葡菩模	普浦母拇补	铺墓步布部		u
十二	葩巴芭疤	琶爬趴麻把	马妈蚂	怕骂罢耙坝		ua

从韵书收字可以看出,《音韵六书指南》与《书学慎余》在唇音字读音上一致。不过《音韵六书指南》唇音字出现了开合两读,这是新的变化,我们下文专门讨论。

五 相关问题讨论

5.1 唇音字带合口介音的事实

以上四部韵书中,《青郊杂著》最早,唇音的开口字带 u 介音并置于合口(例外的是中古微韵"非费肥"等字读齐齿呼,这应该是桑绍良方音的表现);《交泰韵》晚出《青郊杂著》几十年,唇音字的开合情况却较《青郊杂著》更接近中古音和早期韵图的特点,如庚东唇音对立、寒删唇音对立,这可能与吕坤读书人兼士大夫的身份有关。与中古音相比,《交泰韵》中唇音字带合口介音现象增加趋势还是很明显,像中古的唐、江、支、脂、麻等韵唇音字已经出现合口介音;到了清代的两部韵书,基本继承了《青郊杂著》的特点,齐齿呼以外的唇音字都带合口介音,《音韵六书指南》还出现了唇音字的开合自由变读。

四部韵书的基础方言都在汴洛地区,相互距离不远,明清时期语音也应该接近,彼此差别不大。它们都以当时当地方言为语音基础的,方音色彩鲜明,绝非沿袭旧韵书。在唇音字读音上如此一致,充分反映了从明中叶到清末(1543—1845 年)三百年间汴洛地区唇音字合口介音的发展历程。从中可以得出:明清时期,今普通话的唇音开口字,在河南汴洛一带的方言中普遍带有合口介音是语言事实。

王力(1986)曾指出《切韵》唇音字的开合混切现象:"有些唇音字本来是开口字,而用合口字为反切下字,也有些唇音字本来是合口字,而用开口字为反切下字,造成系统的混乱。"说明唇音字的开合口问题由来已久。近代音的研究中,如《中原音韵》,多数学者并不认可唇音字的合口介音①。邵荣芬先生(1981:45)在处理《中原雅音》的唇音开合问题时,认为很多韵唇音的开合不分明,就把唇音一律作开口对待。邵先生解释说,这样做的原因,一是与唇

① 唐作藩(1991:168)比较了杨耐思、李新魁、宁继福三人《中原音韵》唇音字拟音;杨剑桥(2012:172)又增加上王力的拟音,比较了四人的拟音。其中有争议的五个部的唇音字,除宁继福多处理为合口外,其他几家都拟作开口。

音发音部位易造成审辨不清有关，二是更能和现代北方方言切合。后来在讨论《中原音韵》（邵荣芬 1991：156）的唇音和开合问题时，邵先生坚持了自己的这一处理方法，把《中原音韵》有开合对立韵的唇音全配开口。张玉来（1994：110，1999：39）在《韵略汇通》《韵略易通》的研究中沿用了这种处理方法。杨剑桥（2012：180）在讨论此问题时曾说："近代汉语唇音字的合口介音自始至终从未有过与之相对立的成分，那么从音位学的观点看，这个 u 介音似乎是可以取消的。"作为一种处理音系的方法，邵、张的处理可能就是从音位的角度出发的，但从方言真实的角度，我们还是更倾向于要把语音发展史上存在的现象记录下来，不然就会造成语音演变环节的缺失。

事实上，很多材料可以证明这个[u]介音确实曾经存在过。反映明末北京音的《重订司马温公等韵图经》（1606 年）中，"杯北配梅"等灰韵字放在垒摄开口，其余古洪音来的唇音字都在合口呼，这说明徐孝不是一概而论随便放置的，而是据方言处理的。传教士文献多采用记音方式记录汉语，因此更容易了解唇音字有无介音的问题。1626 年法籍耶稣会传教士金尼阁的《西儒耳目资》出版，书中的"音韵经纬全局"相当于全书音节拼合表，其唇音字的开合处理为：一、巴把八葩，开；二、白拍，开；四、波坡婆破，开；五、铺补布，合；六、摆派，开；七、包饱豹跑，开；八、邦庞胖方，开；九、班板办攀烦，开；十、褒掊浮否，开；十一、崩烹彭捧孟，开；二十六、蓬风冯奉缝，合；三十九、杯贝眉美，合；四十八、奔盆分粉门，合；四十九、般半盘判漫满，合。暂把《西儒耳目资》音系基础在哪里的问题放在一边，其记音说明当时汉语中确实存在唇音声母带合口介音现象。陆志韦（1988：124）、李新魁（1984）都论述过唇音声母后 u 介音消失的过程。

今天的官话方言材料很少见到唇音声母后带合口介音的现象，这其中有的可能确实没有，有的就不能排除是音系处理的结果：因为唇音字后的合口介音大多不存在音位对立现象，所以有些学者就不再记出。以北京话为例，常见材料显示唇音字后是没有合口介音的，但《汉语方音字汇》（2003：8）在音系附注里说，唇音声母后"韵母 o 前面有过渡音 u"。

5.2 汴洛地区唇音字合口介音的发展过程

当代汴洛方言中，唇音声母除拼[o]时有的方言会带上[u]介音（段亚广 2018：13、199）外，一般没有唇音声母带合口介音的现象，这就说明唇音后的合口介音后来慢慢丢失了。这个合口介音什么时间消失的呢？《音韵六书指南》书前有当时作者旧友韩作梅所作的《取字例》，从中可以得到一些线索："编中韵有重音者，前有，后不再录。如'方、滂'系合口呼第二、三字，与开口呼韵第二、三字重音。'邦'字系合口呼韵第十一字，与开口呼韵第十一字重音。查字者凡遇重音，只向前口呼韵寻之，若查后口呼韵，无此张矣。"韩是崔的生前好友，上述话自然代表《音韵六书指南》的观点，说明当时温县话中上述唇音字有开合两读，二者是自由变体关系，可自由变换。引申一点，这也说明：19 世纪中叶，汴洛地区唇音字带合口介音现象，已处在消失的边缘。

汴洛地区古属中原,唇音字的早期读音与《广韵》一样开合对立:蓬≠彭、般≠班。到明清时期,《青郊杂著》《书学慎余》《音韵六书指南》等韵书显示大都带上了合口介音,这就说明,从中古到明清,唇音字的合口介音在汴洛方言中有增加的趋势,合口介音属于语言中的显性影响特征。那么,这一显性特征后来又为什么会消失呢?

我们认为这种音变现象可以从语音学和音系学两个方面得到解释。

从语音学上看,唇音声母 p、p^h、m 发音时,因双唇紧闭而造成唇形略微外伸。合口介音[u]是个后高圆唇元音,由于舌位高,开口度就小,唇形接近关闭;又因为圆唇,唇形自然略微前伸。可见,唇音声母的发音与合口介音有共同之处,这种共性造成的发音效果是:当唇音声母后接合口介音[u]时,[u]很容易被同化丢失,也就是我们经常说的吞音;当唇音后没有接合口介音时听感上却又像带有合口介音。简言之,对唇音声母而言,合口介音有或没有易于混淆,有时很难区分,这应该是中古早期反切和韵图唇音的开合不分明的主要原因。

中唐以后随着"同用"现象广泛使用(王兆鹏 1998),《广韵》的 206 韵出现合并趋势,到《平水韵》并为 106 韵,再到《中原音韵》韵部进一步合并为 19 部。韵部合并意味着小韵主元音的趋同。主元音趋同后,部分方言里,唇音字的合口介音在区别相近音节中担当了更为重要的角色,就是说原来依靠主元音区分的小韵,现在要靠介音来区分了。以"班般"二字为例:"班"中古属开口二等删韵,"般"中古属合口一等桓韵,宋以前是"班 pan≠般 puɑn"。到了明代反映汴洛方言的《交泰韵》仍保持这种对立:"班"属删韵,"般"属寒韵。但是,同时期出现的表现宁陵方言口语的《小儿语》《续小儿语》,是吕坤及其父吕得胜所著,却反映寒、删是可以押韵的(段亚广 2016),这就说明明代的《交泰韵》的寒、删韵主元音几乎没有区别。这时合口介音[u]的意义就会凸显出来,凸显的结果就是使唇音字后的合口介音得到强化。我们认为,正是部分方言对唇音后这个[u]介音的长期强化,促使它开始扩张和泛化,使原来唇音的开口字也慢慢被同化为合口字。《青郊杂著》《书学慎余》《六书音韵指南》的唇音字都带有合口介音大致上应是如此。当然,这里必备的基础是唇音字开、合口发音接近。北京地区也与此类似:元代的《中原音韵》,"班"属寒山,"般"属桓欢,二字仍对立;到了明代《合并字学集韵》,"班般"同属山摄合口湍韵,即:班=般 puan。

当一种方言中唇音开合口字都带上合口介音后,从音位学上看,合口介音[u]已不再区别意义,也就丧失了音位的区别性特征作用,这时的[u]便成为赘余特征。根据语言的经济性原则,赘余特征会逐渐消失,消失后就形成今天汴洛方言唇音声母一般不拼 u 以外合口呼的现象。汴洛方言中此现象发生的时间点可以上溯到 1845 年《音韵六书指南》,官话区的多数方言应该与汴洛方言接近。但不同特点的方言,具体演变过程也肯定会千差万别。

从以上分析看,唇音字的开合口问题似乎是绕了一个大圈子,最终又回到了原点。一部分字看似发生了"开口→合口→开口"的往复循环,其实不然,中间有语音发展的制约规律在起作用,参与变化的同音字类在不同时期、不同方言中也是不同的。

引用书目

明·吕坤:《交泰韵》,《四库全书存目丛书·经部》,齐鲁书社,1997 年版。
明·桑绍良:《青郊杂著》,《四库全书存目丛书·经部》,齐鲁书社,1997 年版。
明·徐孝:《重订司马温公等韵图经》,《四库全书存目丛书·经部》,齐鲁书社,1997 年版。
清·崔鸿达:《音韵六书指南》,友仁堂藏版,道光十二五年刻本。
清·李子金:《书学慎余》,《北京图书馆古籍珍本丛刊·子部·丛书类〈隐山鄙事〉》,书目文献出版社,1995 年版。

参考文献

陈雪竹 2010 《明清北音介音研究》,中国社会科学出版社。
段亚广 2016 《〈交泰韵〉寒删分韵的性质》,《汉语言文学研究》第 2 期。
段亚广 2018 《汴洛方言音系十三种》,中国社会科学出版社。
耿振生 1992 《明清等韵学通论》,语文出版社。
[法]金尼阁 1626 《西儒耳目资》,文字改革出版社,1957 年版。
李新魁 1984 《近代汉语介音的发展》,《音韵学研究》第一辑。
陆志韦 1988 《记〈三教经书文字根本〉》,《陆志韦近代汉语音韵论集》,商务印书馆。
宁忌浮 2009 《汉语韵书史·明代卷》,上海人民出版社。
邵荣芬 1981 《中原雅音研究》,山东人民出版社。
邵荣芬 1991 《〈中原音韵〉音系的几个问题》,《中原音韵新论》,北京大学出版社。
唐作藩 1991 《中原音韵》的开合口,《中原音韵新论》,北京大学出版社。
王 力 1986 《唇音开合口辨》,《河北廊坊师专学报》第 1 期。
王兆鹏 1998 《〈广韵〉"独用"、"同用"使用年代考——以唐代科举考试诗赋用韵为例》,《中国语文》第 2 期。
杨剑桥 2012 《汉语现代音韵学》,复旦大学出版社。
张玉来 1994 《韵略汇通音系研究》,山东教育出版社。
张玉来 1999 《韵略易通研究》,天津古籍出版社。

Medial [u] of Labial-initial Characters in *Bian-Luo* Dialects During the Ming and Qing dynasties

DUAN Yaguang

Abstract: *Jiaotai Yun*, *Qingjiao Zazhu*, *Shuxue Shenyu* and *Yinyun Liushu Zhinan* are four local rhyme dictionaries of *Bian-Luo* dialects during the Ming and Qing dynasties, four rhyme dictionaries showed that some labial-initial characters had a rounded articulation medial [u] in *Bian-Luo* dialects at the time. Through its developing history, the rounded articulation medial [u] had become a dominant character because of the strengthening of pronunciation, then it spread to the no-medial characters, so the number of labial-initial characters with a medial [u] has risen. The medial [u] soon became a redundant component because it could not differentiate phoneme, and disappeared under economy principle in language at last, the situation today labial initial not spell with a medial [u] were taken shape.

Keywords: *Bian-Luo* dialects, labial-initial characters, medial [u], redundant component in a syllable

(段亚广　河南大学文学院/语言科学与语言规划研究所　475001)

从诗词用韵看长株潭小片入声的演变*

田范芬

提　要　学界一般认为湘方言长株潭小片的入声调，是入声塞音韵尾脱落后独立成调的典型代表。本文通过明清时期湘地诗词用韵考察及其他文献考证，收集到大量入声与去声相混的例证，结合现代长沙等地入声的异读，提出长株潭的入声约在明代中、晚期与阴去混淆，清代中期与去声分头发展，形成今天自成一类的格局。长株潭的入声并不是塞音韵尾脱落后的保留，其所代表的层次，也不比其他湘语点入声并入舒声调的类型古老。

关键词　长株潭小片　去、入相混　入声的层次

一　长株潭小片入声的今读

中古入声作为韵类，在今湘方言中已不复存在；作为调类，其表现大致可分为两类：一类入声并入其他调，如长益片之益沅小片入声全部读阴去，娄邵片多并入阴去、阳平；另一类入声独立成调，但不塞也不促，集中在长益片之长株潭小片，分布在长沙市、长沙县、望城县、宁乡县、湘潭市、湘潭县、韶山、株洲市、株洲县、南县等地。这些点在各家的调查中，都是阴平(33)、阳平(13)、上声(42)、阴去(45或55)、阳去(21或11)、入声(24)六调，调类、调型相同，调值也极其接近，《湘方言概要》(2006:13)称"长株潭小片的声调模式和古全浊声母今读的方式成为稳固整个长益片的核心要素"。

关于长沙等地的入声，学界一般认为是"保留"的，如《长沙方言》(1991:6)称"长沙话保留入声，自成一调，但无塞尾"，《长沙方言词典》(1998:16)、《长沙方言研究》(1999:54)、《湖南省志・方言志》(2001:12)、《现代汉语方言概论》(2002:126、137)、《湘方言概要》(2006:51)等均持类似的观点。也有少数论著只称入声"独立"或"自成一类"，如《湖南方言调查报告》(1935:32、75)，《湖南省汉语方言普查总结报告》(1960:13)等。

认为长株潭小片保留入声的看法应基于这样的认识：现在长沙等地的入声是在中古入声塞音尾脱落后留下的，换句话说，它的前一阶段就是有入声尾了，如郑张尚芳(1990)将长沙和温州两地的入声相提并论，认为都属于"辅音尾已失而保持独立的入声调"的一类。果

*　本文为国家社科基金项目"湘方言历史语音演变研究"(19FYYB041)阶段成果。感谢匿名审稿专家提出的宝贵意见。

真这样,长沙等地入声所代表的层次,就比娄部片入声并入舒声调的类型古老。众所周知,历史上长沙及其周边方言一直受到北方话的强烈影响,《现代汉语方言概论》(2002:119)称“现代湘语中部分地区古全浊声母的清化,入声塞音韵尾的嬗变甚或整个入声调类的消失,都和官话长期的冲击和渗透有关”,周振鹤、游汝杰(1985)认为“湘语北片是古湘语受西南官话严重侵蚀的产物”。既然这样,为什么长株潭小片入声的演变比娄部片还保守呢?

下面我们通过明清时期的文献考察,尤其是对湘籍诗人诗词用韵特征的发掘,结合现代湘方言入声的读音,探讨近代长沙等地入声的演变。

二　近代长株潭入声与阴去相混

2.1　近代长株潭诗人用韵去、入相混

诗、词押韵,入声不可与其他声调的字相押(《诗词格律》2000:67、127),但我们在明末清初长沙、湘潭、宁乡等地诗人的诗、词、韵文用韵中,发现大量入声与去声混押的韵例(偶掺上声字,见下文说明)。限于篇幅,这里仅举代表为例,其余请参见“附录”。

长沙(2 家,2 首/段)。1.吴愀五古《岳麓读断岩残句》协“壁锡慄质石昔迹昔惜昔辈队气未”。2.李文炤七古《查氏一门七节歌》第 1 韵段押“入缉没没沸未侧职”。

湘潭(4 家,47 首/段)。1.李腾方五古《露肋庙赞》第二韵段“惜昔地至碎队”。2.郭金台七古《牛山寄生松盖歌》最后韵段“宅陌泻祃碧昔”。3.王岱五古《酬石溪和尚赠画》第四韵段“力职臆职食职意志”。4.陈鹏年词《渔家傲》协“系霁力职织职睡寘醉至细霁泪至趣遇未未气未”。

宁乡(3 家,35 首/段)。1.陶汝鼐四言古体《六哀诗・葺庐》协“右宥旭烛牖有守有”。2.王文清七古《邓氏贞节诗》“帔寘意志泪至治志质质致至”。3.陶士偰五古《题碧郎禅者听松图》协“立缉汲缉集缉盖泰筴帖入缉”。

三地诗、词用韵共有 84 例去、入混押的韵例,我们对这些韵例作如下分析:

2.1.1　混押韵例反映实际语音

这些去、入混押韵例反映的语音特点,有的与近代官话一致,如通摄入声与遇摄,山、咸摄入声与假摄,宕江摄入声与果摄混押等,但更多反映了湘地方音,与其他文献记载或现代湘音一致,如:

(1)臻、梗、曾三摄入声字与蟹摄合口字协韵。文献记载湘方言蟹摄合口字混入止摄读同开口,如明代张位《问奇集》(《续修四库全书》238 册,216 页)记“三楚方言”“岁为细”,康熙《长沙府志》(1685)卷八“崔曰趋,雷曰黎”,长沙方言韵书《湘音检字》(1937)中蟹摄唇音字如“辈贝赔枚废回”及部分舌齿音字如“岁遂碎”都有韵母为 i 的“俗读”“或读”。近代官话臻、梗、曾三摄入声三四等开口字韵尾脱落后读同止摄,而长沙等地去、入混押韵例中,有 9 例来自话臻、梗、曾三摄的入声字不仅与止摄开口字,还跟蟹摄合口协韵,上文所举吴愀、李腾芳

用韵即属此类。

(2)梗摄入声与假摄字协韵。《湘音检字》记载二十世纪初长沙话梗摄舒声仍有主元音为 a 的“或音”,今长益片梗摄白读主元音为 a。去、入混押的诗韵中有 9 例梗摄入声与假摄字协韵,除上文所举郭金台韵例外,郭金台《南北送行诗》(之二)、陶汝鼐《天赐量》第三韵段等也属此类。

(3)通摄入声与流摄去声字相押。湘方言部分遇摄及通摄入声字混入流摄,长沙方言韵书《训诂谐音》(1882)韵目“楼鲁路六”就体现这一特点。去、入混押的诗例有 6 例反映了这个特点,除上举陶汝鼐《六哀诗·葺庐》外,陈鹏年《城居雨中即事感怀》《醉落魄·霜夜》等也属此类。

既然这些韵例充分体现了湘方音的韵母特点,则它所体现的声调特点也应该反映湘音。

2.1.2 入声与阴去相混

84 条混押韵例中掺杂有少数上声字和一部分阳去字,但我们认为入声实际与阴去相混。

首先,入声不是混入上声。84 例诗韵中杂入上声字的有 17 例,涉及 34 个上声字(具体见附录所标识)。古体诗可以上、去通押(《诗词格律》,67 页),这些韵例不能说明当时长沙等地入声与上声有什么牵连,今长益片没有一处方言入声混入上声,整个湘方言(除了会同、遂宁南部)入声也极少与上声发生关系(《湘方言语音研究》,175 页)。

其次,入声不是混同阳去,理由如下:一、诗歌押韵的传统不区分阴阳去,长沙等地虽然口语中有阳去调,但阳去文读为阴去,作诗应以文读入韵;二、今长株潭各点均有一定数量入声字读阴去,但没有一地入声读阳去的,益沅小片的入声至今全读阴去,无一读阳去。

我们认为入声不分声母清浊都混入了阴去,因为全浊入声的声母在此之前已经清化。田范芬(2009)考证了湘方言全浊入声比舒声先清化。文献记载宋末元初,湘方言一些点的全浊入声已清化为送气音,如茶陵人陈仁子《牧莱脞语》(《续修四库全书》1320 册)的注音中,全浊入声字与次清入声字互注,如卷一《南岳赋》之“狛滂”注“白並驾切”,同卷《求初堂赋》之“彳徹”注“直澄亦切”,“亍徹”音“浊澄”;武冈人李道纯在《道德会元》(《道藏》第十二册)所注“怕滂”音“泊並”也属此类。

去、入混押的韵例,共涉 222 个入声字,我们将 222 字按声母清浊排列如下:

全浊 並母:白溥别帛伏复辟鼻仆朴瀑;定母:垤独读牍黩;群母:杰碣竭剧橛及;从母:疾集籍寂截绝崒;邪母:夕席续褶;澄母:宅蛰掷轴逐;船母:舌实食秫赎术述;禅母:十石熟硕植;匣母:翮斛活穴

次浊 明母:没觅灭末陌目幕袜;泥母:纳涅捏啮;来母:乐力历立栗雳慄冽烈咧猎裂六陆辘鹿碌落绿嵽;日母:热日辱入爇;疑母:玉月孽;余母:掖叶液易逸翼欲悦拽

全清 帮母:百北逼毕跸碧壁璧俾辐;端母:得滴菂;知母:辍;精母:蹙蹴迹接节足镞作唧;心母:肃粟昔息惜锡膝泄绁洩屑亵渫宿恤雪;庄母:侧窄栉茁;山母:色谡;章母:折只织职

摭质烛锁;书母:设失湿识适室说;见母:革格谷国帼击汲鐍鞠急;影母:厄轭屋噎一益臆轧邑;晓母:蟿黑吸歇旭血

次清　滂母:覆劈匹瞥魄;透母:铁秃;彻母:彻怵畜;清母:漆切窃;初母:测恻策栅;昌母:掣尺叱斥赤啜出;溪母:揭客哭阔泣怯挈锲缺阒隙吃

这些字涉及《广韵》三十四个入声韵中的25个,分别是:薛46(数字指入韵次数)昔45质43屋37职34屑26术19陌18缉18烛15锡13麦9月9铎7德5末4叶3没2迄1合1觉1黠1业1御1栉1,分布相当广;其中"薄伏鼻剧集蛰舌实术十石活斛幕啮栗入玉翼轭轧栅"等二十多字在今长株潭地区仍读去声或有去声读音,详见下文。

2.1.3　去、入混押的韵例数量多,比重大

去、入混押在李腾芳、王岱、陶汝鼐等诗人的古体诗韵及词韵中,所占比重非常高。《李宫保湘洲先生集》中古体诗入声独韵13韵段,上、去相押14韵段,去、入混押8韵段,占去、入声入韵总数的23%。王岱《了庵集》中古体诗入声独韵22段,上、去押38段,去、入押9段,占13%;《全清词·顺康卷》所收王岱词,上、去相押12段,入声独用5段,而去、入混押达10段,占了近40%,数量是入声独韵的两倍,可见入声与去声是通押无间的。陶汝鼐古体诗韵中有25例去、入混押,比例也很高。

2.1.4　未见一例平、入相押,入声不同今读

今长沙、湘潭等地入声与阳平,调型相同,调值非常接近,《湖南方言调查报告》(1935:42)称湘潭的入声"有时听起来,很近似阳平"。李腾芳、王岱等人口语中入声若是现在这样,应该更容易与阳平相混。可我们考察了近万首诗、词的用韵,无一例平、入相协的,也说明当时长沙、湘潭等地的入声字不似现在的读音。

诗词用韵反映的去、入混押可与其他文献记载互相印证。康熙《长沙府志》(1685)卷八"风俗·方言"中有四组去、入互注的字音,即"吉质曰季至,郁屋曰又宥,佐箇曰作铎,一质曰裔祭",被标音字"吉、一、佐、郁"今都属常用字,常理下"一"这样的字没有标音的必要。我们认为府志编修者给这些字标音应该出于这样的考虑:被标音字和标音字在当时长沙话中读音相同,但它们在韵书中不同音,在当时官话中也多不同音,所以注明。《长沙府志》的二十五组注音中有四组涉及去、入声字,可见去、入混读是当时长沙话的显著特征。嘉庆《宁乡县志》(1817)卷八记载,宁乡话"入声全无,……近潭邑,则石多呼射,近益邑,则白多呼怕。""石""白"为入声昔韵、陌韵字,"射""怕"都是祃韵字,"入声全无"就是因为入声混入了阴去。

长沙方言韵书《训诂谐音》(1882)和《湘音检字》(1937)中都有一些入声字读去声或去、入两读,《训诂谐音》"拭轼式职窒质翌翊忆职熠缉屐陌栅麦错柞怍酢作铎幕缚药"读去声,"蔟宿"去、入两读;《湘音检字》"拭轼式栻职栅麦幕铎尉物~迟"读阴去,"植直职质郅骘踬懫窒膣质臆薏忆亿檍澺醷翼翌翊职迾薛曲蛐烛炸洽擭铎獲麦嚼爝缚药错凿酢祚柞怍阼铎玉钰烛"去、入两读,王福堂(2010)也称"据《训诂谐音》和《湘音检字》,早期长沙话曾有不少古清浊入声字归入阴去调"。

益阳话属长益片之益沅小片，明末益阳人郭都贤《些庵诗钞》的押韵中也有大量入声与去声混押的韵例，如五古《常德杨刑尊》（卷十三）协“臭宥瞩烛目屋蹴屋騄烛慉屋鹄沃玉烛数遇骛遇素暮勖烛”，《即事》第二韵段（卷三）协“事志笔质毕质议寘地至给缉泣缉食职蟹德毙祭济霁剧陌掷昔”等；乾隆《益阳县志》(1747)卷十八“日质曰毅未头”的记载也证明当时入声读同去声。

不仅长益片，近代湘方言其他各地文献也反映入声跟去声的密切关系，入声与去声相混是湘方言历史上曾普遍发生过的音变，详情请见田范芬(2015)。

2.2　湘方言长益片：入声读阴去或有阴去读音

2.2.1　长益片之长株潭小片

湘阴、汨罗：中古入声全部读同阴去（《湘方言语音研究》，2006：171）。

长沙：今长沙话虽入声基本自成一类，但有一些中古入声字读去声或去入两读。《长沙方言研究》之“声韵调配合表”与“同音字汇”中，“忆亿翼弋式职倔物熩沃室滗质轭栅麦勺謶缚药幕烙凿铎捋末蛰粒肏缉捩屑哕吉月雹觉剧陌腋昔炸洽”只读去声，“搁铎滑猾黠墨贼德屈物择陌嚼药割曷戳觉玉烛”去、入两读，这 38 字涉及中古 18 个入声韵中的各类声母字。《湘方言语音研究》又记载长沙话“实质”去、入两读(2006：30)，“斛屋”读去声(2006：32)；蔡梦麒《益阳方言本字考》考证“幞栿屋”二字长沙话亦读去声，《湖南汉语方音字汇》中记载“笠郁”读阴去，所以长沙实际口语中读阴去或有阴去读音的入声字应该更多一些。今只读去声的入声字，大多数是口语常用词，如“吉口”之“吉”本字应为月，月有“缺”义，“月口”为田埂上过水的口子；肏即入，“交合”义；熩，《集韵》胡沃切，注“灼”也，今义“烫”。

湘潭：《湘潭方言同音字汇》称湘潭话“有少量入声字读阴去”，文中记录如下字读阴去或去入两读：忆亿翼 øi^{55} 十什式试 ʂʅ^{55} 栅煠 tsa^{55} 滑猾轭 ua^{55} 勺芍 ʂo^{55} 缚 ho^{55} 凿戳 tsʻo^{55} 雹 pʻaɯ^{55} 烙 lo^{55} 寞幕 mo^{55} 直 tʂʻʅ^{55} 罚 fa^{55} 铡 tsʻa^{55} 石 ʂa^{55}白读轧 ŋa^{55} 觉 kaɯ^{55} 薄 pʻo^{55} 着 tʂʻo^{55} 掘 tɕy^{55} 鼻 pʻi^{55}①栗吏 li^{55} 碟 tʻie^{55} 活 ho^{55} 舌 ʂe^{55} 术 ɕy^{55}白～。

株洲：钟奇(2009)认为株洲话入声字既有早于 24 调（即入声）的 55 调（即阴去）层，如“捋 lo^{55} 凿 tsʻo^{55} 勺 ʃo^{55} 熩 o^{55} 斵 tʃo^{55} 罚 fɑ^{55} 实 ʃʒ^{55} 烙 lo^{55} 入 ȵiɑ^{55} 滑 uɑ^{5} 核 fei^{55} 搁 kʻo^{55} 嚼 tɕʻio$^{55\ 4}$ 铡 tsʻɑ^{55} 贼 tsʻei^{55} 择 tsʻɑ^{55} 啮 ŋa^{55}”等，也有受普通话影响而形成的晚于 24 调的 55 调层，只用于书面词语中，但他所举 48 个此类入声字中，不少如“栗板--术白～式样～翼～胛缚～紧”等字，也是口语常用词，且这些字在长沙、湘潭也多读阴去。

宁乡：据《湖南汉语方音字汇》，长沙读去声的“亿忆翼式炸滑粒幕缚术述剧郁玉雹”等字，宁乡也读去声；而长沙只读入声的“罚乏辣闸铡舌赦盒活捷十拾鼻集役疫伏域”等字，宁乡也读阴去；宁乡话读阴去的入声字比长沙更多。

---

① “鼻”在《广韵》、《集韵》读去声毗至切，李荣先生(1982：39)考证“鼻”在古代有入声读法。湘潭话“鼻”声母读 pʻ，不可能来自去声，应来自入声，长沙话“鼻”正读入声。

2.2.2　长益片之益沅小片

据雷雨良(1988)统计,益阳、安化、桃江、沅江等益沅小片87个乡镇的入声全部或基本读阴去。

现代长株潭小片及周边方言入声的今读可与近代文献记载互相印证,其去、入混淆是一脉相承的。

三　今长株潭小片入声调的形成

3.1　形成动因

在讨论今长株潭入声调形成原因之前,我们先了解四川达县"长沙话"及长益片益沅小片的声调特点及演变。

3.1.1　四川达县"长沙话"

明末清初"湖广填四川"造成了今四川境内的湘方言岛。据崔荣昌(1996:152—153)考证,四川达县"长沙话"是明天启丙寅年间(1626)由长沙迁入四川的一支湘方言,它的声调体系为:阴平33,阳平13,上声41,去声甲55,去声乙21,去声丙24。调类跟今长沙话一样,调值、调型分别对应长沙话的阴平、阳平、上声、阴去、阳去、入声。但达县的三类去声与中古声调的对应关系,跟长沙话阴去、阳去、入声跟中古的对应关系不一样。达县话的去声甲55,以清去、入声字为主,也含部分全浊上、浊去字;去声乙21,绝大部分为全浊上和浊去字,也含少部分入声字;去声丙24,主要为去声字,及少部分浊上字和入声字。何大安(1992)根据达县"长沙话"三类去声的构成及它们之间的文白异读,推测中古去、入声在此方言有如下演变:去声甲55和去声乙21"是入川之前就已有的文白之分"。入川之前,入声文读归去声甲,白读按声母的清浊分入去声甲和去声乙。入川之后,入声字随着已为同一类的去声字从去声甲、去声乙中分化出新的去声丙24,所以去声丙"是后起的";他认为达县"长沙话""不但浊上归去,甚至入声归去,在入川之前,也已经完成"。

达县"长沙话"十七世纪初已与其母语长沙话分离,不会受到十七世纪以后长沙话发生的语音变化影响,从而可能保留十七世纪前长沙话的一些特点。中古入声字在达县"长沙话"中大量读去声甲(阴去)的事实,证明入声归阴去确曾是十七世纪前长沙话的特征。何文认为"去声丙是入川之后受达县西南官话的影响新形成的",我们认为达县"长沙话"少数入声字读阳平是受西南官话影响产生的,去声丙则是在入声归去后,系统自身调整所产生的,对应今长沙话的入声调。达县"长沙话"与今长沙话24调的不同构成,说明这个调是方言分处两地后各自产生的,即何文所说"后起的"。

3.1.2　益沅小片之安化前乡

长益片除了长株潭有六个调类外,益沅小片安化前乡之梅城、大福等地也有六调,阴平

33、阳平 13、上声 42、阴去 45、次阴去 24、阳去 21。其中阴平、阳平、上声、阳去四个调的调值、调型及与中古声调的对应关系都跟长株潭无异；阴去、次阴去跟长沙阴去、入声的调型、调值相同，但中古来源不同：长沙的阴去由中古清去及部分全浊去和全浊上声字组成，梅城、大福的阴去由中古全清去声、全清入声及次浊入声字组成，如见母去声字“计霁寄寘记志季至”与入声字“鲫职迹昔绩寂锡”均读 tɕi^{45}，来母去声字“丽霁励祭”与入声“立缉栗质力职历锡”同音 li^{45}；长沙的入声来源于中古入声字，梅城、大福的次阴去由次清去声及全浊、次清入声字组成，如去声至韵滂母字“屁”与入声质韵滂母“匹”、质韵並母“弼”同读 pʻi^{24}；去声暮韵透母字“兔”与入声屋韵透母“秃”、屋韵定母“读”均为 tʻəu^{24}；去声未韵溪母字“气”与入声迄韵溪母字“乞”、缉韵群母字“及”同音 tɕʻi^{24}。次阴去所辖声母全读送气音。

显然，大福、梅城的阴去和次阴去是入声混并到阴去后产生的分化，因为这两个调中都既包含去声字，也有入声字。因为两地周边不存在这一声调类型的强势方言能对其产生影响，所以两地声调的分化属方言自身的演变，其动因是入声合并到阴去后引发的不平衡，激发语言内部机制产生分化，以谋求新的平衡。

再来看长株潭的声调演变。明末清初长沙等地去、入相混时，入声和阴去的关系，可能相当于拉波夫（2007：357—366）所谓“相近合并”，即入声在调值、调型上与阴去相当接近，以至于诗人、府志编修者等都以为两类已经合并，故将两调混押或互相注音，但实际上入声字可能仍稍有短促感，并未完全与阴去合并。长沙等地入声分化时，去、入之间这种细微的差异仍在，正是这种差异引导，使得入声与阴去分头发展，成为现在独立的一调。梅城等地阴去与次阴去的分化，应发生在去、入完全合并之后，这时的分化需以另外的区别特征即送气作为条件，这也是次阴去中既有去声字，也有入声字的原因。今长株潭的入声调，达县“长沙话”的去声丙，梅城、大福的次阴去，三者音变的动因是一致的，都是入声混入阴去后，造成声调体系内部失衡；系统为谋求新的平衡进行调整，分化产生了新调；音变的结果却呈现多样性，因为三地音变的时间和条件并不相同，但三者所代表的语音层次是一样的。

3.2　形成时间

长沙话入声分立时间可以《训诂谐音》（1882）为下限。《训诂谐音》按旧式韵书的平、上、去、入分卷，舒声各分十六类，入声七类为“实息服六押谒夺”。实韵包括《广韵》质、职、昔、缉四韵知照组字，如“质质栉栉直职炙昔汁缉”同音；息韵含迄、锡、陌韵三等字及质、职、昔、缉四韵除舌齿音之外的其他开口字，如“一质揖缉亿职益昔”同音；服韵包括通摄入声之唇音、部分牙喉音及术物没职陌昔缉部分合口字，如“入缉域职郁屋役昔熨物”同音；六韵对应通摄入声之舌齿音及部分牙喉音字，如“肉育屋玉辱烛”同音；押韵包括黠、辖、洽、狎四韵及合、曷、盍三韵舌齿音字，如“达曷劄洽答合”同音；谒韵主要包括山咸摄三、四等字，如“谒月叶叶咽屑乙质”同音；夺韵含宕江摄入声及屋、没韵唇音，如“木屋莫铎末末没没”同音。联系上文所述，长沙话的入声在《训诂谐音》之前早已跟去声相混；《湖南方言调查报告》（1935：16）、《湘音检字》

(1937)、弗斯(Firth 1937),都只将长沙话的入声当成一个调类,所以《训诂谐音》的入声实际也只是调类。韵书记载的音变要晚于实际语音的变化,由此推测,长沙话入声最迟在十九世纪中期已经成为现在的样子。

我们(田范芬 2004、2015)曾穷尽考察唐宋元湘籍诗人的诗词用韵,结合本文的探讨,现推导长株潭小片近代入声演变的轨迹为,晚唐五代:-p、-t、-k 三尾分立→宋代:三尾混淆,合并为-ʔ→元至明初:-ʔ脱落,入声独立成调→明末清初:入声混入阴去→清中、晚期:入声独立一调,形成现在的声调格局。长株潭小片的入声并不是学界认为的塞音尾脱落后的保留,其所代表的层次也不比娄绍片入声并入其他调类所代表的类型古老。

参考文献

鲍厚星 2006 《湘方言概要》,湖南师范大学出版社。
鲍厚星 崔振华 等 1998 《长沙方言词典》,江苏教育出版社。
鲍厚星 沈若云 等 1999 《长沙方言研究》,湖南教育出版社。
蔡梦琪 2009 《益阳方言本字考》,《湘语研究》(第一辑),湖南师范大学出版社。
陈 晖 2006 《湘方言语音研究》,湖南师范大学出版社。
崔荣昌 1996 《四川境内的湘方言》,历史语言研究所田野工作报告之一。
崔振华 1998 《益阳方言研究》,湖南师范大学出版社。
郭都贤 1861 《些庵诗钞十五卷首一卷》,抑亦山房刻本。
何大安 1992 《方言接触与语言层次——以达县长沙话三类去声为例》,史语所集刊第 61 本第 4 分册。
侯精一 主编 2002 《现代汉语方言概论》,上海教育出版社。
湖南省地方志编纂委员会 编 2001 《湖南省志·方言志》,湖南人民出版社。
湖南省公安厅 编 1993 《湖南汉语方音字汇》,岳麓书社。
湖南师范学院中文系汉语方言普查组 编 1960 《湖南省汉语方言普查总结报告》(初稿)。
槐荫主人 1882 《训诂谐音》,唸楳书室藏版。
雷雨良 1988 《益阳方言的入声》,《益阳师专学报》,第 3 期。
李旦冀 1937 《湘音检字》,长沙锦文印书馆。
李 荣 1982 《音韵存稿》,商务印书馆。
李永明 1991 《长沙方言》,湖南出版社。
田范芬 2004 《近代长沙话语音研究》,南京大学博士学位论文。
田范芬 2009 《湘方言全浊入声的演变》,《语言科学》第 2 期。
田范芬 2015 《论湘语入声与去声的关系》,《方言》第 4 期。
王福堂 2010 《古全浊声母清化后塞音塞擦音送气不送气的问题》,《汉语方言论集》,商务印书馆。
杨时逢 1974 《湖南方言调查报告》,(台湾)《历史语言研究所专刊》之六十六。
曾毓美 1993 《湘潭方言同音字汇》,《方言》第 4 期。
郑张尚芳 1990 《方言中的舒声促化现象说略》,《语文研究》第 2 期。
钟 奇 2009 《古入声在株洲中心城区话的音韵层次》,《南方语言学》第一辑。
周振鹤 游汝杰 1985 《湖南省方言区画及其历史背景》,《方言》第 4 期。

Firth, J. R. & B. B. Rogers 1937 The structuer of the Chinese monosyllable in a Hunanese dialect(Changsha). *Bulletin of the School of Oriental Studies*, *Viii*. 4.

Labov, William(拉波夫) 2007 《语言变化原理:内部因素》,北京大学出版社。

附录:长株潭三地去、入混押的韵例

(说明:多音字按诗意定读音。)

一、长沙(2 家 2 首/段)

1、**吴愉**(明末),《岳麓读断岩残句》(《续修四库》1691 册 p. 158)“壁$_{\text{锡}}$慄$_{\text{质}}$石$_{\text{昔}}$迹$_{\text{昔}}$惜$_{\text{昔}}$辈$_{\text{队}}$气$_{\text{未}}$”。

2、**李文炤**(1672—1735),**《查氏一门七节歌》(《恒斋文集》卷八)第** 1 **韵段**“入$_{\text{缉}}$没$_{\text{没}}$沸$_{\text{未}}$侧$_{\text{职}}$”。

二、湘潭(4 家 47 首/段)

1. 李腾方(1573—1631),下引诗例来自《四库全书存目丛书》173 册。

1)《露肋庙赞》第二韵段(p. 137)“惜$_{\text{昔}}$地$_{\text{至}}$碎$_{\text{队}}$”。

2)《卫河浅》之二(p. 150)“睡$_{\text{寘}}$嚏$_{\text{霁}}$浍$_{\text{泰}}$晦$_{\text{队}}$穗$_{\text{至}}$逝$_{\text{祭}}$位$_{\text{至}}$置$_{\text{志}}$濑$_{\text{泰}}$噎$_{\text{屑}}$”。

3)《周怀白出守归德》(p. 151)“贺$_{\text{箇}}$作$_{\text{铎}}$播$_{\text{过}}$箇$_{\text{箇}}$饿$_{\text{箇}}$过$_{\text{过}}$簸$_{\text{过}}$大$_{\text{箇}}$憜$_{\text{过}}$堕$_{\text{果}}$奈$_{\text{过}}$佐$_{\text{箇}}$和$_{\text{过}}$唾$_{\text{过}}$莝$_{\text{过}}$驮$_{\text{箇}}$座$_{\text{过}}$卧$_{\text{过}}$坷$_{\text{哿}}$磨$_{\text{过}}$坐$_{\text{果}}$稬$_{\text{过}}$课$_{\text{过}}$裹那$_{\text{箇}}$左$_{\text{哿}}$蜕$_{\text{泰}}$破$_{\text{过}}$涴$_{\text{过}}$”。

4)《偶成》(p. 154)“截$_{\text{屑}}$洌$_{\text{薛}}$热$_{\text{薛}}$杰$_{\text{薛}}$窃$_{\text{屑}}$橛$_{\text{月}}$绝$_{\text{薛}}$叶$_{\text{叶}}$缀$_{\text{祭}}$屑$_{\text{屑}}$绁$_{\text{薛}}$铁$_{\text{屑}}$掣$_{\text{薛}}$只$_{\text{昔}}$魄$_{\text{陌}}$孽$_{\text{薛}}$瞥$_{\text{薛}}$失$_{\text{质}}$舌$_{\text{薛}}$设$_{\text{薛}}$折$_{\text{薛}}$茁$_{\text{薛}}$灭$_{\text{薛}}$”。

5)《王元亭宪长三世四纶册》(p. 156)“至$_{\text{至}}$謷$_{\text{至}}$吏$_{\text{志}}$次$_{\text{至}}$植$_{\text{职}}$鼻$_{\text{质}}$瑞$_{\text{寘}}$賁$_{\text{寘}}$”。(“植”在《广韵》有志韵和职韵两读,今湘潭话读 tʂ'ʅ^{24},长沙话读 tsɿ^{24},均来自入声;“植鼻”在李氏《商州判官》(p. 153)及《父书》(p. 159)中亦与止、蟹二摄去声相押。)

6)《八月十八日候潮生看李将军帐下打拳歌》(p. 158)“立$_{\text{缉}}$雳$_{\text{锡}}$日$_{\text{质}}$壁$_{\text{锡}}$击$_{\text{锡}}$褶$_{\text{缉}}$出$_{\text{术}}$蛰$_{\text{缉}}$吸$_{\text{缉}}$射$_{\text{祃}}$吃$_{\text{迄}}$濕$_{\text{缉}}$石$_{\text{昔}}$质$_{\text{质}}$益$_{\text{昔}}$十$_{\text{缉}}$席$_{\text{昔}}$革$_{\text{麦}}$”。

2. 郭金台(1609—1676),《四库禁燬书丛刊》84 册收其《石村诗集三卷文集三卷》。

1)《雨后山行,就宿谢叔孚冷村别业》最后韵段(p. 448)“遇$_{\text{遇}}$足$_{\text{烛}}$渡$_{\text{暮}}$”。

2)《慰梦中诸亡友》之三(p. 450)“日$_{\text{日}}$恤$_{\text{术}}$轾$_{\text{至}}$失$_{\text{质}}$秘$_{\text{至}}$质$_{\text{质}}$术$_{\text{术}}$漆$_{\text{质}}$室$_{\text{质}}$”。

3)《牛山寄生松盖歌》最后韵段(p. 452)“宅$_{\text{陌}}$泻$_{\text{祃}}$碧$_{\text{昔}}$”。

4)《南北送行诗》之二(p. 463)“栅$_{\text{麦}}$白$_{\text{陌}}$掷$_{\text{昔}}$轭$_{\text{麦}}$射$_{\text{祃}}$石$_{\text{昔}}$适$_{\text{昔}}$迹$_{\text{昔}}$”。

5)《胡沂庵公祖尽阅鄙诗,见贻鸿序,赋此志谢》(p. 497)“魄$_{\text{陌}}$尺$_{\text{昔}}$白$_{\text{陌}}$斥$_{\text{昔}}$迹$_{\text{昔}}$格$_{\text{陌}}$掖$_{\text{昔}}$哑$_{\text{马}}$液$_{\text{昔}}$益$_{\text{昔}}$昔$_{\text{昔}}$摭$_{\text{昔}}$石$_{\text{昔}}$赤$_{\text{昔}}$帛$_{\text{陌}}$百$_{\text{陌}}$壁$_{\text{锡}}$碧$_{\text{昔}}$籍$_{\text{昔}}$策$_{\text{麦}}$辟$_{\text{昔}}$”。

3. 王岱:1639 年举人,下引诗、文韵例来自《四库全书存目丛书补编》第 52 册,词例来自《全清词·顺康卷》及《补编》。

1)《竟陵昌壑叟工铁笔作短歌以赠》第三韵段(p. 26)“帼$_{\text{麦}}$策$_{\text{麦}}$翮$_{\text{麦}}$客$_{\text{陌}}$石$_{\text{昔}}$窄$_{\text{陌}}$画$_{\text{卦}}$借$_{\text{祃}}$迹$_{\text{昔}}$白$_{\text{陌}}$”。

2)《子瞻麦粥作诗处》(p. 35)“记$_{\text{志}}$至$_{\text{至}}$位$_{\text{至}}$意$_{\text{志}}$弃$_{\text{至}}$识$_{\text{职}}$”。

3)《酬石溪和尚赠画》第四韵段(p. 37)“力$_{\text{职}}$臆$_{\text{职}}$食$_{\text{职}}$意$_{\text{志}}$”。

4)《放生》(p. 50)“质$_{\text{质}}$织$_{\text{职}}$致$_{\text{至}}$置$_{\text{至}}$异$_{\text{志}}$翅$_{\text{寘}}$离$_{\text{霁}}$志$_{\text{志}}$视$_{\text{至}}$炽$_{\text{志}}$息$_{\text{职}}$意$_{\text{志}}$地$_{\text{至}}$”。

5)《题画赠陈虚白》(p. 53)“卧$_{\text{过}}$俾$_{\text{质}}$硕$_{\text{昔}}$”。

6)《题袁安卧雪图赠吕生》(p. 53)“出$_{\text{术}}$泌$_{\text{至}}$”。

7)《题雪景赠僧量帆》(p. 55)“益$_{\text{昔}}$惜$_{\text{昔}}$臂$_{\text{寘}}$”。

8)《题雪景赠龙泉和尚》之二(p. 56)“石$_{\text{昔}}$气$_{\text{未}}$藉$_{\text{昔}}$”。

9)《初祖传法》(p. 57)“识职器至意志”。

10)词《千秋岁引·立春》(p. 569)“薄铎末末落铎过过卧过幕铎舵箇乐铎奈箇”。

11)《千秋岁引·五日遣闷》(p. 569)“计霁未未翼职醉至技纸泪至戏寘辈队睡寘”。

12)《贺新郎·贺天士中顶观荷》(p. 569)“夏马架祃罢蟹话夬画卦那箇轧黠袜月骂祃驾祃下马讶祃”。

13)《贺新郎·山夜月》(p. 569)“泻祃雪薛怯业接叶缺屑也马咽霰血屑折薛窃屑阕月彻薛”。

14)《满江红》(p. 573)“绪语处御素暮顾暮度暮吐姥雾遇目屋绿烛”。

15)《念奴娇》(p. 574)“悴至识职避寘志志贵未值志替霁地至”。

16)《青玉案》(p. 577)“数遇遇遇据御误暮著御述术恶暮处御”。

17)《雨霖铃》(p. 580)“咧薛舍祃拽薛热薛夜祃别薛猎叶月月说薛悦薛”。

18)《玉楼春》(p. 582)“避寘觅锡致至戏寘寄寘记志”。

19)《菩萨蛮》(p. 584)第一韵段“技纸益昔”。

20)《贺新凉》(《补编》p. 221)“度暮陆屋玉烛付遇数遇父麌辱烛足烛固暮欲烛”。

21)《满江红》(《补编》p. 221)“碧昔璧昔一质毕质织职劈锡戏寘地至室质”。

王岱韵文也去入混押,如《祭许太君》(p. 96)第五韵段“一质帜志志志剧陌石昔翼职药锡锡锡”。

4. 陈鹏年(1663—1723),下引诗例来自《四库全书存目丛书》259 册和《全清词·顺康卷》。

1)《夜宿白杲市》(p. 519)“市止势祭细霁袂祭至至臂寘睡寘力职意志”。

2)《胡影桑先生重修家乘,为誌一首》第五韵段(p. 543)“豆候后厚述术”。

3)《城居雨中即事感怀》(p. 668)“霤宥昼宥骤宥救宥吼厚走厚臭宥蹴屋厚厚扣候寇候耨候伏屋皱宥溜宥袖宥”。

4)《忧旱》(p. 669)“历锡日质色职陌陌恻职滴锡竭月置志垤屑夕昔室质栉栉宅陌测职血屑”。

5)词《夜游宫》(p. 11033)“壁锡唧职织职寂锡泣缉夕昔逝祭誓祭”。

6)《醉落魄》协(p. 11033)“漏候骤宥瘦宥扣候宿屋透候候候”。

7)《鹊桥仙》(p. 11036)“落铎谢祃泻祃下马话夬”。

8)《谢池春慢》(p. 11038)“泪至闭霁位至逝祭鼻质事志济霁坠至字志碎队”。

9)《渔家傲》(p. 11041)“系霁力职织职睡寘醉至细霁泪至趣遇未未气未”。

10)《乳燕飞》(p. 11047)“路暮故暮度暮覆屋处御护暮误暮圃姥户姥兔暮拄麌暮暮”。

11)《满江红》(p. 11057)“也马马马泻祃罢蟹架祃纳合写马下马者马”。陈氏用此韵填词 7 首。

12)《疏影》(p. 11062)“赖泰外泰在海带泰坏怪黛代采海策麦海海大泰”。

三、宁乡(3 家 35 首/段)

1. **陶汝鼐**(1601—1683),《四库禁燬书丛刊》第 85 册收其《荣木堂合集》,下引诗例来自此书。

1)《催租吏》第二韵段(p. 155)“赋遇足烛戍遇”。“足”在《春风行送兵宪金公观察九江》(p. 187)、《采莲之游即事》第二韵段(p. 314)、《出齐云岩门小酌古楠树下》(p. 167)中也与遇摄去声字协韵。

2)《枭獍行》(p. 158)“治志遂至位至实质孳志弑志鼻质忌志志志蔵志毖至魅至日质”。

3)《六哀诗·茸庐》(p. 160)“右宥旭烛牖有守有”。

4)《书赠颠和尚》(p. 164)“字志累寘意志备至醉至睡寘事志鼻质”。

5)《访陈眉公先生山居纪事》(p. 169)“岫宥秀宥窦候昼宥鹫宥绣宥覆屋觏候漏候读候袖宥豆候奏候茂候后厚彀候就宥宙宥授宥后厚寿宥”。

6)《舟入虎丘》(p. 170)“意志寐至翠至地至易寘出术坠至寺志”。“出”在《拟古二章奉别刘云密先生》之二(p. 181)、《题南岳正光尊者血书华严第三部》(P. 304)两诗中也与止摄去声字协韵。

7)《忧旱诗》(p. 175)“匹质疾质实质毕质术术室质跸质怵御栗质日质戍遇秫术恤术叱质锧质失质逸质出术”。

8)《送涂客之复游竟陵寄怀》(p. 177)“畜屋黩屋谷屋鞫屋六屋独屋缪幼目屋镞屋朴屋蹙屋逐屋屋屋”。

9)《湖南寇事诗》第六韵段(p. 182)“出术至至职职志志治志字志莅至义寘织职胔寘施支鸷至意志地至事志庇至智寘泪至使止吏志肆至寄寘寐至坠至记志”。

10)《闰八中秋得月寄怀郭考功天门》(p. 188)"得德**值**志逼职国德力职侧职"。

11)《白露日再作纪旱诗》(p. 306)"裕遇赋遇度暮露暮骛遇澍遇蠹暮雾遇诉暮路暮注遇鲋遇**仆**德羽麌雨麌具遇芋遇圃姥捕暮数遇怒暮聚麌故暮怖暮"。

12)《天目山募米僧乞题册子》第一韵段(p. 316)"出术**处**御**住**遇目屋壑铎"。

13)《吕母军》(p. 385)最后韵段"邑缉湿缉**事**志急缉及缉"。

14)《日南守》第五韵段(p. 387)"义寘意志**石**昔**日**质"。

15)《天生晟》第二韵段(p. 410)"复屋哭屋**故**暮**布**暮"。

16)《御封匣》第二韵段(p. 416)"细霁世祭替霁**碣**月涕霁"。

17)《留面涅》(p. 417)"识职识职识职**对**队北德**臂**寘"。

18)《天赐量》第三韵段(p. 420)"宅陌截屑白陌格陌**借**祃隙陌席昔惜昔"。

19)《悲柴市》第一韵段(p. 426)"市止黑德"。

20)《鬼门遁》最后韵段(p. 433)"厄麦没没**代**代"。

21)《醉蓬莱》(《全清词·顺康卷》(补编)p. 101)"制祭气未毳祭替霁砌霁**璧**昔际祭寄寘"。

2. 王文清(1689—1779),《四库存目丛书》274 册收其《锄经馀草》十三卷。

1)《七月望日即事》(p. 361)"节屑亵薛设薛切屑裂薛血屑爇薛啜薛咽屑活末绝薛濶末揭薛竭月灭薛别薛**戾**霁"。

2)《邓生丹青引》第二韵段(p. 371)"臆职力职色职测职识职**忌**志**器**至"。

3)《邓氏贞节诗》(p. 402)"帔寘意志泪至治志**质**质致至"。

4)《署中即事》(p. 457)"志志媿至事志**出**术"。

5)《小孤山怀古》第二韵段(p. 463)"意志系霁逝祭**碣**月"。

6)《黄孺人姜氏贞节诗》(p. 498)"出术裂薛杰薛膝质穴屑室质铁屑活末涅屑鐍屑舌薛渫薛挈屑日质**缀**祭巙血屑雪薛说薛揭薛"。

7)《卖子叹》(p. 499)"哺暮步暮聚麌怒暮去御惧遇忤暮顾暮雨麌**粟**烛**赎**烛**续**烛"。

8)《蚊虫叹》(p. 500)"屑屑捏屑铁屑啮屑热薛血屑锲屑辍薛绝薛歇月烈薛**夜**祃灭薛"。

3. 陶士偰(1723 进士)《题碧郎禅者听松图》(《资江耆旧集》卷十九)"立缉汲缉集缉**盖**泰箧帖入缉"。

The Entering Tone Development in Xiang Dialect of Chang-Zhu-Tan by Rhyme

TIAN Fanfen

Abstract: The entering tone in Chang-Zhu-Tan is often regarded as a reserved feature that Ru rhymes in Middle Chinese lost their stop finals, accordingly, its form is considered older than Ru tone had merged into other tonal categories in Lou-shao subgroup. According to the recordation of historical documents from Ming to Qing dynasty, with the pronunciational difference of the Ru words in Changsha, the author concludes the entering tone had confused with falling tone in Changsha and its border regions at middle to late Ming, and formed a new tone category about in Qing dynasty metaphase.

Keywords: the entering tone of Chang-Zhu-Tan, the near-merger of entering tone and falling tone, diachronic analysis of entering tone

(田范芬 华南师范大学中文系 510006)

常用词历时更替研究的工作程序*

汪维辉

提　要　本文把汉语常用词历时更替研究的工作程序归纳为选词构组、搜集语料、分析论证、结撰成文四个环节，并结合正反面实例论述了各个环节所应该注意的问题，可供有志于这方面研究的同道参考。

关键词　常用词　历时更替　工作程序　汉语词汇史

汪维辉(2007a)指出："迄今为止已经做了不少常用词演变的个案研究，积累了一些经验，也暴露出不少问题，有必要对常用词演变的基本描写模式作出总结，以便建立一个大家都能遵行的规范。从词目的选定、语料的选择、例句的确认、统计数据的使用到演变过程的描写、演变规律的总结等等，都有一些原则需要确定下来，也有不少技术性问题需要探讨。"文中提到了一些常见的问题，并举了一个实例，但未作全面论述。这里在该文的基础上试对整个工作程序做一个详细的阐述，[①]把平日所见所闻所思和自己在工作实践中的经验教训写出来，或可供有志于从事常用词历时更替研究的年轻朋友们参考，通过大家的共同努力，逐步提高这项工作的水平和质量。

一　选词构组

工作程序的第一步是"选词"。词选得怎么样，直接决定着一篇文章的成败和高下，所以这是非常关键的一步。选词应注意三点。

一是要选取有过历时更替关系的常用词，这是不言而喻的。可以通过查阅有关工具书和方言资料来确定词目，也可以参考相关的论著，比如汪维辉(2000/2017:14—16)列

* 本文是国家社科基金重大项目"汉语词汇通史"(14ZDB093)和教育部重点研究基地重大项目"汉语基本词汇历时演变研究"(16JJD740015)的阶段性成果。初稿承真大成、戴佳文、陈思捷、盛益民、叶雁鹏、王长林、胡波、郎晶晶、孟奕辰诸位提出意见，华侨大学胡萍老师在她的研究生课上让学生自学拙文，反馈了王娴、马楚莺、练安琪、郝婉邑、吉霞珠五位同学的意见，修改时对上述意见多有吸收。文章曾经在"汉语言文字学高端论坛暨《清华语言学》创刊学术研讨会"(2020.11.28—29)上报告，承蒙陆俭明、洪波、邢向东、胡敕瑞等先生参与讨论，惠赐意见。在此一并致谢。文中尚存问题概由笔者负责。

① 以下所述均就通史性研究而言，断代研究道理相同，可以类推。举例多取自本人的论著，读者谅之。

举了二百多组词(限于中古时期有过程度不等的变化或更替的),可供选择。当然,也可以通过自己平时的阅读和思考来积累,比如碰到一个词,就可以想想这个词在古代(上古、中古、近代)是怎么说的?自己熟悉的方言里怎么说?胸中要装着一部词汇史,随时留心古今和地域对应词,觉得可能有研究价值的就把它记下来。这样日积月累,可选的词就多了。

二是要普查一下这组词是否已经有人研究过(包括著作、期刊论文和学位论文),以避免重复劳动。有些词虽然已经有人写过文章,但是如果觉得还可以补充或重新讨论,也可以选择。[①] 事实上近些年来很多词都已经有人研究过了,但是质量高的并不多,值得重新探讨的为数不少。

三是要难度适中,有研究价值。太容易了没多少东西可以挖掘,研究价值不大;太难了则不易把握,像"嗅→闻"的历时替换就相当复杂,[②]这样的词不太适合初学者尝试。

至于具体究竟选什么样的词为宜,并没有一定之规,可以多看看已有的个案研究,加以揣摩学习,然后结合自己的兴趣和知识结构来确定。

选定词条后,就要进行构组,也就是把古今表达这个概念(义位)的词穷尽性地找出来,构成一个尽可能没有缺漏的古今同义词组。纳入考察的词必须是在所研究的这个义位上等值的,即在相同的语境里可以相互替换而概念义没有差别,非等值的词不应阑入。可以利用《古辞辨》《古代文化词义集类辨考》《同义词词林》《简明汉语义类词典》《汉语方言地图集》等工具书来查找这样的词。构组通常不是一次就可以完成的,在搜集语料和研读相关文献的过程中,往往会有新的发现,就需要对构组作出补充或调整。

在构组时要把每个词的异体写法穷尽性地找出来,避免遗漏。[③] 可以利用台湾"教育部"《异体字字典》(网络版)来检索,还可以通过《汉语大字典》(第二版)和《中华字海》的音序索引来排查,尽可能全面地搜集每一个词的不同写法。[④] 这一点也很重要,因为一旦有重要的字形遗漏,史实的呈现就会有所缺失。下面略举三例以见一斑。

汪维辉《东汉—隋常用词演变研究》初版"坚/硬(鞕)"条,修订本增加了一个重要的字形"靮"(有时讹变成"鞆"),还有"鞕"的俗写"鞭"。"靮"主要见于佛经,这跟"鞕(鞭)"主要见于本土的医籍刚好形成互补,对梳理{硬}这个词的早期历史起到了重要的作用。修订本同时还新增了一个上古的词项"刚",构组调整为"坚、刚/硬(鞕、鞭、靮)"。

---

① 汪维辉(2016)就是在已有研究的基础上重新进行全面讨论的,得出了一些新的结论,可以参看。

② 参看汪维辉、秋谷裕幸(2014)。

③ 有些词会发生音变,书写形式也会随之改变,这样的变异形式也应该搜罗齐全。感谢胡敕瑞教授提醒这一点。这涉及词的"同一性"问题,这里不详论。

④ 杨荣贤(2006/2017)和刘君敬(2011/2020)在这方面都做得比较成功,对所研究的每个词的异体写法搜罗得很齐全,可以参看。另可参考汪维辉(2016)对"脖"的异体写法的说明。

汪维辉(2010)说:"'矮'作为现代汉语表示人个子不高的通用词,大约产生于唐代。"这个说法实际上是错误的,原因就是当时不知道"矮"在早期写作"痔",《广雅·释诂二》:"痔,短也。"王念孙疏证:"'痔'即今'矮'字也。《玉篇》音於绮、於解二切。《释言篇》云:'痔,痤也。'"《广雅·释言》:"痔,痤也。"王念孙疏证:"'矬'与'痤'通。"《集韵·蟹韵》倚蟹切:"矮,矬也。或作痔、躷。"可见{矮}这个词至晚三国时即已出现,只是书写形式不作"矮"。①

范常喜(2006)由于不了解"蛋"有"鴠"的异体写法,导致结论不够准确。朝鲜时代汉语教科书多写作"鴠",如《朴通事》《训世评话》《华音启蒙》等。崔世珍所作《单字解》"弹"字注:"俗呼鸡子曰鸡弹,通作鴠。"范文主要依据《三遂平妖传》《型世言》《金瓶梅》等明代后期的小说,认为"'蛋'全面取代'卵'的'禽卵'义不会晚于明代",实际上从《训世评话》和《朴通事谚解》中的使用情况来看,早在明代前期替换就已经完成了。②

二　搜集语料

充分掌握材料是保证研究结论可靠的必要前提,所以广泛地搜集语料也是十分重要的一个程序。如果是做纵横结合的研究,那么除了历史文献语料以外,还应该包括方言资料。

搜集语料的基本要求是面广,要把网撒得大一点,尽可能覆盖各类材料。比如上古时期,要注意出土文献(甲金、简帛等)与传世文献兼顾;中古时期,除兼顾出土文献外,还要注意中土文献与佛经文献相结合;近代时期,要充分利用出土文献(敦煌、吐鲁番、黑水城等)与域外汉籍(朝鲜、日本的汉语口语教科书和西方传教士资料等),把它们与传世文献和本土文献相结合。现在有了各种大型语料库(这里不便具体介绍),虽然不敢说已经可以穷尽一切语料,但是基本的覆盖面还是有的,只要肯下功夫去检索,而且方法得当。需要注意的是,有些口语性语料一般的语料库里还没有,比如《朝鲜时代汉语教科书丛刊》和《朝鲜时代汉语教科书丛刊续编》等,有些冷僻的字也无法检索语料库,这些都得靠纯手工方法去获取。语料除了集中搜集之外,也要靠平时的积累,李荣(1981)说得好:"研究语言文字,看的书不能限于语言文字。有些材料,可遇而不可求。无论是听人说的,或者是从书上看到的,都要随时把他记下来。这叫'勤笔免思'。否则,时过境迁,想也想不起来,找也找不到。"

由于语料不足而造成结论不确的例子是很多的,有的是因为当时条件有限。下面就历史文献语料和方言资料各举一例。

---

① 参看真大成(2018)。

② 参看汪维辉(2015a)。

牛太清(2003)讨论“角”对“隅”的历时替换,选题很好,也得出了不少有意义的结论,但是对“角”的溯源太粗,未能充分揭示事实真相。原因就是调查语料不够全面。作者调查的语料是“从先秦到南北朝的有代表性的典籍”,其中东汉选了《汉书》和《论衡》,南北朝选了《拾遗记》《搜神记》《搜神后记》《世说新语》《异苑》《水经注》《齐民要术》《洛阳伽蓝记》。《汉书》和《论衡》都是东汉前期的著作,下限不会晚于公元2世纪初。所选南北朝八书中,当以《搜神记》时代最早,作者干宝(283—351)是两晋之交人,东晋元帝时以佐著作郎领修国史,著《晋纪》二十卷。从《汉书》《论衡》到《搜神记》,中间约有二百多年的空白段。而这一段恰恰是“角”兴起的重要时期,因为《汉书》《论衡》均未见当“角落”讲的“角”,而《搜神记》中已经出现了4例。如果作者能运用其他中土文献和佛经材料来填补这一空白,对“角”的产生和兴起的考察就会深入清楚得多。据笔者初步调查,至迟到公元2世纪中叶,当“角落”讲的“角”已经出现,①因为在出土的东汉买地券中“四角”一词屡见,如延熹四年(161年)《钟仲游妻镇墓券》:“四角立封,中央明堂皆有尺六桃券、钱布、铅人。”(见罗振玉《贞松堂集古遗文》)光和二年(179年)《王当买地券》:“故立四角封界,界至九天上、九地下。”(见《文物》1980年第6期)光和五年(182年)《刘公则买地券》:“中有丈尺,券书明白,故立四角封界。”(见《望都二号汉墓》)年份不明《甄谦买地券》:“券书明白,故立四角封界。”(见《文物》1959年第1期)这些“四角”显然都是指四个角落。三国译经中也出现了“四角”,如旧题吴支谦译《佛说阿弥陀三耶三佛萨楼佛檀过度人道经》卷上:“西方北方南方四角诸佛,其数各如恒水边流沙,各遣诸菩萨无央数,飞到阿弥陀佛所,作礼听经,亦复如是。”西晋竺法护译经中见到约五六例。三国魏张揖《广雅·释言》:“隅、陬,角也。”②这是张揖用当时通用习知的词来解释古词。其他南北朝以前的佛经笔者未及一一调查,如果把它们和中土文献③结合起来考察,一定会使研究结论更加近真可靠。可见调查的语料应该是越广泛越好。④

汪维辉(2003)主要依据《现代汉语方言大词典》(共41个分卷)和《汉语方言词汇》(第二版),由于取材有局限,对方言分布的描写很不完备和准确,有一些严重失实之处,比如下面这个表有六处错误:

---

① 实际上还可以提前,王东(2005)举了《战国策》和《史记》各一例,这两个例子都是可靠的。其实《史记》中还有一例:高帝使使厚遗阏氏,冒顿开围一角。高帝出欲驰,婴固徐行,弩皆持满外向,卒得脱。(《樊郦滕灌列传》)这些都说明至晚在西汉“角”已经可以当“角落”讲了。不过王东所引《周易·晋》“晋其角”一例,牛太清(2003)已详辨其非指“角落”而仍是指“兽角”,其说可信,惜王东未参考牛文。这个例子后文还会再作分析。

② 钱大昭《广雅疏义》云:“物之有四隅者谓之四角,《后汉书·蛮夷传》‘四角胡王’是也。……《玉篇》:‘隅,牛俱切。角也。’皇侃《论语义疏》云:‘隅,角也。床有四角,屋有四角,皆曰隅也。……’”钱氏所引的这些资料都是证明南北朝口语中“角”已取代“隅”的绝好例证。

③ 顺便说一句,牛文所调查的中土文献也还嫌过少,未能充分反映语言事实。

④ 参看汪维辉(2007a)。

表七 "说类词"的方言区分布

	官话								晋语	吴语		徽语	湘语	赣语	客家话	粤语	闽语	平话
	东北	北京	冀鲁	胶辽	中原	兰银	西南	江淮		北部	南部							
说	+	+	+	+	+	+	+	+	+	⊕	—	⊕	⊕	⊖	—	—	⊖	—
讲					○		+	+		+	+	+	+	=	+	+	+	+
话	—	—	—	—	—	—	—	—	—	=	+	—	=	+	+	+	+	

说明:+表示说,—表示不说,=表示较少说或用法有局限,空格表示不清楚。

结合《汉语方言地图集》,这个表中各方言区"说类词"的分布情况应该修正如下:

	官话								晋语	吴语		徽语	湘语	赣语	客家话	粤语	闽语	平话
	东北	北京	冀鲁	胶辽	中原	兰银	西南	江淮		北部	南部							
说	+	+	+	+	+	+	+	+	+	=	—	—	—	+	—	—	=	—
讲					=		+	+		+	+	+	+	=	+	+	+	+
话	—	—	—	—	—	—	—	—	—	=	+	—	=	+	+	+①	+	

下面作一具体说明:

说:吴语(北部)的+应改为=,因为只有3(2+1)个点;徽语、湘语的+均应改成—,因为都不说"说";赣语的—应改为+或=,因为有9(8+1)个点;闽语的—应改成=,因为有5个点;

讲:中原官话的空格应改成=,有5(1+4)个点。

现在有了《汉语方言地图集》《汉语方言解释地图》《汉语方言解释地图续集》等工具书以及一大批方言资料,条件就好多了。

搜集语料的工作通常也不是一次就可以完成的,随着研究的推进,常常会发现有些问题还需要进一步调查更多的语料。

三 分析论证

前面的准备工作就绪后,接下来就是分析论证,主要是描写和解释。

(一)描写

描写的目的是把语言事实准确清晰地呈现给读者,这是常用词历时更替研究的主要工作,也是下一步解释的前提。"成功的描写就是解释的一半"(吴福祥语),因此一定要充分认识描写的重要性和艰巨性,准确揭示常用词演变的事实并不是一件轻而易举的事,在描写上

① 《地图集》粤语各点均未标出"话",不确。

下再多的功夫也不为过。一篇文章，哪怕在解释方面弱一点，只要描写扎实，事实可信，对学术研究也是有价值的。我一向主张多一点扎实细致的事实描写，少一点不着边际的规律推测。

1. 处理语料

描写要做得好，关键是科学地处理语料。

上面谈到搜集语料的面要广，这是为了保证重要的语料不遗漏；但是语料还需要提纯，就是要下一番别择的功夫，不能拿来就用。用于研究的语料并不是越多越好，研究中据以得出可靠结论的往往是一部分关键性的语料；一堆杂乱无章、真假混杂、语体不一的材料，是无法导出科学结论的。处理语料有几点比较重要：一是要用第一手材料，不可转引二手材料；二是关键的材料一定要核对纸质原书，而且必须是好的版本，因为现在的语料库大都校勘不精，有的错得很离谱，被误导的现象比比皆是，比如《汉籍全文检索系统》(第四版)中所收的明瞿佑《剪灯新话》居然是现代汉语的翻译本，原书实际上是文言短篇小说；三是要对语料进行鉴别和分析。

关于语料的鉴别和分析，蒋绍愚(1998)早就发表过指导性的意见：

> 不但要做好语料的整理工作，而且要做好语料的分析工作。语料有文字讹误、后人擅改，以及时代、真伪等问题，需要通过校勘学、文献学的方法加以鉴别和改正，这是语料的整理。语料本身没有问题，但语料中反映的语言特点有的是时代特色，有的是地域特色，有的是语体特色(如有的很口语化，有的文白夹杂)，需要加以区分，这是语料的分析。不注意语料的整理，把有问题的语料作为研究的依据，当然会造成大错；对语料不加分析，把地域或语体的特点当作时代的特点，在作语言史的研究的时候同样会发生错误。语料整理的问题，现在一般比较注意了，语料分析的问题，还需要特别强调。语音研究方面，已有学者提出“剥离法”，在语法和词汇研究方面，不少语料也是需要“剥离”的。只有在正确分析语料的基础上，才能作可靠的语言史的研究。

汪维辉、胡波(2013)指出语料使用主要涉及两个问题：一是语料的选择，基本要求是口语性和可靠性；二是语料的分析，包含确认有效例证、剥离口语成分、分析统计数据和重视典型语料四个方面。并提出了“以典型赅非典型”和“以前期赅后期”两条原则。文章以如何判断系词“是”是否已经发展成熟为例，对语料使用中需要注意的各种问题做了具体分析和说明，兹不赘述。这里再补充一个运用典型语料的例子。太田辰夫(1954/1991:197)说：

> “你”这个代名词在唐代以前只是“汉儿言语”。……到唐代似乎已经普遍使用，作为皇帝的话而被记录下来的例子也不是两三处。譬如《唐历》中：
>
> 玄宗尝昼寝，问春草曰：“汝本何人？何以得至柳家？”春草曰：“本杨慎矜婢，卖与柳家。”玄宗曰：“慎矜岂少钱而卖你？”春草曰：“不是要钱，本将杀某，敬思救得不杀，所以卖之。”

玄宗实际上是否使用了“你”这个词,如今没有再作进一步调查的手段,但据此可知,即使玄宗使用了也使人感到没有什么不自然的,足以证明这个词已成为普通的词语。

太田先生的分析鞭辟入里,判断准确可信,堪称“四两拨千斤”。这是利用典型语料得出科学结论的佳例。

就单音常用词的替换而言(绝大部分是此类),处理语料(特别是统计出现频次)时还有一点十分重要,就是正确区分“词”和“语素”。一个单音节成分单独入句充当句法成分和组成复合词(通常是双音词)后入句是不一样的:前者是“词”,后者是“构词语素”。举个例子来说,“草木”“乔木”中的“木”是构词语素,跟单用的“木”性质是不同的,如果在判断“树”何时取代了“木”的时候要统计两者的出现频次,那么“草木”“乔木”一类的复合词均应排除在外。

2. 几个关键环节

描写中有一些环节比较重要,是全文的“文眼”,需要重点研究,比如新词新义溯源和判断新旧替换何时完成等。

1)新词新义溯源

探讨常用词的历时更替,追溯新词或新义的来源是重要的一环。下面举三个例子来说明。

表示 moon 这个概念,汉语史上有一个“月→月亮/月明/月光”的复音化过程。其中最重要的“月亮”这个词是什么时候产生的?又是如何产生的?这是研究中需要弄清楚的一个关键问题。谭代龙(2004)认为明末温璜《温氏母训》所见一例是最早的用例:“人言日月相望,所以为望,还是月亮望日,所以圆满不久也。……待到月亮尽情乌有,那时日影再来光顾些须,此天上榜样也。”蒋绍愚(2012)则认为:“‘月亮’表示‘日月星辰’的‘月’,是从清代开始的,明代还没有这个词。”汪维辉(2014)认同谭代龙的看法,认为至迟到明代晚期,口语作品中的一些“月亮”已经是指{月亮}了。除了谭文所引的一例外,还补充了 8 个例子。其中的“月亮”可以有三解:1)月儿明亮;2)月光;3){月亮}。时贤多取前两解,而笔者则认为应该是指{月亮}。为了彻底弄清这些“月亮”的所指,我不惜花费笔墨,对这 8 个例子一一予以辨析,最终得出结论:“上引 8 例的‘月亮’是指称{月亮},应该是可以成立的。”这一结论也得到了蒋先生的认可(私人交流)①。确认这一点具有全局性的意义,因为这些早期用例集中出现在冯梦龙、温璜、凌濛初、汤显祖的作品和《金瓶梅词话》中,《西游记》也有疑似的例子,虽然由于例子太少,还不易对其源生地遽下判断,不过冯梦龙是苏州人,温璜和凌濛初都是乌程(今属浙江湖州市)人,《西游记》所反映的是江淮官话,这些都是今天“月亮”密集分布的地区。因此,虽然汤显祖作品和《金瓶梅词话》中用到“月亮”的原因尚待进一步探究②,但是这

① 蒋绍愚(2017:399—400)在谈及“月亮”的考源问题时,也说“汪维辉的意见是对的”。

② 汤显祖是临川(今江西抚州)人,今属赣语区,{月亮}称“月光”,不过汤显祖曾较长时间在南京和浙江遂昌做官,他对这一带的方言应该是熟悉的。明清时期的山东方言作品,用词往往与江淮官话及吴语背景的作品一致,其中原因尚待研究。

些有限的早期用例与今天方言的分布无疑存在着明显的对应关系，这应该不是出于偶然。这就为“月亮”属于“长江型词”的定性提供了较好的证据，从而给下一步解释“月亮”何以在明末以后不长的时间里迅速扩散到广大的官话区和北部吴语提供了线索。至于“月亮”一词的来源和内部结构，学界也存在不同看法，笔者认同董秀芳(2002)和蒋绍愚(2012)的意见，认为它是从表“月光明亮”的主谓短语词汇化为表“月球”的名词的，这里就不多说了。

可见在追溯新词新义的来源时，对于早期的疑似用例往往需要经过深入考辨才能定其是非。下面这个例子同样可以说明这种考辨工作的重要性。

牛太清(2003)对《周易》“晋其角”的“角”到底是指“兽角”还是“角落”进行了详细考证，结论可信。《汉语大字典》《汉语大词典》《辞源》“角”条“角落”义下所引的始见书证都是《周易・晋》：“晋其角，维用伐邑，厉吉无咎。”牛太清指出：“这主要是沿用孔颖达的观点，孔颖达疏：‘晋其角者，西南隅也。’”牛文从两个方面论证了此例的“角”是指“兽角”而不是“角落”：“整个先秦两汉的有代表性的书籍中凡表‘角落’义，主要用‘隅’而不见用‘角’，[①]假若《易・晋》中的‘角’指角落，也就表明在先秦‘角’已有了‘角落’义，那么何以在近千年的如林的书籍中，表‘角落’义主要用‘隅’而不见用‘角’？这是不符合语言的普遍性原则的；再者，角用于表‘角落’义的标志是‘角’直接位于数词、方位词或具有多维(二维以上)空间的名词之后，而《易经》中出现的‘角’不具备这些条件。”他举出了《易经》中除“晋”卦以外的另两处“角”：羝羊触藩，羸其角。(《易・大壮》)上九：姤其角，吝，无咎。象曰：姤其角，上穷吝也。(《易・姤》)认为：“以上几例‘角’前的‘其’既不指代方位词、数词，也不指代具有多维空间的名词，所以‘其’后的‘角’也不可能用于‘角落’义。”这个看法是正确的。《周易》“晋其角”这个例子关系到“角”当“角落”讲始见于何时这样一个关键问题，所以辨明其准确含义对全文具有重要意义。

追溯新词或新义的来源有时相当困难，比如表“睡觉”义的“困(睏)”。现代方言表示“睡”义，主要有“睡”和“睏”两系，大致呈北南对立，“睏”系集中在东南部方言，吴语、徽语、湘语、赣语和闽语主要用“睏”，江淮官话、西南官话和粤语中也有较多分布，客家话较少，此外在山东境内的冀鲁官话和胶辽官话中也有一些地方说“睏”，跟东南部大片的“睏”形成“远隔分布”。“睏”分布地域如此之广，肯定不是短时间内所形成，而是历史上长期传承下来的，因此追溯它的来源就很重要。汪维辉(2017a)花费了很多精力，希望能弄清楚它的产生时间，但是未能得出明确的结论。“睏”字本作“困”，一般都认为是由“困倦欲睡”义转指“睡”的，“睏”是方言区的人给这个意思造的“后出专字”，明代才开始见诸文献。我们当然不能简单地认为这个词就是明代才产生的。由于早期“困倦欲睡”和“睡觉”两个意思都写作“困”，这就给辨析词义带来了困难。“困”大约在西汉后期产生了一个口语新义“疲惫，困倦”，入唐以

① 按：此说不确，详上文。

后又进一步引申出"困倦欲睡"义,就是今天口语"犯困"的"困",禅宗语录中常见"困来即卧/眠、困来打睡/打眠、困来合眼、困则睡、困时伸脚睡、困即歇(去)"之类的话,"困"都是"疲乏想睡"的意思。"疲乏想睡"与"睡"还有一步之差。那么"困"是什么时候有了"睡"义的呢?在唐宋文献中可以见到一些"困+睡眠义动词"的例子,如困卧、困眠、困睡、困寐等。这种"困 V睡"可以作三种分析:Ⅰ.因困倦而睡。这是最初的语义。Ⅱ.困倦地睡。犹今言"沉睡"或"睡得很沉/死"。Ⅲ.同义连文,就是"睡",如《朱子语类》卷一一五:"如做事须用人,才放下或困睡,这事便无人做主,都由别人,不由自家。"《朱子语类》中还有一例"睡困",可以作为旁证:"无事时须要知得此心;不知此心,却似睡困,都不济事。"(卷一二一)但是仔细分析《朱子语类》中"困"的全部用例(包括单用和连用),词义仍在"困倦(欲睡)"和"睡觉"两可之间,确定无疑只能作"睡"解的例子实际上是找不出来的。《朱子语类》中的"睡"义动词是用"睡",一共有 64 例("眠"只有 2 例)。因此在元代以前,Ⅲ和Ⅰ、Ⅱ很难截然分开,因为没有形式标志,只能根据语境来推断。因之对于上引例句的判断,难免会因人而异。文中还逐一分析了五代—元代 6 个"困"单用的例子,其中 5 例都可以作"睡觉;睡眠"和"困倦"两可理解,只有一个例子似乎只能分析为"睡觉;睡眠"——仇远《薄幸》:"昨梦行云何处,应只在,春城迷酒。对溪桃羞语,海棠贪困,莺声唤醒愁仍旧。劝花休瘦。看钗盟再合,秋千小院同携手。""海棠贪困",可以理解成"海棠贪睡",[①]"贪困"可比较"贪眠"。这是词人在梦中想把自己的愁绪对溪桃和海棠诉说,可是溪桃羞于说话,海棠又贪睡(不理会我)。莺声将我唤醒,我却愁绪依旧。作者仇远(1247—1326),钱塘(今浙江杭州)人。因居余杭溪上之仇山,自号山村、山村民,人称山村先生。根据上述事实,文章最后只能得出这样的结论:"在目前所掌握的材料中,明代以前还难以举出具有排他性的'困=睡'的例证。"[②]

可见找到新词或新义的源头对理清演变脉络具有重要的意义,但是并不容易。

2)判断新旧替换何时完成

判断新旧词替换何时完成也是需要重点解决的问题,结论准确与否直接关系到文章的质量。这涉及判断标准的问题,汪维辉(2000/2017:409—412)对此有过论述:

> 在什么样的情况下,我们可以说新词已经完成了替换旧词的过程呢?能不能找出一些行之有效的标准来帮助我们判断新旧替换过程已经完成了呢?一般而言,判断的标准主要有三个:1.统计数据,2.组合关系,3.新旧词在典型语料中的使用情况。
>
> 要准确地推定新旧替换过程完成的时间不是一件容易的事情,问题的复杂性在于:很难拿出一个过硬的判断标准。既要避免仅据典型语料的使用情况以偏概全,又要注意不宜只看统计数据而把时间定得过晚。在实际操作过程中,上述三项标准往往是结

① 陶然教授告知:苏轼咏海棠诗云"只恐夜深花睡去,故烧高烛照红妆",似可作参证。

② 邓盼(2019)对"困"的早期用例有不同的分析,可参看。

合起来使用的。有时是以其中的一项标准为主,参考其他两项。要尽可能全面地、综合地考虑问题,以使得出的结论尽量接近实际。

书中对这三条标准有具体的举例讨论,这里从略。下面就如何利用《老乞大》这种典型语料以得出尽可能合乎事实的结论举两个例子。

《老乞大》是高丽朝后期至朝鲜朝最重要的汉语口语教科书,传世的版本很多,但是汉语部分不同的只有四种:《原本老乞大》(约 1346 前)→《老乞大谚解》(约 1483)→《老乞大新释》(1761)→《重刊老乞大》(1795)。这四种版本的《老乞大》,内容基本相同(有少数地方略有出入),但是语言有差异,它们是随着时代的推移、语言的变化而不断修订的,所以对研究从 14 世纪中叶至 18 世纪末期这四百多年间汉语的发展演变和现代汉语普通话的形成过程具有独特的价值,这样的"典型语料"在汉语史研究中实属不可多得。

汪维辉(2005)即以"言语—话""道—说""面—脸""将—拿""饥—饿""(天)明—(天)亮""便—就"7 组词为例,探讨了它们在《老乞大》四种版本中的历时更替过程及其与现代方言共时分布的关系。主要结论有:

> 到《新释》和《重刊》的时代,"言语"在口语里可能已经基本不用,被"话"完全取代了。
>
> "说"最终取代"道"是在元末明初这一时期。
>
> 作为单音词,到《新释》时代"脸"已经取代了"面"。
>
> "将"作为动词和介词到清代已基本上退出口语词汇系统。其中动词用法主要被"拿"所接替,还有一些其他动词;介词用法则主要被"把"所接替。
>
> 在北方话中,"饿"成为"饥"的等义词并开始取代"饥"是在元代以后发生的,至迟到 18 世纪中叶替换已经完成。
>
> 形容词"亮"正在逐步替换"明",两者的竞争正在进行中。
>
> 在 18 世纪中叶的北京口语里"就"取代"便"已接近尾声。

这是利用《老乞大》诸版本的对比材料来判断新旧词替换是否已经完成的例子。

如所周知,汉语判断句从上古的无系词句发展到现代的有系词句("是"字句),是汉语语法史上的大事件,系词"是"何时产生、何时发展成熟因之也成为一个研究热点,先后有多位学者参与讨论。董守志(2011)在前人的基础上,主要从"不是"对"非"的替换来讨论系词"是"的成熟问题,结论是:"系词'是'的成熟时代应该是在元末明初。"他赖以得出这一结论的唯一依据是:《老乞大》《朴通事》中表示否定判断 100%都用"不是",没有"非""非是""未是"。应该说,董文的研究思路是一种进步,比以前仅仅依据"不是"的出现(如汪维辉 1998)或"不是"取代了"非是"(如唐钰明 1992)就判定系词"是"已经发展成熟要更加全面、深入,把研究推进了一步。但是他的结论并不可信,主要原因是在语料的选择上存在缺陷,又未对所选语料作具体分析,只相信统计数据。《老乞大》《朴通事》是典型语料没错,它们确实反映了真实口语,但是如果要求汉语史研究只能依据这样"纯粹"的语料,那么研究将无法进行,因为这样的语料太少了。实际上只要尽可能多地挖掘和利用口语性资料,并把口语成分和文言成分“剥离”开来,是可以最大程度地逼近事实真相的。判断某一语言现象新旧更替是否已经完成,标准也不能定得过死,要求不能过高、过纯,比如董文认为只有像《老乞大》《朴通事》那样否定判断100%都用“不是”才能证明系词“是”的成熟,其实这是不切实际也没有必要的。语言现象是极其复杂的,共时系统是历时演变的结果,旧质要素被新质要素替换后,一般不会就此销声匿迹,而是可能会由于各种语用因素的影响而不时地在这里那里露一下脸,因为语言库藏(linguistic inventory)①是极其丰富的,语言的运用具有很大的灵活性和弹性,且不说“口语”和“书面语”本来就很难截然区分,即使是地道的日常口语,也不能要求它完全排斥旧成分。所以判断新旧成分是否已经完成替换,一是要看大势和主流,二是要对语料作具体分析,而不能要求百分之百无例外,否则一碰到少数“不听话”的语料我们将一筹莫展。因此不能把统计数据的作用绝对化。根据我们的考察,如果从“不是”替换“非”这一点来说,至迟在中唐时期的口语中系词“是”也已经发展成熟了。②

“首—头”也是一个很好的例子。大家都知道,表示head义在汉语史上曾经发生过“首→头”的替换,那么,这个替换是何时完成的呢?关于这个问题,汉语史学界已有不少讨论,但意见并不一致。王力(1958/1980:497—498)指出:“战国以前,只有‘首’没有‘头’。金文里有很多‘首’字,却没有一个‘头’字。《诗》《书》《易》都没有‘头’字。到了战国时代,‘头’字出现了。它可能是方言进入普通话里的。作为‘首’的同义词,它在口语里逐渐代替了‘首’。”引了《墨子·鲁问》《庄子·在宥》和《荀子·议兵》用“头”的三个例子。又说:“在口语里,同义词达到了意义完全相等的地步是不能持久的,所以‘首’在口语里逐渐让位给‘头’。”引了《史记·邹阳传》和《后汉书·刘圣公传》中的两条谚语。王力先生没有断言“头”究竟是何时替换了“首”的,不过从他的表述和所引的例子看,大概认为到汉代“首”在口语里已经让位给了“头”。魏德胜(1995:56)经研究后推断:“战国时期口语中‘头’已取代了‘首’,但在一些固定形式中仍用‘首’,如:稽首、顿首、斩首等。”管锡华(2000:200—201)对《史记》的分析结论是:“西汉‘头’已远远超过了‘首’。”不过他不同意魏德胜的看法,认为:“即使到西汉,也不能说口语中‘头’已取代了‘首’。”同是考察《史记》,池昌海(2002:180)的看法却有所不同:“通过考察,我们认为,到秦汉时,‘头’的使用能力仍与‘首’相当,至少在书面语言中是这样的。因为我们也注意到,在《史记》的语言中,‘首’无1例用于直接陈述,皆为作者的记述、转述,而‘头’则有多例见于书中人物的对话,……从这一考察看来,我们可以得出这样的结论:在口语中,‘头’已基本上成为常用词,而‘首’则一般不见于口语表达了。”从西汉刘向《说苑》

① 参看刘丹青(2011)。

② 参看汪维辉、胡波(2013)。

中这组词的使用情况来看，我认为到西汉后期的口语里“头”应该已经基本上取代了“首”。[①]由于《说苑》一书基本上是用文言写成，当然还不可能都用“头”而不用“首”，两者的出现频率基本持平，选用哪一个具有一定的随意性，但用“首”的那些例子明显书面语色彩较重，刘向笔下更喜欢用“头”的倾向还是显而易见的，这足以说明在作者的实际口语里“首”大概已经很少说了。[②]《史记》中出现了“头发”，而没有“首发”，也透露出口语的消息。[③] 这个例子也说明，判断新旧替换是否已经完成，不能只看统计数据，而是要分析新旧词的出现环境、组合关系和在典型语料中的使用情况。

需要注意的是，我们判断一组词的新旧更替已经基本完成，并不是说旧词就消失得无影无踪了。一种语言现象的变化往往是两头慢，中间快，呈现S曲线形。吕传峰(2006)指出：

> Chen，M. 曾指出语音的演变呈现出一根“S”形曲线。[④] 后来有学者用这一理论解释某些语音演变现象，如爱切生(1997:110)认为，在语音变化的初期，新形式和旧形式往往摇摆不定，过程比较慢，但是，“等到新的形式扩散到一定数量的词上去的时候，变化就开始进入急骤递增阶段，在相对来说较短的时期里，这种变化迅速扩散。经过一个时期的冲刺，进度就慢了下来。如果最后的残余确实都会清除干净的话，这种清理工作也是极慢的。”从近代汉语喝类语义场主导词的更替过程来看，词汇的竞争替换和语音的演变有着惊人的相似。

旧词基本被新词取代以后，有时还会在一些特定的语境中出现，正如爱切生所说，“如果最后的残余确实都会清除干净的话，这种清理工作也是极慢的”。

(二)解释

在扎实描写的基础上，还要对语言现象进行解释，总结规律。解释要恰如其分，既要努力寻找规律，也要避免牵强附会，为解释而解释。

1. 探寻更替的动因

解释最主要的工作是探寻常用词新旧更替的动因。我们在研究中最感困惑的问题之一是：为什么同样性质的常用词有的历经几千年而不变，有的却变了？变和不变的原因究竟是什么？迄今我们对此还知之不多。总的来说，更替的原因不外乎语言外部和语言内部两个方面。

1)外部原因

目前所知比较确定的外部原因至少有下面两点：

---

① 祝昊冉(2018)也认为“西汉时期‘头’高度活跃，在口语中已经替换了‘首’”，而论证更为详细，可参看。

② 参看汪维辉(2007b)。吴宝安(2006)也认为，“‘头’在西汉比‘首’更具生命力”，“西汉时，‘头’取代‘首’成为‘头’语义场的代表词，‘首’则在功能和使用上均出现萎缩”。

③ 以上请参看汪维辉(2017b，2018:94—107)。

④ 参见爱切生《语言的变化：进步还是退化》96—112页。

一是避讳。避讳会导致常用词发生新旧更替或者改变读音。避讳有两类,一类是自然语言中避亵词等,比如:卵→蛋(范常喜 2006,汪维辉 2015a),入→进(李宗江 1997),鸟→雀儿/虫蚁[①](汪维辉 2013),等等。另一类是中国封建时代避皇帝的名讳,比如:邦→国,盈→满,恒→常,启→开,世→代,等等。

二是通语基础方言的变动。最有说服力的例子是"立→站"。据汪维辉、秋谷裕幸(2010)研究,在明代以后不太长的时间里,"立"在大部分北方地区被"站"替换,原因是"站"很可能是所谓的"长江型"词,即兴起于江淮流域而后往北往西扩散。"站"这个词虽然至迟唐代已经产生(见于韵书记录),但是明代以前在文献中很少见到,明代以后,通语的基础方言从北系官话(以北京话为代表)转变成南系官话(以南京话为代表),"站"借助江淮官话的优势地位向北向西扩散,很快就在很多官话地区取代了"立"。"入→进"的更替大概也是同样的原因,[②]不过还有待证实。此外,吕传峰(2006)对"喝"在北方官话区取代"吃"和"饮"的过程的研究以及杨荣贤(2006/2017)对"挑担"的"挑"在近代汉语时期发展轨迹的描述,都证明了背后的动因是通语基础方言的变动。[③]

2)内部原因

内部原因肯定存在,李宗江(1999:104)就提出过很有意思的常用词的"寿命"问题:"如果常用词存在平均寿命,那么一个词'年纪'大,就是它消亡的根本原因。"当然,这个假设是需要论证的。下面是几种可能的内部原因,同样有待进一步证实。

一是"同音冲突"。两个常用词同音,而且词性相同,分布相似,就容易导致表义不明晰。如首→头[④]、迩(迡)→近[⑤]的替换可能是由于这一原因。

二是"多义冲突"。一个常用词的义项过多,导致语义负担过重,容易引起歧义,如服→着(著)[⑥]、口→嘴[⑦]、食[⑧]→吃的替换可能都是由于这一原因。

三是被"形象更鲜明的词"替换。平山久雄(2010a/2012:32)认为:"一个常用词被另一个形象更鲜明的词来替代,是词汇演变的一个重要类型,例如'目'被'眼','口'被'嘴','行'被'走'取代,参看王力(1958:574—587)第六十节〈概念是怎样变了名称的〉。'吃'的'饮'义后来被'喝(欱)'取代了(参看蒋绍愚 1994:283—284),也是同类的例子,因为'欱'原来是

---

① 在词汇替换的同时也采用改音的办法,即把端母改成泥母:diǎo→niǎo。不同的方言采用不同的办法。

② 参看汪维辉(2001)。

③ 参看汪维辉(2015b)。

④ "首"和"手"同音。

⑤ "迩(迡)"和"尔"同音。

⑥ "服"在上古的常用义项有十几个(参看《汉语大词典》和《汉语大字典》"服"字条),所以后来就把"穿戴"的意思卸给了"着(著)"。

⑦ "口"在上古的常用义项也有六七个。

⑧ "食"的动词"吃"义和名词"食物;饭"义都是口语中的常用义,可以说两者同为"主导义位",所以会引起"多义冲突"。

‘啜’、‘吸取’之义，比‘吃’形象应该更鲜明。”[①]也就是说，当一个词用久了之后，它的形象鲜明性会受到磨损，这个时候就有可能被“形象更鲜明的词”所替换。

四是“通俗的说法取代文雅的”。平山久雄(2009/2012:20)说：“通俗的说法逐渐取代文雅的，这不仅限于语音方面的现象，汉语史上词汇和语法上的新旧交替多数也都是这样变化的。”这是说，口语形式不断地取代书面语形式是语言发展的一条基本规律。

上述各种动因有时可能会共同起作用，即是说，一组词的新旧更替，有时可能不一定是单一动因，而是两种以上交织在一起。

2.避免过度阐释

解释要实事求是，合乎逻辑，避免任意拔高，过度阐释。词汇的个性比较强，借用一句西方语言学家的经典名言：“每个词都有它自己的历史。”所以试图通过一个个案的研究就得出带有普遍性的结论，常常会感到力不从心，这是很正常的，不必勉强。有些问题一时解释不了，与其强解，不如阙疑。这里举几个我自己研究中遇到的例子供大家参考。

一是“讲”的兴起问题。汪维辉(2003)指出：

> “讲”的兴起看来相当晚，要到元代，但由于文献的局限性和研究的不够深入，我们现在还不清楚它何以在这么短的时间内扩散到如此广大的地域，在吴语、徽语、湘语、粤语、闽语、客家话、平话以及西南官话、江淮官话中它都是常用的“说类词”，在有些地区它的地位超过“说”或“话”。

这个问题到现在也没有解决。

二是“遐”的性质问题。汪维辉(2009)探讨了“遐—迩”与“远—近”两组反义词在上古汉语中的演变情况，发现“迩—近”发生过历时替换，到战国后期“迩”应该早已被“近”取代了；而“遐—远”并没有这样的递嬗关系，这跟原先的认知很不相同。关于这个问题，文章认为：

> 由于缺乏足够的文献，“遐”有很多情况不明。“遐”究竟是个什么性质的词？它是不是“远”的更早的对应词？“遐”与“远”是否曾经是一对“古今词”？或者说，“遐”与“远”究竟是时代差异还是地域差异？抑或是下位词与上位词的关系？“遐—迩”究竟是否形成过最佳反义词？传世本《说文》为何没有“遐”字？这些都是问题。
>
> 关于“遐”的性质，我想无非有两种可能性：
>
> (1)它确实是比“远”更古老的一个词，但在殷周时代已经被“远”所取代，我们看到的只是一个历时替换的尾声，所以它的用法很有局限，没有见到作谓语的用例，不像一个典型的形容词。

---

① 平山久雄(2010b/2012:50)也说：“我觉得当时用‘过与’表现‘交’、‘送’的动作应该是比单用‘与’更具体、更富于形象的。”

(2)"遐"只是殷周时期的一个方言词或下位词,它和"远"根本就不是一对"古今词",和"迩"也没有形成过最佳反义词,只不过是因为汉代人可能觉得它比"远"更古雅,所以把它和同样比"近"更古雅的"迩"相提并论,组合成了"遐迩"这样一个反义连文。……

也许第二种可能性更大一些。但事实真相究竟如何,还有待进一步研究。

三是"闻"取代"嗅"的动因问题。汪维辉、秋谷裕幸(2014)在讨论"为什么元代以后在北方话里'闻'会取代了'嗅'"的问题时说:

我们发现,宋元以后这组词的演变表现出一种共同的趋势:各地似乎都在尽力回避"许救切"这个音——北方方言(也扩散到部分南方方言)是采用词汇替换的方式,用"闻"替换了"嗅",替换得很彻底,还有替换成"听"的(北方和南方都有,各自独立发生);南方则主要是采用改音的方式……到今天,保留"许救切"一读的方言已经很有限了。也就是说,虽然各地表现不一……但是起因似乎是共同的:都要避开"许救切"这个音。

这背后一定有一个强有力的动因,不然无法解释这种大面积的词汇替换和改音现象。根据已往的经验,这个动因很可能是避讳,但详情尚待进一步探究。避讳通常有两种:一是避同音字,二是避本身。在中古音"许救切"的同音字中,我们无法确定哪一个字是需要避讳的……因此更大的可能性也许是:"嗅"本身就是避讳的对象。……到元代的《中原音韵》里,"嗅"小韵就只有一个字,没有同音字了。这跟"鸟"因为避讳由端母改读成泥母或被同义词替换后"都了切"一音没有同音字的情形有共同之处。

"'嗅'本身就是避讳的对象"到现在仍是一个假设,虽然文中也举了日语和晋语神木方言的例子,但是还需要更多的材料才能论定。

四　结撰成文

写文章,一是要把问题研究透,二是要把话说明白。问题研究清楚了,结撰成文就是水到渠成的事,但是也需要注意文章的写法。

初写论文的青年朋友常常不太注意文章的可读性,只顾自说自话,顺着自己的思路一路说下去,而不大考虑读者是否能读得下去。其实写作时心里要装着读者,设身处地替读者着想,不要以为自己懂了的读者就一定懂、自己具备的背景知识读者也都具备。要把读者设想成对这个问题一无所知的门外汉,你得让他看懂,并且觉得有意思,愿意看下去。这就需要讲究一些写作技巧。

一是要讲究谋篇布局。常用词的新旧替换,往往头绪纷繁,问题复杂,要使文章结构完整、脉络清楚、重点突出、详略得当、逻辑严密、环环紧扣,并不是一件容易的事。什么先说,什么后说,哪些详写,哪些略写,整篇文章的结构如何安排,都需要周密考虑。比如主导词是研究的重点，必须详写，而非主导词只要略作交代即可。① 通常是先有一个大致的写作提纲，把文章内容分成几大块，每一块下面分列若干小节，然后在写作和修改的过程中不断进行调整。说得细一点，像文章如何开头才能吸引住读者，也是值得琢磨的问题。我写文章喜欢开门见山，直奔主题，但是也比较注意由浅入深、从已知到未知。如果一上来就是一堆艰涩难懂的概念和术语，读者很可能就被你吓跑了。当然更不能像古人说的那样，"博士买驴，书券三纸，未有驴字"(《颜氏家训·勉学》引邺下谚)，绕了半天弯子还没有进入正题，那样的文章读者肯定没有耐心看下去。

二是行文要简洁明快。对演变过程进行细致的刻画描写，难免琐碎冗长，会影响文章的可读性，这就需要化繁为简，不枝不蔓，有些相关的问题可以放到脚注里去说，避免胡子眉毛一把抓，缠夹不清。例子要精选，避免堆砌，一般是新词的早期用例和关键性例子可以多举一些，非关键性的例子只要每类酌举一两个就可以了。语言要平易流畅，不可故作高深，以艰涩文浅陋，把简单问题复杂化。吕叔湘先生有感于有些人的文风，写过一首小诗："文章写就供人读，何事苦营八阵图？洗尽铅华呈本色，梳妆莫问入时无。"可作为我们写文章的座右铭。吕先生的文章本身就是我们仿效的典范，不管多么深奥难懂的学术问题，他总能以平易简明出之，比如《汉语语法分析问题》《近代汉语指代词》等。

三是要反复修改。文章是改出来的，大到谋篇布局，小到遣词造句，甚至标点符号的使用，都需要反复推敲，务求妥帖，还要精细校对，杜绝硬伤。鲁迅先生说过：文章写好后至少看两遍，竭力将可有可无的字、词、句、段删去，毫不可惜。(大意)这是经验之谈。

总之，一个不错的研究结果，假如因为没能很好地表达而影响了它的可接受性，未免可惜。

研究常用词历时更替是一项艰苦而繁复的工作，本文所说的四个步骤只是一般的常规程序，不可能把所有问题都包罗无遗。实际研究中经常会遇到各种预想不到的问题，思路也需要随时调整，甚至最初的想法后来被推翻而重起炉灶，或者写到中途写不下去了不得不放弃，都是常有的事。这些都需要根据实际情况灵活地予以处理。限于篇幅，有些问题文中提到了但是没有展开来细说，比如如何确认有效例证、剥离口语成分、分析统计数据等等，读者如果想进一步了解，可以参看文中提到的相关文献。

参考文献

[英]爱切生　1997　《语言的变化：进步还是退化？》，徐家桢译，语文出版社。
曹志耘　主编　2008　《汉语方言地图集》，商务印书馆。

① 陆俭明先生希望笔者在此强调一下这一点：朱德熙先生说过，一篇文章最好只讨论一种观点，最多两种(但是两者之间要有关联)。年轻朋友写文章往往什么都想说，结果什么都没说清楚，这是应该避免的。(大意)

池昌海 2002 《〈史记〉同义词研究》,上海古籍出版社。
邓 盼 2019 《睡义动词"困"的发展演变》,《励耘语言学刊》第2辑。
董守志 2011 《东汉—元明否定判断句演变之研究》,《古汉语研究》第1期。
董秀芳 2002 《词汇化:汉语双音词的衍生和发展》,四川民族出版社。
范常喜 2006 《"卵"和"蛋"的历时替换》,《汉语史学报》第六辑,上海教育出版社。
管锡华 2000 《〈史记〉单音词研究》,巴蜀书社。
黄金贵 1995/2016 《古代文化词义集类辨考》,上海教育出版社/商务印书馆(新一版)。
蒋绍愚 1998 《近十年间近代汉语研究的回顾与前瞻》,《古汉语研究》第4期。
蒋绍愚 2012 《汉语常用词考源》,《国学研究》第29卷;中国人民大学书报资料中心《语言文字学》2012年第10期全文复印。
蒋绍愚 2017 《近代汉语研究概要》(修订本),北京大学出版社。
李 荣 1981 《关于语言研究的几个问题》,《语文研究》第1辑;收入《语文论衡》,商务印书馆,1985年。
李宗江 1997 《"进"对"入"的历时替换》,《中国语文》第3期。
李宗江 1999 《汉语常用词演变研究》,汉语大词典出版社。
林杏光 菲 白 编 1987 《简明汉语义类词典》,商务印书馆。
刘丹青 2011 《语言库藏类型学构想》,《当代语言学》第4期;中国人民大学书报资料中心《语言文字学》2012年第2期全文复印。
刘君敬 2011/2020 《唐以后俗语词用字研究》,南京大学博士论文/商务印书馆。
吕传峰 2006 《汉语六组"涉口"基本词演变研究》,南京大学博士论文。
梅家驹等 编 1996 《同义词词林》(第二版),上海辞书出版社。
牛太清 2003 《常用词"隅""角"历时更替考》,《中国语文》第2期。
[日]平山久雄 2009/2012 《"大"字dà音史研究》,原载《语言学论丛》第四十辑,商务印书馆2009年;收入《汉语语音史探索》,北京大学出版社,2012年。
[日]平山久雄 2010a/2012 《动词"噢"的来源》,原载《吕叔湘先生百年纪念论文集》,商务印书馆2010年;收入《汉语语音史探索》,北京大学出版社,2012年。
[日]平山久雄 2010b/2012 《"给"字白读音源自"过与"合音说》,原载《历史语言学研究》第三辑,商务印书馆2010年;收入《汉语语音史探索》,北京大学出版社,2012年。
[日]太田辰夫 1954/1991 《关于汉儿言语——试论白话发展史》,《神户外大论丛》5—3;收入《汉语史通考》,江蓝生、白维国译,重庆出版社,1991年。
谭代龙 2004 《"月亮"考》,《语言科学》第4期。
唐钰明 1992 《中古"是"字判断句述要》,《中国语文》第5期。
汪维辉 1998 《系词"是"发展成熟的时代》,《中国语文》第2期。
汪维辉 2000/2017 《东汉—隋常用词演变研究》,南京大学出版社/商务印书馆(修订本)。
汪维辉 2001 《汉魏六朝"进"字使用情况考察——对〈"进"对"入"的历时替换〉一文的几点补正》,《南京大学学报》第2期。
汪维辉 2003 《汉语"说类词"的历时演变与共时分布》,《中国语文》第4期。
汪维辉 2005 《〈老乞大〉诸版本所反映的基本词历时更替》,《中国语文》第6期。
汪维辉 2007a 《汉语常用词演变研究的若干问题》,《南开语言学刊》第1期;收入《著名中年语言学家自选集·汪维辉卷》,上海教育出版社,2011年。
汪维辉 2007b 《〈说苑〉与西汉口语》,《汉语史研究集刊》第十辑,巴蜀书社2007年;收入《著名中年语言学家自选集·汪维辉卷》,上海教育出版社,2011 年。
汪维辉 2009 《“遐—迩”与“远—近”》,《语言研究》第 2 期;收入《著名中年语言学家自选集·汪维辉卷》,上海教育出版社,2011 年;又收入潘悟云、吴安其、吴福祥主编《语言的演变与变异——首届历史语言学国际学术讨论会论文集》,中西书局,2013 年。
汪维辉 2010 《汉语中的十组表量形容词》,载徐丹主编《量与复数的研究——中国境内语言的跨时空考察》,商务印书馆;又收入《汉语词汇史新探续集》,浙江大学出版社,2018 年。
汪维辉 2013 《说“鸟”》,《太田斋·古屋昭弘两教授还历记念中国语学论集》,《中国语学研究 开篇》单刊 No. 15,(日本)好文出版;又收入《汉语词汇史新探续集》,浙江大学出版社,2018 年。
汪维辉 2014 《说“日”“月”》,《中国语言学报》第十六期,商务印书馆。
汪维辉 2015a 《语文学的功底 语言学的眼光——研治汉语词汇史的一点心得》,载华学诚主编《文献语言学》第一辑,中华书局;又收入《汉语词汇史新探续集》,浙江大学出版社,2018 年。
汪维辉 2015b 《关于基本词汇的稳固性及其演变原因的几点思考》,《厦大中文学报》第二辑,厦门大学出版社。
汪维辉 2016 《说“脖子”》,《汉语历史语言学的传承与发展——张永言先生从教 65 周年纪念文集》,复旦大学出版社;又收入《汉语词汇史新探续集》,浙江大学出版社,2018 年。
汪维辉 2017a 《说“困(睏)”》,《古汉语研究》第 2 期。
汪维辉 2017b 《汉语核心词的历史与现状研究——以“头—首”为例》,《大理大学学报》第 5 期。
汪维辉 2018 《汉语核心词的历史与现状研究》,商务印书馆。
汪维辉 胡 波 2013 《汉语史研究中的语料使用问题——兼论系词“是”发展成熟的时代》,《中国语文》第 4 期;中国人民大学书报资料中心《语言文字学》2013 年第 10 期全文复印。
汪维辉 [日]秋谷裕幸 2014 《汉语“闻/嗅”义词的现状与历史》,《语言暨语言学》(*Language and Linguistics*)第 15 卷第 5 期。
王 东 2005 《“隅/角”历时替换小考》,《延安大学学报》第 4 期。
王凤阳 1993/2011 《古辞辨》,吉林文史出版社/中华书局(增订本)。
王 力 1958/1980 《汉语史稿》,科学出版社/中华书局。
魏德胜 1995 《〈韩非子〉语言研究》,北京语言学院出版社。
吴宝安 2006 《西汉“头”的语义场研究——兼论身体词频繁更替的相关问题》,《语言研究》第 4 期。
[日]岩田礼 编 2009 《汉语方言解释地图》,(日本)白帝社。
[日]岩田礼 编 2012 《汉语方言解释地图(续集)》,(日本)好文出版。
杨荣贤 2006/2017 《汉语肢体动词发展史研究——以六组基本词为中心》,南京大学博士论文/中西书局。
真大成 2018 《谈当前汉语常用词演变研究的四个问题》,《中国语文》第 5 期。
祝昊冉 2018 《“首”“头”在上古时期的演变》,《南开语言学刊》第 2 期。
祝昊冉 2020 《“首”“头”在上古中古时期的演变及其相关词群研究》,南开大学博士学位论文。

Working Procedures for the Research on Diachronic Substitution of Common Words

WANG Weihui

Abstract: This paper summarizes the working procedures for the research on diachronic substitution of Chinese common words into four steps: selecting words to form groups, collecting data, analyzing and demonstrating, and composing papers. Combined with positive and negative examples, the issues that should be paid attention to in each link have been discussed. It can be a reference for colleagues interested in research in this area.

Keywords: common words, diachronic substitution, working procedures, Chinese lexical history

(汪维辉　浙江大学中文系/汉语史研究中心　310028)

敦煌文献联绵词丛考*

郜同麟

提　要　本文考察了敦煌文献中的"忽硉""啾流""匡量""牢笼""雷轹""离罗""凌兢""盘泊""飉飗""漱漏"等十组联绵词，纠正了前人的一些不当的释义，提出了更为合理的解释。

关键词　敦煌文献　联绵词　词语考释

联绵词，或称"连绵字""谜语"。蒋礼鸿、任铭善先生(2016:62)说："用两个音节表示一个整体意义的双音词，其中只包含一个词素，不能分拆为两个词素的，古人管这种词叫做謰语或连绵字。"考释联绵词，应主要从语音入手，系联起联绵词的词族。蒋礼鸿、任铭善先生(2016:65)说："要掌握謰语意义，主要还是重视它'义存于声'……必须注意它们在语音之间的关系，才能够以简驭繁，不被字形所眩惑。"敦煌文献中也有不少联绵词，既有的研究或错误地望文生训、逐字训释，或没有给出合理的释义，或虽有释义但未找到联绵词背后的词族。本文即对敦煌文献中的十组联绵词试作考释，并以声音系联出其同源的词族，以期更好地理解这批西域遗珍。

【忽硉】

伯2653号《燕子赋》："燕子忽硉出头，曲躬分疏：'雀儿夺宅，今见安居，所被伤损，亦不加诸，目验取实，[何得称]虚？'"

其中的"忽硉"，蒋礼鸿(1997:555)收入待质录，云："白居易东南行一百韵：'论笑杓胡硉，谈怜巩嗫嚅。'杓是李建，字杓直；巩是窦巩。'胡硉'就是'忽硉'。"项楚(2006:508)："形容敢作敢为不怕事的样子，亦作'胡硉'、'鹘硉'。"江蓝生、曹广顺(1997:163)："忽硉，勇猛貌，形容猛地窜出。又作'鹘硉'。一说即'忽雷'，鳄的别名。"黄征、张涌泉(1997:393)："'硉矶'为屈曲貌，'出头'即出身，故'忽硉'当即'硉矶'之倒写。"黄征(2002:65)："'忽硉'是屈曲光滑貌。所谓'忽硉出头'，就是形容燕子屈曲光滑的头、颈伸出来的样子。'忽硉'二字未见他例，但考之敦煌方言'忽'、'兀'相乱，则可推断'忽硉'应同'胡硉'、'兀硉'、'兀雷'，颠倒之则为'硉矶'。"

* 本文为教育部人文社会科学重点研究基地项目"今训汇纂(隋唐五代卷下)"(11JJD740022)阶段性成果。

按：各说均意识到"忽硉"为联绵词，但似均未找到该词的核心义。"忽硉""胡硉"等词的核心义应为突出貌、高耸貌。如前人所说，"忽硉"即"兀硉"，"兀硉"即高、突出之义。伯3833号《王梵志诗·男婚藉嘉偶》："菩萨常梳髮，如来不剃头。何须秃兀硉，怨（然）始学熏修。"项楚（2010：290）："秃兀硉，形容僧徒剃度后头颅光滑滚圆之貌。"其说近是，此状僧人光头突出之貌。欧阳修《庐山高赠同年刘中允归南康》："其气兀硉何由降。""气兀硉"，即前文"君怀磊砢有至宝"，"兀硉"状"气"之高。倒之则作"硉兀"，韩愈《雪后寄崔二十六丞公》："气象硉兀未可攀。""硉兀"即状气象高大。又作"硉矹"，《文选》卷十二郭璞《江赋》："巨石硉矹以前却。""硉矹"即山石突出高耸之貌，李善注以为"沙石随水之貌"，非是。音转又为"兀嵝"，《文选》卷十八马融《长笛赋》："兀嵝狋鬶。"李善注："兀嵝狋鬶，崄峻之貌。"音转亦作"郁律"，《文选》卷二张衡《西京赋》："隆崛崔崒，隐辚郁律。"《文选》卷二二沈约《钟山诗应西阳王教》："郁律构丹巘，崚嶒起青嶂。"皆是也。又转为"崒屹"，隋灌顶《国清百录》卷四载皇甫毗《玉泉寺碑》："华峰崒屹，石洞渊悬。"又转为"崛崒"，韩淲《涧泉集》卷六《二日陈主簿山园》："盘折崛崒非媚妩。"又转为"却略"，参王锳（2006：15）。再音转则"昆仑""崆巃"之类或与此有关。

引申为病貌，或状貌丑。杜甫《瘦马行》："东郊瘦马使我伤，骨骼硉兀如堵墙。"《古逸丛书》本《杜工部草堂诗笺》卷十三蔡梦弼笺："硉矹，骨高皃，以言马之瘦也。"《全唐文》卷八一二周繇《梦舞钟馗赋》："圣魂惝悦以方寐，怪状朦胧而遽至。硉矹标众，顣頞特异。""硉矹"即状钟馗貌丑。

引申可指声之高、大，蒋礼鸿引白居易诗"论笑杓胡硉"，即指李建声音高。《汉书·扬雄传》载《甘泉赋》："雷郁律而岩突兮，电倏忽于墙藩。"颜师古注："郁律，雷声也。"《文选》卷十八马融《长笛赋》："尔乃听声类形……充屈郁律，瞋菌碨挟。""郁律"亦状声音之大。

前揭《燕子赋》之"忽硉"与"兀硉"等同源，亦为突出之貌，例中状燕子"出头"的样子，与下句"曲躬"正相对。前人的解释可能均有未当。

【啾流】【啾留】【啾嚠】

（1）伯3765号《社文》："是日也，开月殿，启金函，转大乘，敷锦席，厨馔纯陀之供，炉焚百和之香；幡花散满于庭中，梵呗啾流于此席。"

（2）伯3545号《社斋文》："是日也，开月殿，启金感（函），转天（大）乘，敷锦席，厨馔纯陁之供，炉焚净土之香；幡花散满亭（庭）中，钟梵啾流于法席。"

（3）斯2146号《行城文》："尊卑务（雾）集，大小云奔，笙歌竞奏而啾留，法曲争陈而槽楼，所冀百福被矣，千障云祛。"

（4）伯3728号《二月八日文》："于是宏开法座，广辟香筵，弥陀山高，名僧两会。经梵寥亮，箫管啾嚠；幡花纷敷，炉烟欝郁。"

（5）伯4061号《亡文文范》："香花散满于庭中，钟梵啾嚠于法席。"

张小艳(2013:276):"'啾流'即'啾留',形容声音细碎喧杂。"

按:前接第(1)(2)(5)三例中,"啾留"均为动词,张小艳释为形容词似不确。另外,前揭数例中"啾流"的主语为钟、梵之类,发出的声音恐怕也不会"细碎"。第(4)例,"啾嚠"与"寥亮"对文,尤证非"细碎"之义。其实"啾流"乃叠韵联绵词,犹"刘流""樛流",乃缭绕、回转之义,详参部同麟(2018),此处则指声音缭绕回转。

【匡量】

斯427号《禅门十二时》:"鸡鸣丑,不分年既侵蒲柳,忽然明镜点用看,顿觉红颜不如旧。头鬓苍忙面复皱,眼闇匡量渐加愁。"任中敏(2014:625)校"匡量"作"尪羸"。

按:任校非是。"匡量"为叠韵联绵词,犹"懭悢"。《文选》卷三三《九辩》:"怆怳懭悢兮,去故而就新。"吕向注:"怆怳、懭悢,皆悲伤也。"字又作"儣俍",《集韵·荡韵》:"俍,儣俍,不平。"又作"旷浪",宋李复《潏水集》卷七《后招魂》:"羁栖旷浪兮,羌惆怅自怜而悲生些。"音转为"坎廪",《九辩》:"坎廪兮贫士失职而志不平。"又转为"廓落",《九辩》:"廓落兮羁旅而无友生。"又转为"濩落",白居易《感秋怀微之》:"谁知濩落心,先纳萧条气。"推测其词源,可能由"空虚"义引申为失志、不平、悲伤等义。《集韵·荡韵》:"㡧,㡧㡩,室虚。"又,"㾾,㾾㾗,山虚。"又,"寙,寙㝗,空也。"音转则为"廓落""瓠落"等。总之,前揭《禅门十二时》之"匡量"不误,乃悲伤之义。

【牢笼】【劳笼】【牢拢】【涝笼】【劳漋】【涝漋】【捞攏】

(1)伯3591号《丹遐(霞)和尚玩珠吟》:"瑞光流不灭,真气浊还清。鉴照空洞寂,劳笼法界明。"

(2)伯3804号背《释门文范》:"伏惟大师圣皇贵胤,天帝良苗,阐大教而声播九州,绍真宗而劳笼一郡者,即我太子大师之德也。"

(3)伯3556号《内外都僧统陈和尚法严邈真赞》:"师子座上,广济群生;阎浮案前,牢笼末代。"

(4)伯2481号背《和尚邈真赞并序》:"慈悲在念,恒思度脱于含生;忍辱居怀,每愿劳笼于有识。"

(5)北敦3024号《八相变》:"我佛观见阎浮提众生业鄣深重,苦海难离,欲拟下界劳笼,拔超生死。"

(6)伯4057号《诸州造开元寺敕》:"慈则牢拢苦海,悲则济及幽冥,圣则众圣中尊,神则六通自在。存亡皆普,贵贱同遵。"

(7)伯3931号《书仪·别纸》:"况大师不惮劳苦,诸国巡游,导引迷徒,涝笼有识,拜德虽期于在近,薄佑难叙于云姿。"

(8)斯530号《钜鹿索法律和尚义辩墓志铭》:"趋庭则半城缁众,近训乃数百俗徒,竞寸阴以涝笼,爇三明于阒室。"

(9)俄弗 101 号《维摩诘经讲经文》:“汝还知庵园有佛,捞攏众生,有千般之福德严身,具万种之威仪在体。”

(10)斯 4571 号《维摩诘经讲经文》:“不欲见四坐流浪,长行捞攏之心;叹常于三界轮回,但作救拔之愿。”

(11)斯 6961 号《佛说无量大慈教经》:“我去之时,未知回日。亲属法等,令教众生,汝尽心劳漉。”

(12)斯 2423 号《佛说示所犯者瑜伽法镜经》:“三界深广如大海,普遍涝漉诸有情。”

(13)斯 542 背《戌年沙州诸寺丁壮车牛役部》:“龙供撩笼部落使草麦两车箱。”又,“撩笼麦草壹车箱。”

袁宾(1988:142—143):“‘捞攏’为救拔之义。按该词本是打捞、捞摸的意思……此例(引者按:指前引《八相变》例)‘劳笼’也有救拔的意思。按‘劳笼’、‘捞攏’均系来母字,且据《集韵》送韵,‘攏’字有‘卢贡切’的读法,与‘笼’读音颇近。疑上引‘劳笼’与‘捞攏’在口语中实为同一个词儿。”于淑健(2012:212)释末两条:“上揭‘劳’‘涝’皆当为‘捞’之借字。‘捞’指从水或其他液体中取物……‘漉’指用网捞取……‘捞漉’乃近义复词,本指从水或其他液体中捞取……进一步喻指救拔。”

按:二说释义是,但均不必破读,更不必分释,“劳笼”“牢笼”“劳漉”“捞攏”等均为同一双声联绵词。这一组词的含义较多,大约有以下几种:一、包罗、覆盖等义。《汉语大词典》“牢笼”条已言,文献中用例至多,不烦举例。又作“牢络”“留幕”,《释名·释衣服》:“留幕,冀州所名大褶,下至膝者也。留,牢也;幕,络也。言牢络在衣表也。”又作“笼络”,《虚堂和尚语录》卷十:“入不思议之境,说一大藏葛藤,笼络天地日月,包括阴阳造化。”又作“捞攏”,《汾阳无德禅师语录》卷三《寿山歌》:“如天普盖,似地普擎。孤穷之子归家,错判之徒共争。历历落落,捞捞攏攏,满满兮十方世界,荡荡兮六道空廓。”“捞捞攏攏”即状佛法“如天普盖”。前揭例(1)之“劳笼”即此义,“劳笼法界明”,即指佛法的光明覆盖法界。例(2)“劳笼一郡”与前“声播九州”相对,恐怕“劳笼”也非救拔之义,而是“大师”的声望覆盖、充满一郡。

二、从水中获得物品。《汉语大词典》“捞漉”条已言。又作“捞攏”,《圆悟佛果禅师语录》卷九:“万古碧潭空界月,再三捞攏始应知。”《宏智禅师广録》卷四亦有此句,则作“捞拢”。又作“撩漉”,《慈悲水忏法》卷中:“或以罟网罾钓撩漉水性鱼鳖黿鼍虾蚬螺蚌湿居之属。”《大正藏》三十卷本《佛说佛名经》卷五此句则作“捞漉”。此义引申则有救拔之义,唐波罗颇蜜多译《般若灯论释》卷十:“云何名福?谓捞漉义。见诸众生没溺烦恼河中,起大悲心,漉出众生,置涅槃岸,故名为福。”前揭第(3)至第(12)均此义。除前揭敦煌用例外,又如《折疑论》卷一《圣生第二》:“牢笼亿劫之生,济拔无边之苦。”《正统道藏》本《五显灵观大帝灯仪》:“雨宝济乏,施德推仁。劳笼群品,鼓舞万伦。”

三、牵挽义。如“牢笼”,杜牧《裴休除礼部尚书裴谂除兵部侍郎制》:“况今照临百官,抚御四海，绾牢笼漕挽之职，掌五兵六师之重，次第超擢，为吾大寮，若非佥谐，岂敢轻授。”“牢笼”与“漕挽”并列，义亦相近。又作“捞拢”，李贺《黄头郎》：“黄头郎，捞拢去不归。”曾益注：“捞拢，捉船貌。”又作“捞笼”，《宏智禅师广录》卷一：“捞笼不肯住，呼唤不回头，古圣不安排，至今无处所。”又作“笼络”，《宏智禅师广录》卷一：“尔诸人分上本有底事，只为一念封迷，诸缘笼络，所以不得自在去。”“笼络”的拉拢之义当即由此引申。前揭第(13)例之“撩笼”当亦牵挽义。前揭诸例的救拔义也未尝不可由此引申。

总之，“牢笼”“劳笼”“牢拢”“涝笼”等均为同一联绵词，不必破读。

【雷轹】

伯 2376 号《大佛名要略忏悔文一卷》：“或推着坑壍，或以水沉溺，或塞穴怀(坏)巢、土石槌砰(搥压)，或以车马雷轹践踏一切众生。如是等罪，无量无边，今日发露，皆悉忏悔。”

按：《慈悲水忏法》卷中亦有此文，《卍续藏》本清智证《慈悲道场水忏法随闻录》卷中：“雷轹，车擂碾，马践踏也。”则读“雷”为“擂”。其说稍有未当，“雷轹”为双声联绵词，即“躏轹”“陵轹”，辗压、践踏、超越之义，引申亦有欺压之义。《大正藏》三十卷本《佛说佛名经》卷五、卷二十载此文，正作“躏轹”，可证。这一词族的联绵词很多，如“凌轹”，《史记·魏其武安侯列传》：“家累巨万，横恣颍川，凌轹宗室，侵犯骨肉。”《汉书·田蚡传》作“輘轹”。又作“陵轹”，《史记·孝文本纪》：“陵轹边吏，入盗。”又作“凌砾”，白居易《赋赋》：“信可以凌砾《风》《骚》，超轶今古者也。”又作“辚轹”，《史记·司马相如列传》载《子虚上林赋》：“徒车之所辚轹，乘骑之所蹂若。”《汉书·司马相如传》作“闀轹”，《文选》卷八作“轥轹”。又作“躏跞”，李白《大猎赋》：“虽躏跞之已多，犹拗怒而未歇。”又作“陵猎”，《魏书·游雅传》：“雅性刚戆，好自矜诞，陵猎人物。”《北史·游雅传》则作“凌猎”。又作“凌躐”，《重刻禅源诠序》：“裴公相国既述于前，自视何人，敢此凌躐以贻识者之诮？”又作“菈擸”“雷硠”，《文选》卷五左思《吴都赋》：“菈擸雷硠，崩峦弛岑。”李善注以为“菈擸雷硠，崩弛之声”，其说当非。“菈擸雷硠”谓狩猎的队伍经过，从而“崩峦弛岑”。《文选》卷八扬雄《羽猎赋》：“虓虎之陈，从横胶輵。猋拉雷厉，驞駍駖磕。”“雷厉”当亦为此义。总之，前揭“雷轹”为联绵词，义为碾压、践踏。

【离罗】

(1)伯 2399 号《太上洞玄灵空洞灵章》“元明文举天帝君道经空洞灵章第五”：“文举敷丹晖，三便理玉清。离罗曜长更，九夜焕高明。”

(2)伯 3435 号《上清元始变化宝真上经九灵太妙龟山玄录》：“玉晨太上大道君元灵之炁……佩九色离罗之章，带晨光月明之铃，常座(坐)七色之云，光明流曜上清之中。”

(3)斯 1513 号《老子十方像名经》卷上：“此天尊等，并各身作真金妙色，项负飞艳员光，头戴远游紫磨金冠，建龙爪烟彩华簪，佩九色云锦，华文杂色纳披，着丹霞离罗摇曳长裙，蹑紫霄丹霞流彩之屌。”

《洞玄灵宝自然九天生神章经》“静心念至真，随运顺离罗”，宋董思靖解义：“随劫运之交会，校录籍纷纭，乃能各顺条目之离散罗布者一一区分，整然具举，则其用心可谓勤矣。”元华阳复注：“罗，网也。随阴阳之炁运行，离诸疑网。”叶贵良(2009:302)：“‘离罗’是道教仰观天象、俯察地理而想象出来的一种轻薄的高级衣料。这种衣料取象于太阳散发出来的九色光，‘离罗’就是由九色光纺织而成的彩色花纹之服。”

按：前引三家之说均分释“离罗”二字，董思靖释作“离散罗布”，华阳复释作“离诸疑网”，叶贵良可能根据“罗”字以为“离罗”是丝织物。其实“离罗”为双声联绵词，与“陆离”“离娄”等同源，明亮、色彩鲜丽之义。可作“陆离”，《离骚》：“高余冠之岌岌兮，长余佩之陆离。”史树青(1981)以为“陆离”为光明义。又作“流离”，《文选》卷七《甘泉赋》：“曳红采之流离兮，扬翠气之宛延。”宝石名“流离”“琉璃”，亦因其色彩明亮。又作“离娄”，《文选》卷十一何晏《景福殿赋》：“红葩鞸鞢，丹绮离娄。”又作“玲珑”，《文选》卷五左思《吴都赋》：“琼枝抗茎而敷蘂，珊瑚幽茂而玲珑。”刘渊林注：“玲珑，明貌。”又作“历录”，《诗经·秦风·小戎》“五楘梁辀”，毛传：“楘，历录也。”孔疏：“‘楘，历录’者，谓所束之处因以为文章历录然。历录，盖文章之貌也。”又作“离离”，《文选》卷十一何晏《景福殿赋》：“皎皎白闲，离离列钱。”“离离”与“皎皎”相对，亦明亮貌。“离罗”亦与此一系列词同义，即明亮貌。前引《太上洞玄灵空洞灵章》“离罗曜长更”是指“文举”(即元明文举天帝君)所发出的“丹晖”明亮地照亮了长夜。《龟山玄录》中“九色离罗之章”即指“章”色彩斑斓。道教文献中“离罗之帔”出现很多，均为此义。《老子十方像名经》中“丹霞离罗摇曳”六字共同修饰“长裙”，非如叶贵良所谓“丹霞离罗”是一物。另外，叶贵良曾引《无上秘要》卷三《日品》“洞阳宫是日之上馆，一名离罗”，日宫之所以名“离罗”，应该也是因为明亮。

【凌兢】

伯2539号《天地阴阳交欢大乐赋》：“更有山村之人，形容丑恶，男则崯屹凌兢，女则兜鍪醻削，面屈如匙，头长似杓，眉毛乃逼侧如阴森，精神则瞢瞪而尳尳。”

伏俊连(1994:284)录作“峻屹凌兢”，注云：“峻屹：指面部横肉堆积。凌兢：恐惧貌。李白《鸣皋歌》：‘洪河凌兢，不可以径度。’”

按：“凌兢”始见于扬雄《甘泉赋》。《汉书·扬雄传》“登椽栾而狃天门兮，驰阊阖而入凌兢”，颜师古注：“入凌兢者，言寒凉战栗之处也。”《文选》李善注引服虔云：“凌兢，恐惧貌也。”伏注盖本此。但无论颜注还是服注，似均未当。胡绍煐《文选笺证》：“‘凌兢’与‘阊阖’对，‘阊阖’云驰，‘凌兢’云入，则‘凌兢’自指其处主之。‘凌兢’犹‘绫缯’耳，字本作‘崚嶒’。颜注亦非。”胡说是。“崚嶒”，山石突起不平之貌，《文选》卷二二沈约《钟山诗应西阳王教》：“郁律构丹巘，崚嶒起青嶂。”又作“棱嶒”，宋楼钥《攻媿集》卷七《晓雾》：“晓务冥蒙水拍堤，棱嶒乱石与云齐。”又作“陵嶒”，《晋书·夏侯湛传》载湛《抵疑》：“今子见仆入朝暂对，便欲坐望高位，吐言数百，谓陵嶒一世，何吾子之失评也。”又作“缯绫”，《文选》卷十一《鲁灵光殿赋》：“郁坱圠以嶒竑，崱缯绫而龙鳞。”李善注：“缯绫，不平貌。”又作“嶒崚”，《文选》卷三五《七命》：

"寒山之桐，出自太冥。含黄钟以吐干，据苍岑而孤生。既乃琼巘嶒峻，金岸崥崹。"又作"楞层"，斯467号《五台山曲子词》六首："上北台，登崄道，石径楞层，换（缓）步行多少。""峻嶒"等词除可表示山石突起义外，还可指人骨节突起，面貌丑陋，词义引申轨迹与前所论"兀硉"一致。陆游《信手翻古人诗随所得次韵》："病起瘦可惊，峻嶒夜窗影。"即以"峻嶒"状病躯之消瘦。又作"楞曾"，胡适旧藏《降魔变文》："忽于众中，化出二鬼，形容丑恶，躯貌楞曾，面比填（靛）而更青，目类朱而复赤。""楞曾"即状鬼面貌丑陋。与"峻嶒"等相似，"凌兢"亦有此义。宋晁补之《鸡肋集》卷十六《出都呈十五叔父》："凌兢瘦马不堪驱，塞眼红尘暗九衢。""凌兢"即状马之瘦。宋李复《潏水集》卷七《后招魂》："美目芳口、和气秀骨将萎灭而凌兢些。""凌兢"亦为病貌。《集韵·蒸韵》："殑，殑殑，鬼出也，一曰病皃。"同部："殑，巨兴切。"字从"克"，不当读"巨兴切"，盖"殑"即"兢"字因"殑"类化的讹体。"殑殑"即"凌兢"。"鬼出"之义与"病皃"之义相差不大，皆状骨节突出丑陋之状。前揭"凌兢"亦正此义。

附按，"崚屹"当与"凌兢"同义，亦本义为山石不平貌，引申指面容丑陋。"崚"从"室"，则"崚屹"亦为叠韵联绵词。《玉篇·山部》："崚，音昳。崚嵲，山皃。""崚屹"盖与"崚嵲"同。

【盘泊】

(1)斯1635号《泉州千佛新着诸祖师颂》"第二十七祖般若多罗尊者"："般若多罗，幼名缨珞，父母沦亡，东西<u>盘泊</u>。一晓龟毛，恒嗟水涸。果满菩提，道源辽廓。"

(2)伯3591号《丹遐（霞）和尚翫珠吟》："罔像光（先）天地，悬泉出杳名（冥）。本钢非断（锻）炼，元净莫登亭（澄停）。<u>盘泊</u>转朝日，铃鑨映晓星。瑞光流不灭，真气浊还清。鉴照空洞寂，劳笼法界明。"

于淑健（2012：233）释例(1)云："'盘泊'乃'流浪'义。"释例(2)为"盘踞"。

按："盘泊"为双声联绵词，又有数义。例(1)之"盘泊"即"漂泊"，于淑健释作"流浪"，其说是。"漂泊"即来往不定之义，庾信《哀江南赋》："下亭漂泊，高桥羁旅。"又作"飘泊"，《魏书·袁式传》："性长者，虽羁旅飘泊，而清贫守度，不失士节。"又作"漂薄"，《三国志·蜀书·许靖传》载靖与曹操书："经历东瓯、闽、越之国，行经万里，不见汉地，漂薄风波，绝粮茹草，饥殍荐臻，死者大半。"又作"飘薄"，《文选》卷三十谢灵运《拟魏太子邺中集诗八道》"应玚"："汝颍之士，流离世故，颇有飘薄之叹。"又作"盘薄"，宋陈造《江湖长翁集》卷三《谢袁起岩史君借贡院居》："盘薄萧寺中，永叹无客到。"又作"盘礴"，宋陈文蔚《克斋集》卷十《苏坡记》："徘徊盘礴，竟日忘倦。""盘薄""盘礴"即"徘徊"。又作"蟠泊"，《太平广记》卷二三〇"王度"条引《异闻集》："树心有一穴，于地渐大，有巨蛇蟠泊之迹。""蟠泊"当指来回走动。《汉语大词典》释作"蟠曲停留"，当属望文生训。又作"奔波"，陆云《盛德颂》："奔波阙廷，思效死节。"又作"波波"，《云笈七签》卷七九引《五岳真形图法序》："世上波波，不可复停，行当以此文与卿。"《汉语大词典》引林逋《池阳山居》"时闲盘泊心犹恋，日后寻思兴必狂"两句，以为"滞留"义，恐非，当亦是徘徊之义。

“盘泊”又有广大之义，犹“磅礴”。例(2)“盘泊转朝日”，“盘泊”即状朝日光明广大，与下句“铃鑨”状晓星光之细微相对。于淑健释作“盘踞”，非是。“磅礴”，又作“滂渤”，《文选》卷三四枚乘《七发》：“观其两傍，则滂渤怫郁。”又作“滂沛”，《文选》卷五左思《吴都赋》：“经扶桑之中林，包汤谷之滂沛。”又作“旁薄”，扬雄《太玄》卷十：“天穹隆而周乎下，地旁薄而向乎上。”又作“盘薄”，《礼记·中庸》“今夫天，斯昭昭之多”，孔疏：“然天之与地，造化之初，清浊二气为天地，分而成二体，元初作盘薄穹隆，非是以小至大。”又作“彭魄”，扬雄《太玄》卷一《中》“初一，昆仑旁薄，幽”，范望注：“旁薄，犹彭魄也。”

【飋飓】

(1)斯2071号《切韵笺注》：“飋，飋飓，风皃。”

(2)斯2832号《文样》：“十二月：阴风剑扬，寒色凝空，雪点清山，冰坚沟壑。悲风飋飓，添孝子之断魂；哀声满空，忆愁人之痛切。”

(3)斯4642号《文样·李十一父》：“时七月云朔，三秋告初。南火相流，退流炎而欲半；西风飋飓，报凉气而新飞。”

按：飋、飓叠韵，为联绵词。《切韵笺注》释之为“风皃”，其说是，今本《广韵》误作“风也”。“风皃”之释仍不明确，今疑其核心义为疾急貌，义犹“瑟汩”，《艺文类聚》卷九引谢灵运《长溪赋》：“飞急声之瑟汩，散轻文之涟罗。”谢朓《将游湘水寻句溪》：“瑟汩泻长淀，潺湲赴两歧。”音转又为“瀄汩”，《文选》卷十八嵇康《瑟赋》：“瀄汩澎湃，蟺蟺相纠。”李善注：“瀄汩，去疾貌。”《文选》卷三四枚乘《七发》：“瀄汩潺湲，披扬流洒。”李善注：“瀄，泌瀄，波相楔也。汩，蜜汩，水流疾也。”分释“瀄汩”二字，当非。《广韵·栉韵》：“瀄，瀄汩，水声。”其说亦非。同为疾急之义，形容水则为“瑟汩”“瀄汩”，形容风则为“飋飓”。

【漱漏】

伯2576背《上清三真旨要玉诀(拟)》：“《消魔上灵经》曰：若体中不宁，当反舌塞喉，漱漏咽唾无数，须臾，不宁之痾自即除也，当时亦当觉体中宽软也。”“漱漏”，《正统道藏》本《上清三真旨要玉诀》《真诰》卷九同，《洞真西王母宝神起居经》《登真隐诀》卷中皆作“漱津”。

按：“漱津”虽可通，但“漱漏”用例很多，当不误。“漱漏”叠韵，当为联绵词。《云笈七签》卷十一引梁丘子《上清黄庭内景经》注“口为玉池太和官”一句云：“当即漱漏口中内外津液，满口咽之。”则“漱漏”非“漱”一般的“荡口”之义，而是指收集口中津液。《太上洞玄灵宝赤书玉诀》卷下云：“朝服元华，五牙芝英，漱漏玉池，津液自生。”“玉池”即口，“漱漏玉池”也是指在口中做搜集唾液的动作。道经中，“漱”字单用亦有此义，如《上清握中诀》卷下：“存玉女口津液注我口，漱满咽之，九十过止。”作“漱”作“漱漏”，可能即“急言缓言”之别。

文献中又有“搜牢”“搂揪”，或与此同源。《后汉书·董卓传》：“是时洛中贵戚室第相望，金帛财产，家家殷积。卓纵放兵士，突其庐舍，淫略妇女，剽虏资物，谓之‘搜牢’。”郭在贻(2002:28—29)：“‘搜牢’亦即‘搜搂’，其义为搜索而聚集之也……又《集韵》平声十九侯韵：

'揪，搂揪，取也。''揪'音同'搜'，是'搂揪'即'搂搜'，亦即'搜搂'。""湫漏"可能即与"搜搂""搂揪"同源，也是指"搜索而聚集之"，只不过"湫漏"的对象仅限于津液而已。

引用书目

《白居易集》，中华书局，1999 年版。

《楚辞补注》，中华书局，1983 年版。

《道藏》，文物出版社、上海书店、天津古籍出版社，1988 年版。

《杜牧集系年校注》，中华书局，2008 年版。

《广雅疏证》，中华书局，2004 年版。

《广韵校本》，中华书局，2011 年版。

《韩昌黎诗系年集释》，上海古籍出版社，1984 年版。

《汉书》，中华书局，1962 年版。

《后汉书》，中华书局，1965 年版。

《剑南诗稿校注》，上海古籍出版社，1985 年版。

《晋书》，中华书局，1974 年版。

《李贺诗歌集注》，上海人民出版社，1977 年版。

《六臣注文选》，中华书局，1987 年版。

《楼钥集》，浙江古籍出版社，2010 年版。

《陆云集》，中华书局，1988 年版。

《欧阳修全集》，中华书局，2001 年版。

《全唐文》，中华书局，1983 年版。

《三国志》，中华书局，1971 年版。

《十三经注疏》，中华书局，1980 年版。

《释名疏证补》，中华书局，2008 年版。

《宋本玉篇》，中国书店，1983 年版。

《宋刻集韵》，中华书局，2005 年版。

《太平广记》，中华书局，1961 年版。

《太玄集注》，中华书局，1998 年版。

《魏书》，中华书局，1974 年版。

《文选》，中华书局，1977 年版。

《文选笺证》，黄山书社，2007 年版。

《谢宣城集校注》，上海古籍出版社，1991 年版。

《扬雄方言校释汇证》，中华书局，2006 年版。

《艺文类聚》，上海古籍出版社，1965 年版。

《庾子山集注》，中华书局，1980 年版。

《云笈七签》，中华书局，2003 年版。

参考文献

蒋礼鸿　1997　《敦煌变文字义通释》,上海古籍出版社。
蒋礼鸿　任铭善　2016　《古汉语通论》,浙江大学出版社。
任中敏　2014　《敦煌歌辞总编》,凤凰出版社。
史树青　1981　《"陆离"新解》,《文史》第11辑。
郭在贻　2002　《魏晋南北朝史书语词琐记》,《郭在贻文集》第三卷,中华书局。
罗竹风等　1986　《汉语大词典》,上海辞书出版社。
袁　宾　1988　《变文词语考释录》,《敦煌语言文学论文集》,浙江古籍出版社。
项　楚　2006　《敦煌变文选注》,中华书局。
项　楚　2010　《王梵志诗校注》,上海古籍出版社。
伏俊连　1994　《敦煌赋校注》,甘肃人民出版社。
江蓝生　曹广顺　1997　《唐五代语言词典》,上海教育出版社。
黄　征　张涌泉　1997　《敦煌变文校注》,中华书局。
黄　征　2002　《〈变文字义待质录〉考辨》,《敦煌语言文字学研究》,甘肃教育出版社。
王　锳　2006　《语文丛稿》,中华书局。
叶贵良　2009　《敦煌道经词语考释》,巴蜀书社。
于淑健　2012　《敦煌佛典语词和俗字研究》,上海古籍出版社。
张小艳　2013　《敦煌社会经济文献词语论考》,上海人民出版社。
郜同麟　2018　《汉代文赋校释拾零》,《汉语史学报》第19辑,上海教育出版社。

New Explanations of Lianmian Words(联绵词)in Dunhuang Manuscripture

GAO Tonglin

Abstract: This paper examines ten groups of lianmian words in Dunhuang manuscripture, corrects some of the improper interpretations in previous studies, and proposes more reasonable explanations.

Keywords: Dunhuang manuscripture, lianmian words, word study

(郜同麟　中国社会科学院文学研究所　100732)

《燕山丛录·长安里语》词语琐记

陈丹丹

提　要　《燕山丛录》,二十二卷,作者徐昌祚。其中第二十二卷《长安里语》收录晚明北京口语词二十三类三百余条。本文选取其中的"拏搪、逋拉、打乖、把总",对其进行了详细的解释,并考察其使用范围及在现代汉语方言中的沿用等。

关键词　《燕山丛录·长安里语》　拏搪　逋拉　打乖　把总

《燕山丛录》二十二卷,作者为明代徐昌祚。徐昌祚,字伯昌,海虞(隶属于江苏常熟)人,生卒年不详。据《燕山丛录》自序所附时间"时万历之壬寅孟秋既望,翠薇山人徐昌祚书于和衷堂",可知书成于明万历壬寅年(1602年),目前存世的版本主要有国家图书馆藏刻本和美国华盛顿图书馆藏刻本,均为徐昌祚自刻本。其中第二十二卷《长安里语》,为徐昌祚在北京做官时收集的北京方言词汇,作者在该卷的题记中说:"余蹀躞长安,日耳于市廛间语,得其可笑及与南音异者,辄录之如是。久之,不觉成卷。"《长安里语》共收录北京方言词二十三类,分别为天时、地理、人事、人伦、花木、鸟兽、身体、宫室、器用、饮食、人物、言语、姓氏、通用、书目、蔬菜、贫富、珍宝、颜色、官职、刑狱、骂詈、儿戏。

《四库全书》未收该书全文,仅在《提要》中对其有记载:"《燕山丛录》二十二卷,明徐昌祚撰。昌祚字伯昌,常熟人。是编盖其官刑部时所作,多载京畿之事,故以'燕山'为名。凡分二十二类,大抵多涉语怪,末附以'长安里语',尤为鄙俚,又多失其本字本音,不足以资考证。书成于万历壬寅,有昌祚自序,谓因辑《太常寺志》,得征州县志书,因采其所记成此书。则亦剽掇之学也。"《提要》把该书定义为"剽掇之学",抛开前二十一卷内容不谈,单说《长安里语》一卷,作者在收词时确实参考了沈榜的《宛署杂记》,《宛署杂记》刊行于明万历二十一年(1593年),比《燕山丛录》早九年,其中第十七卷"民风二方言"收录北京方言词83条,《长安里语》继承了其中的81条。汪维辉、许峻玮(2018)对此进行了详细的考察,对两本书中的相关内容逐条进行对比分析,发现徐昌祚虽然从沈榜处继承了这81条,但通过增加注音、修改释义、修改被释词、改变字的写法、增加新说法等方式对其进行了改进和补充。除与《宛署杂记》相同的81条之外,作者把搜集的词汇扩充到二十三类三百余条。所以《长安里语》非但不可称其为"剽掇之学",而且在词汇史研究方面具有重要价值。

文中的体例为"A曰B"格式,A为通语或南方方言词,B为北京话口语词。其中一些条目为语音的南北差异,如:辰曰陈、北曰彼、大曰代、一曰衣、六曰溜、七曰萋等,其余绝大部分为词语用法的不同。有学者已经对其中一些词语进行了解释(太田辰夫 1994,汪维辉、许峻玮 2018 等),现选出其中尚无人涉及的几例,尝试解释如下:

一　做模样曰张志,又曰拏搪

该条目汪维辉、许峻玮(2018)一文解释了"做模样曰张志":"张志"后多写作"张致",是宋元以来的一个俗语词,最初的意思是"模样,样子",多含贬义,……后引申为动词"装腔作势,装模作样"。对"又曰拏搪"则没做解释,只说"大概是一个地道的晚明北京'里语'"。"拏搪"在明代有多种写法,除"拏搪"之外,还写作"拿堂""拿唐""拿糖""拏堂"等,其中"拿"是"拏"的异体字,"搪""堂""唐""糖"为同音字。不管字形如何,该组词均为"装腔作势,装模作样"之义。如:

也不想丢可修留,也不想拿堂扭柳。眼皮儿怕待睁开,手背儿不住的搓揉。(明·冯惟敏《锁南枝·瓲妓》)|因甚么拿唐,因甚么乔妆,无事牌挂在谁门上?(明·孙峡峰《黄莺儿》)|拿糖谓作态也。(明·姚旅《露书》卷十四)|〔当直〕道放榜后,亲来谢你岐王。〔推〕这穷厮拿糖哩!(明·王衡《郁轮袍》二折)|修边幅曰张志,又曰拏堂①。(明·沈榜《宛署杂记》)

清代"拿搪/堂/唐/糖"除单用之外,还与"作势""摆式"等连用,更加强调"装腔作势"的意味。如:

看上你眼就拿糖,谁没见你那乔模样!(《聊斋俚曲·增补幸云曲》)|我当是谁,这么拿搪作势,敢是州尊。(《施公案》第一〇二回)|我们下一个请字,你倒不识抬举,拿糖摆式的,伴儿们过去揪住他,看他走不走。(《施公案》第一四三回)

考察该词的使用范围,《宛署杂记》《燕山丛录》和《露书》明确记载该词的使用地区为北京。其他从作者籍贯来看,王衡为万历时期首辅王锡爵之子,虽是江苏太仓人,但中举之后在北京出任翰林院编修;冯惟敏、孙峡峰和《聊斋俚曲》的作者蒲松龄均为山东人。从这几个例句出处的分布来看,该词的使用范围不止北京一地,明清两代至少在北京和山东地区均有使用。

除此之外,清代还出现了"拿糖作醋"一词,该词在《红楼梦》和《儿女英雄传》中均有用例。如:

---

① 《宛署杂记》中的"修边幅曰张志,又曰拏堂"一条,《燕山丛录·长安里语》改为"做模样曰张志,又曰拏搪",这属于汪维辉、许峻玮(2018)文中提到的"修改释义"一类,说明徐氏觉得"修边幅"这个释义不是特别贴切,改为"做模样"更合适。

不是我说，爷把现成儿的也不知吃了多少，这会子替奶奶办了一点子事，又关会着好几层儿呢，就这么拿糖作醋的起来，也不怕人家寒心。(《红楼梦》第一〇一回)| 太太合公子道："我们也干了，也值得你那么拿糖作醋的！"(《儿女英雄传》第三十七回)

"拿糖作醋"从字面上很容易分析为"把糖当作醋"，但在以上例句中均为"装腔作势，装模作样"的意思，从"把糖当作醋"怎么发展出"装腔作势，装模作样"的含义呢？很不好解释。这里的"拿糖作醋"应该分析为"拿糖|作醋"，"拿糖"与"作醋"同义连用。"作"与"拿"相对，为"装"的意思，义同"作势"的"作"；"醋"与"糖"相对。"作醋"本身并不能单用，也不能单独表示"装腔作势，装模作样"，完全是仿照"拿糖"创造出的词汇，二者连用，有强调或诙谐的意味。

清代之后，该词的字形基本上固定为"拿糖"。"拿糖"一词在很多方言中继续使用，范围很广，南北方均有分布。据《汉语方言大词典》，东北官话、北京官话、中原官话、江淮官话、西南官话等官话区均使用"拿糖"。一些方言词典在收该词条时，字形也均写作"拿糖"：

【拿糖】摆架子：这人多随和，一点不～。(《济南方言词典》)

【拿糖】装模作样或故意表示为难，以抬高自己的身价。(《太原方言词典》)

【拿糖】能做、该做而不肯或不好好做，故意刁难。〔例〕以前，仆人"～"，满可以暂时不用；没人做饭，就外边去吃，谁也不用拿捏谁。(幽 234)|"喝酒，喝酒，不说了，添堵。""怎么又拿上糖了。"(左 77)(《北京话词典》)

二 铺平曰逋剌

徐氏记录的铺平义对应的明代北京口语词为"逋剌"，其中"逋"为不送气音，现在保留在方言中表示该义的词汇，一般记为"铺拉"或"扑拉"，第一个字为送气音。如：

【铺拉】摊开：～开。(《济南方言词典》)

【铺拉】铺，把东西展开或摊平：他～开纸就开始写字。(《哈尔滨方言词典》)

【扑拉】(2)铺摊：把纸～开。|～被窝儿。(《北京方言词典》)

"拉"相当于动词后缀，表示动作的反复。钱曾怡(1993)《博山方言研究》提到动词后缀"拉"表示"动作连续反复"，所举例词除了"铺拉"之外，还有拨～|拌～|绊～|扒～|扑～|沐～|秃～|则～|拽～|漱～|数～|夹～|架～|骑～|驱～|固～|哈～|划～|胡～。《现代汉语词典》(第 7 版)收了"拨拉""扒拉(bā·la)""扒拉(pá·la)""划拉"等，虽然释义中没有明确指出用于动作的反复，但从所举例句来看(如：拨拉算盘儿| 他扒拉了两口饭就跑出去了)，一般也用于动作连续反复的情况。所以"铺拉"的本义应该是不断地重复铺平这一动作，使东西展开或摊平。而且这一本义至少在明末就已经存在，并且一直延续到现代汉语方言中。

北京话和东北话中的"铺(扑)拉"除了"铺平"的含义之外，还引申出"向四周扩展、蔓延"

的含义,如:这种草长得才快呢,几天就扑拉一大片。(《东北方言概念词典》)| 好家伙! 义和团就像烧荒的野火一样,呼呼地铺拉开了。(《北京话词典》)北京话继而进一步引申出“铺张”“挥霍”等含义,如:办个喜事别扑拉太大。| 这一下子少说扑拉小二千子。(《北京方言词典》)

除动词用法之外,“铺拉”还发展出量词的用法。我们在清代广东人学习官话的正音书《正音咀华》中发现一例“铺拉”用作量词的用例:一大铺拉一大片。书中用小字“一大片”解释“一大铺拉”,“铺拉”是“片”的意思。这种量词用法至今还保留在东北方言[①]中,如:一铺拉豆秆 | 一大铺拉茅草。量词“铺拉”只能用于铺平的、摊开之后较薄的,并且面积较大的事物。可见量词“铺拉”是由表示摊开、铺平义的动词“铺拉”借用而来的。

三 几人相争曰打乖

“打乖”一词最早见于宋代,宋代邵雍有《安乐窝中好打乖吟》一诗:

安乐窝中好打乖,打乖年纪合挨排。
重寒盛暑多闭户,轻暖初凉时出街。
风月煎催亲笔砚,莺花引惹傍樽罍。
问君何故能如此,祇被才能养不才。

此处的“打乖”为卖傻、藏拙之义,从“卖傻、藏拙”似乎不能发展出徐氏所说的“几人相争”的含义。据《四库全书总目提要》对《燕山丛录》一书的评价有“又多失其本字本音”的断语,推测这里的“打乖”应该为“打掴”。“乖”与“掴”同为见母字,“乖”为平声字,古怀切;“掴”本为入声字,古获切。到了明末北京话的入声字基本已经舒化,“掴”发展出文白两读,文读音为失去入声韵尾/k/之后的 guó,白读音则为与“乖”相同的读音 guāi。“掴”为“用巴掌打”的意思,自唐代以来就是比较常用的动词。如:

火急离我门前,少时终须吃掴。(《敦煌变文集·燕子赋》)| 这冤仇怀恨千钧重,见时节心头气拥。想盼的我肠断眼睛儿穿,直掴的他腮颊脸儿肿!(元·姚燧《新水令·冬怨》)|(吴用)置祭宋公明、李逵,就于墓前,以手掴其坟冢。(《水浒传》第一百二十回)

“打”和“掴”经常同义连用,组成“打掴”或者“掴打”,表示“打”的意思。如:

知自知虚脾枉自温存,笑自笑讪脸偏禁打掴,怪自怪痴心不服烧埋。(元·汤舜民《一枝花·自省》)|令人揪着头发,掴打数下,口内血出,又白纸上勒要了招伏。(《元典章·刑部》卷六)| 我不见了烟花泼贱猛抬头,错掴打了别人怎罢休。(元·无名氏《货

① 《正音咀华》的作者莎彝尊为长白(今吉林长白)人。虽然该书为其教授官话所编,也不排除“铺拉”这一量词用法是受作者东北方言的影响,并非在当时的官话区普遍使用。

郎旦》第二折）

“打捆”或“捆打”经常用于有矛盾和争执的场景。如《喻世明言》卷二十四：郑夫人借刘氏的身体还魂，与思厚厮打索命，请了朱法官来救治，“刘氏自用手打捆其口与脸上，哭着告诉法官以燕山踪迹。又道：‘望法官慈悲做主。’”。又如《元曲选·神奴儿大闹开封府》：张千问何正为何打了李德义：“你为什么将这李德义来揪㨯捆打？必然官报私仇。”何正详细地讲述了他与李德义的恩怨，并说“仇人相见分外眼明，向厅前揪捋捆打也。只是报州桥左侧毁骂这场的仇恨，别无他意。”徐氏这里说的“几人相争曰打乖”，应该是指“打捆”经常用于这种相争的场合。

四　称土木庖丁各匠曰把总；呼武官曰把总

《长安里语》中共出现两条“把总”，一条在人物类条目下：称土木庖丁各匠曰把总；另一条在官职类条目下：呼武官曰把总。也就是说“把总”既可以称工匠，也可以称武官，但这两个词的来源不同。为行文方便，把前者称为“把总$_1$”，后者称为“把总$_2$”。

“把总$_1$”的“把”为掌管、把持的意思。“把总”可以用作动词，表示全面负责，总揽一切。如：

（吴用）又令陶宗旺把总监工，掘港汊，修水路，开河道，整理宛子城垣，修山前大路。（《水浒传》第四十四回）| 永乐间，平江伯陈公禬把总海运粮储，共一百万石，时未有总兵之名。（《菽园杂记》卷九）

由这个义项发展出名词的用法，指总揽一切、全面负责的人，即负主要责任的工匠。这类工匠一般不单独作业，而是由徒弟或手下组成团队，进行团队作业，该工匠负责指挥这些徒弟或手下干活，安排他们各自的工作。也就是说，“把总”并不能指一般的工匠，而是指总揽全局的大工匠。如：

（工部尚书选碾玉匠人数名制作玉玺，玺成之后）马尚书眼见的玺面上是“奉天承运之宝”六个字。两家儿一同欢喜，叫过把总来，权插一对金花，权挂一疋大红缎子；叫过众匠人来，权且散些赏赐，俱待圣旨看来，另行重重颁赏。（《三宝太监西洋记通俗演义》卷二）| 沈木匠回了狄员外的话。狄员外说：“既是请先生，还得旋盖书房哩，就仗赖沈把总你来拾掇拾掇罢。……”（《醒世姻缘传》第三十三回）

“把总$_2$”是明朝武官官职名称，在京营和各地总兵属下均设有这一官职。“把总$_2$”的“把”应为“把守”的意思。“把总$_2$”作为武官的名称最早见于永乐时期。据《明史·职官五》记载，“京营，永乐二十二年，置三大营，……又设把总、把司、把牌等官。”永乐皇帝把都城从南京迁至北京，很大程度上是为了抵御蒙古的入侵，此外，在北部边疆各卫所也加强了防守。除京营之外，“把总$_2$”一职主要见于各卫所，位列“守备”之下。据《大明会典》卷一二六：“凡天下要害地方、皆设官统兵镇戍。其总镇一方者曰镇守。守一路者曰分守。独守一堡一城者曰守备。”“把总$_2$”为“守备”的下级武官，也是作为守城将领的一员，一般统领几百人。“把总$_2$”作为低级武官的称呼一直沿用至清代，在清代“把总$_2$”为绿营中的下级武官，正七品，位列“千总”之下。据《大清会典》(康熙朝)卷三十六：“把总，七品，每季俸薪银九两。”清朝灭亡之后，该武官的称号也随之消失。

参考文献

白维国　主编　2011　《白话小说语言词典》，商务印书馆。
白维国　主编　2015　《近代汉语词典》，上海教育出版社。
陈　刚　编　1985　《北京方言词典》，商务印书馆。
高艾军　傅　民　编　2013　《北京话词典》，中华书局。
高永龙　编著　2013　《东北话词典》，中华书局。
李　荣　主编　钱曾怡　编纂　1997　《济南方言词典》，江苏教育出版社。
李　荣　主编　沈　明　编纂　1994　《太原方言词典》，江苏教育出版社。
李　荣　主编　尹世超　编纂　1997　《哈尔滨方言词典》，江苏教育出版社。
罗尔纲　2011　《绿营兵志》，商务印书馆。
吕宗力　主编　2015　《中国历代官制大辞典》(修订版)，商务印书馆。
钱曾怡　1993　《博山方言研究》，社会科学文献出版社。
太田辰夫　1994　《〈燕山丛录〉に见る明代北京话》，日本《中国语研究》第36号，60—67。
汪维辉　许峻玮　2018　《〈燕山丛录·长安里语〉中的晚明北京话》，《语言学论丛》第五十八辑，商务印书馆。
肖立军　2010　《明代省镇营兵制与地方秩序》，天津古籍出版社。
许宝华　宫田一郎　主编　1999　《汉语方言大词典》，中华书局。
尹世超　主编　2010　《东北方言概念词典》，黑龙江大学出版社。
周建设　主编　2015　《中原音韵问奇集·燕山丛录》，首都师范大学出版社。

Notes on Four Words in *Yanshan Conglu-Chang'an Liyu*

CHEN Dandan

Abstract: *Yanshan Conglu* (燕山丛录), 22 volumes, was written by Xu Changzuo (徐昌祚). The 22nd volume-*Chang'an Liyu* (长安里语) recorded more than 300 Beijing dialect colloquial words, which were divided into 23 columns. This paper chooses four words of them, which are *natang* (拏搪), *bula* (逋拉), *daguai* (打乖), and *bazong* (把总), explains the meaning of each word, investigates their usage range and the development in modern Chinese dialects, etc.

Keywords: *Yanshan Conglu-Chang'an Liyu* (燕山丛录·长安里语), *natang* (拏搪), *bula* (逋拉), *daguai* (打乖), *bazong* (把总)

(陈丹丹　中国社会科学院语言研究所　100732)

具有反预期功能的副词的分类及语义来源[*]

董秀芳

提　要　本文对汉语中具有反预期功能的一些副词进行了语义分类，并考察了其历时来源，发现共同的词汇语义来源决定了后期获得的反预期功能的特征。来自“返回”“翻转”或“颠倒”义动词的反预期副词“倒”“还”“却”等的语义更多偏重于“不应该”。来自“完成”义的反预期副词“竟”“竟然”与事件结果相关，语义偏重于“没想到”。来自“偏离”义的反预期副词“偏”“偏偏”“偏生”侧重于表达“不希望”。这些反预期副词在历时发展过程中经历了主观化的过程。

关键词　反预期标记　副词　语法化　主观化

〇　引言

反预期标记(counter-expectation marker)最早是 Heine et al.(1991)提出的概念。Heine et al.(1991:192)认为人类语言都有区别符合常规情状与偏离常规情状的表达手段，偏离常规的就是反预期，一般用某些标记加以编码，而对符合常规的状况的表达通常是无标记的。简而言之，反预期标记就是语言表达偏离常规情状的形式手段。

Heine et al.(1991)提出了预期的两个主要来源：①说话人所熟悉的世界的规范和标准。这个规范和标准对于说话人和听话人来说是一样的，也可称为共享预期(shared expectation)。②听说双方各自具有的知识状态，该知识状态可能因为年龄、性别、社会地位、文化背景、意识形态的不同而不同，因而不是听说双方所共享的预期。这两种预期的差别主要体现在事物/事件之间的推理关系的普及性上。前者是广泛适用的推理关系，被最大多数人所接受。后者是部分适用的推理关系，被部分人接受。而当实际情况与预期相反时就是“反预期”。

Heine et al.(1991)提出，反预期标记的来源十分广泛，既可以是形态句法的，也可以是语音的。前者如 too 和 only 这样的小品词和句子副词以及语序；后者如重音这样的超音段成分。

吴福祥(2004)是汉语中较早的反预期研究，全面介绍了 Heine et al.(1991)、Traugott(1999)、Traugott & Dasher(2002)等人关于预期信息、反预期信息、中性信息以及反预期标

* 本课题的研究得到教育部人文社会科学重点研究基地重大研究项目(项目编号：15JJD740001)和国家社科基金重大项目(项目编号：14ZDB098)的资助。

记的观点,并进一步明确把反预期信息分为三类:(A)与说话人的预期相反;(B)与受话人的预期相反;(C)与包括说听双方在内的特定言语社会共享的预期相反。

宗守云(2011)指出反预期实际上只有两种,一是和个人预期相反(包括说话人、受话人和言谈之外的第三人,统称个人);二是和社会预期相反。

谷峰(2014)总结了汉语表反预期信息的六种手段:连词(反而)、插入语(谁知)、副词(竟然)、句式(让步复句、"连"字句、问原因的"怎么"句)、语气词(呢、啊)、语序("吃多了"vs."多吃")。

强星娜、唐正大(2019)区分了无定预期和特定预期。指出无定预期是一套预存的常理性认识,在当前命题出现之前并未激活(Sherif 1936,Lapinski & Rimal 2005 等);特定预期则是在线的,涉及具体情状,多表现为事件主体的意愿等。

汉语中有关反预期的研究还有石定栩、周蜜、姚瑶(2017),胡承佼(2018),强星娜(2017),袁毓林(2006,2008),陈振宇、邱明波(2010),陈振宇、杜克华(2015),张谊生、田家隆(2016),宗守云(2015),陈前瑞(2018)等。

到目前为止,对反预期标记的研究已经有不少,但是多为零散的个案研究,对于反预期标记的语义类型还缺乏共识,从历时角度的研究还不够深入。

本文从历时角度探索汉语副词中的反预期标记语法化的源头及相应的功能特点,并据此给反预期副词进行分类,并探讨反预期功能与其他语用功能之间的关系。

根据我们的分析,表示反预期的副词可以根据其词汇语义来源分为三类,下面我们逐类讨论。

一　从返回、翻转或颠倒义动词语法化为反预期标记

表示返回、翻转或颠倒意义的动词都蕴含运动方向上的逆转,由此抽象引申出事理上的违反,并进而语法化为表达反预期的副词。下面我们以"倒""还""却"为例进行考察。

1.1　"倒"的反预期功能的语法化

1.1.1　从动词到反预期副词

"倒"作为动词表示颠倒,如:

东方未明,颠倒衣裳。颠之倒之,自公召之。(《诗经·齐风·东方未明》)

变白而为黑兮,倒上以为下。(《史记·屈原贾生列传》)

由此发生隐喻引申,可以指行为的乖背与不当,语义变得抽象,在词性上仍是动词。如:

君有过而不改,谓之倒。臣当罪而不诛,谓之乱。君为倒君,臣为乱臣,国家之衰也,可坐而待之。(《管子·君臣》)

且此亡王之俗,取、鲁之民所以自美,而穆公独贵之,不亦倒乎!(《韩非子·难三》)

作为动词，“倒”可以出现在状语位置上，位于另一个动词之前。这种句法位置为其后来发展为副词奠定了基础。如：

当今之时，万乘之国行仁政，民之悦之，犹解倒悬也。（《孟子·公孙丑上》）

吾日莫途远，吾故倒行而逆施之。（《史记·伍子胥列传》）

在南北朝时，“倒”发展为副词，标示的是反常规的不合理的行为，含有“不应该”的意味，这种用法一直存在，后代也可以用双音词“反倒”来表达。如：

凡夫之人亦复如是。既修戒田，善芽将生，应当师咨，受行教诫，令法芽生。而返违犯，多作诸恶，便使戒芽不生。喻如彼人，畏其二足，倒加其八。（《百喻经·比种田喻》）（引自李宗江 2005）

这个例子是说一个人种田撒种，怕把地踩硬了，麦子长不出来，于是坐在床上让四个人抬着撒种。本来是怕自己的两只脚把地踩硬，结果是让人抬起来之后，踩在地上的重量不仅是两只脚了，反而又增加了八只。这里是叙述那个人行为的不合理，是将那个人的实际做法与其愿望加以对比，指出实际的做法达不到目的，是一种愚蠢的不当的行为。这样的“倒”主要是表达转折功能，但也具备了一定的反预期的意味：与客观事理即共享预期相反。

同类的表示与客观事理相反的例子还有：

雨声儿添凄惨，泪点儿助长吁，枕边泪倒多如窗外雨。（元·无名氏《红绣鞋》曲）

不读书有权，不识字有钱，不晓事倒有人夸荐。（元·无名氏《朝天子·志感》）

宋代“倒”成为了比较成熟的表示转折的副词，可以用于两项的对比。有时可以与“虽”搭配。如：

也是一说。但如此说，都无紧要的。如横渠说底虽似，倒犹有一截工夫；程先生说底，某便晓未得。（《朱子语类》卷二二）

义理人心之所同然，人去讲求，却易为力。举业乃分外事，倒是难做。（《朱子语类》卷十三）

辜恩一去成抛撇，他无情俺倒心呆。（元·无名氏《醉花阴·秋怀》）

从元代以后，开始出现表示与说话人预期（包括主观判断和主观意愿）相反的用法：

我道楚使来取我首级，却元来不是，倒赦了我罪过。（元·尚仲贤《汉高皇濯足气英布》第一折）

此例中“倒”标示实际情况与说话人的主观判断“我道楚使来取我首级”不同，因此是一个反预期标记。

本待闲散心追欢取乐，倒惹的感旧恨天荒地老。（元·白朴《明皇秋夜梧桐雨》第四折）

此例中“倒”标示实际情况与说话人的主观意愿“闲散心追欢取乐”相反。

事理（共享预期）比起说话人的个人预期来讲要客观一些。“倒”从表示对客观事理的违背到表示对个人主观判断和主观意愿的违背，这是主观化的表现。

在以上两个例子中,说话人的主观预期在句子中都被明示出来了。在以下的例子中,说话人的主观预期是隐含的,没有明示出来:

(红云)姐姐,……你若又翻悔,我出首与夫人,你着我将简帖儿约下他来。(夫人云)这小贱人倒会放刁,羞人答答的,怎生去!(元·王实甫《西厢记》四本二折)

此例中"倒"字提示了反预期的存在,隐含的说话人的主观预期可以推测为是以为丫鬟老实不会放刁。

我们认为,从历时的角度看,反预期标记使用时是从预期明示演变到预期隐含的,而预期隐含的情况的出现正是反预期标记发展成熟的一个标志。当反预期成为某个形式的固定功能之后,即使不明示出预期是什么,人们从这个反预期形式中也能推断出预期的内容,因此,这时这个形式就是成熟的反预期标记了。

以下例子中,"倒"标示的是与听话人的预期相反:

伯爵道:"哥,你怎的笑?我倒说的正经话。……"(《金瓶梅》第三十五回)

此例中"倒"作为反预期标记针对的是听话人的预期,从"你怎的笑"这个小句可以推测出听话人的预期是认为说话人在开玩笑。

陈振宇(2017:332)认为自反预期是更为优势的,更容易在默认时获得的,因为说话者总是对自我的感受更为敏感,这也是说话者中心主义的产物。从历时的角度看,"倒"的自反预期的出现早于他反预期。在表达他反预期时,具有了交互主观性,主观化程度进一步提高。"倒"在表达自反预期时语气强烈,但表达他反预期时语气缓和委婉,这是符合礼貌原则的,对别人的观点(预期)的违反有可能会伤及别人的面子,因此需要委婉。

可以看出,"倒"的演变表现为一个主观化逐步加深的过程:

与事理(共享预期)相反>与说话人预期相反>与听话人预期相反

1.1.2 从反预期功能发展出的其他相关功能

正因为"倒"作动词时有颠倒、乖背之义,演变为反预期标记后也蕴含着与某种一般认识的相逆,因此后来又发展出否定、责怪的语气,如:

你晌午后先吃了人一顿拷,怎又将他来扯拽着?(搽旦云)奶奶,你倒说的好,他是个贼,见了怎不拿住?(元·无名氏《争报恩三虎下山》第一折)

应伯爵道:"我儿,你倒且是自在。二位老爹在这里,不说唱个曲儿与老舅听。就要去罢?"(《金瓶梅》第三十二回)

大圣闻言,忍不住笑道:"师父,你老人家忒没情义。为你取经,我费了多少殷勤劳苦,如今打死这两个毛贼,你倒教他去告老孙。……"(《西游记》第五十六回)

"倒"也可以发展出催促语气,在认为对方该做某事而没做某事时,催促对方做某事。可以用在祈使句中:

你倒说呀!

此例中,说话人认为听话人应该说的时候还不说,与说话人的预期相反,因此催促对方说。

"倒"还发展出了让步的用法。如:

小保道:"好倒好,只除等睡熟了,方可动手。"(《喻世明言》第二十六卷)

这种让步用法也是在反预期用法上的进一步发展,具体来讲是在他反预期的基础上发展出来的。这种让步用法里其实仍然蕴含着认识不一致的含义,在肯定一个命题的同时,也会进一步表达不同的认识。让步用法是如何从反预期用法发展出来的呢?我们认为是在互动的语境中发展出来的:说话者针对发问者的预期进行回应,并指出进一步的问题。

假设B想买一件衣服,但是有点犹豫,A针对B的犹豫发问,B用"倒"否定了A的预设,又进一步指出自己的观点。

B问:这件衣服不好吗?

A答:这件衣服好倒是好,就是有点贵。

以下是真实语料中的例子:

"头疼么?"美萍把手放到于观额头试温度。"头倒不疼,也不发烧,就是嗓子难受,咳嗽。"(王朔《你不是一个俗人》)

"倒"的出现表明与问者的认识(预期)相反,后面的进一步叙述,让"倒"所在的小句像是一个让步句。在让步用法中,"倒"原来蕴含的"不应该"意味没有了,"倒"的语气变得缓和,只有轻微的相反意味。

由让步用法进一步发展,"倒"可以用在始发句中,委婉地表达自己的看法或主张。如:

那老儿握着张员外身边坐下,问道:"员外土库中失物曾缉知下落否?"张员外道:"在下不知。"那老儿道:"老汉倒晓得三分,特来相报员外。"(《喻世明言·宋四公大闹禁魂张》)

胡似庄道:"多谢奶奶亲娘,承你们看顾,不知亲娘曾有亲事么?我倒有一头绝好亲事,还不晓要甚人家?"(明·陆人龙《型世言》第三十一回)

当说话人对于听话人是否认可自己的想法没有十足把握时,加上"倒"之后显得委婉。也可以用于委婉地提出询问:

西门庆道:"就是那日在门首叉竿打了我的,倒不知是谁宅上娘子?"(《金瓶梅》第三回)

"倒"在陈述句和疑问句中的这种委婉用法体现了交互主观性。

1.2 "还"的反预期功能的语法化

"还"原本是表示"返回"义的动词。如:

为城下之盟而还。(《左传·桓公十二年》)

作为运动动词,"还"的路径不是正向的,而是逆向的,是回到原点,与"倒"的语义有相同之处。唐敏(2009)、张丽丽(2010)等指出,表反预期的"还"脱胎于动词"回环、翻转"义,引申路径是"回环—翻转—反倒、反而"。

变为副词之后,"还"最初是表示某个事情的出现是不合情理的,具有"不应该"的意味:

(秦)穷武极诈,士民不附,卒隶之徒,还为敌仇,猋起云合,果共轧之。(《汉书·刑法志》)

尽忠竭节,还被患祸。(《三国志·魏志·公孙渊传》南朝宋裴松之注引《魏书》)

吕叔湘(1980)解释"还"时突出了它所表达的语气和感情:表示超乎预料、应该怎样而不怎样,有责备或讥讽的语气。张宝胜(2003)也指出具有主观性的"还"字句表示说话人认为该命题是一个不应该发生的事实。

与"倒"一样,"还"也有转折用法,可以与"虽"配合使用:

虽有髑髅,还无两眼。(《敦煌变文集·庐山远公话》)

虽即寿年长远,还无究竟之多;虽然富贵骄奢,岂有坚牢之处。(《敦煌变文集·维摩诘经讲经文》)

以下例子中"还"标示与说话人预期相反:

燕子唱快,喜慰不已。"夺我宅舍,捉我巴毁,将作你吉达到头,何期天还报你。……"(《敦煌变文集·燕子赋》)

在这个例子中,预期命题以显性形式出现:"将作你吉达到头"。

奶奶,怎夜分时节,还未安寝?(明·汤显祖《牡丹亭》第十一出)

以上例子中预期命题在句子中没有出现,但可以由明示成分推导出:夜分时节,该睡了。

下面的例子中,"还"标示与听话人预期相反:

休这般说。贼们怎知你有钱没钱。小心些还好。(《老乞大谚解》)

"还"从其蕴含的"不应该"的语义特点也进一步发展出否定、责怪的语气,如:

鲁达骂道:"直娘贼,还敢应口。"(《水浒传》第三回)

"还"在对话语境中也发展出了催促的语气,获得了一定程度的祈使功能。如:

百禄见他不说,就拿起一条柱杖劈头打去,道:"还不实告!"(明·凌濛初《二刻拍案惊奇》卷十七)

行者认得,即叫:"兄弟们,还不来叩头!那妈妈是菩萨来也。"(《西游记》第五十五回)

与听话人预期相反时,由于礼貌原则,"还"的语气一般比较委婉,由此进一步发展为对事物的尚可评价,可以表示程度上勉强过得去,基本达到要求,不是像预期的那样差:

郑夫人出于无奈,只得捧着腹肚,走到庵后厕屋里去。虽则厕屋,喜得下是个露坑,倒还干净。(《警世通言》第十一卷)

王德、王仁道:"好几日不曾看妹丈,原来又瘦了些,喜得精神还好。"(《儒林外史》第五回)

1.3 “却”的反预期功能的语法化

“却”原是表示“退却”义的动词，如：

敌不敢至，虽至必却。（《商君书·更法》）

“却”也有较为客观的转折用法，表示对事理的违反，有“不应该”的意味。如：

忠臣谏言，遂被诛戮；佞臣谄乱，却赐封侯。（《敦煌变文集·伍子胥变文》）

看着虽不入眼，却有骨气。（《朱子语类》卷一百三十九）

表示自反预期的例子如：

受辛勤打骂也甘，又争知却有今日！（金《刘知远诸宫调·君臣弟兄子母夫妇团圆》）

表示他反预期的例子如：

座主云：“心既讲不得，将虚空还讲得摩?”师云：“虚空却讲得。”（《祖堂集》卷一八）

“却”从反预期也发展出否定责备的语气，如：

你撇下两口儿老爷娘，却怎生一去不来家？（《元刊杂剧三十种·薛仁贵衣锦还乡》）

“却”也可用在祈使句中，如：

是真个么？你却休瞒俺。（《原本老乞大》）

兄弟，既这等说，我且不打你。你却老实说，不要瞒我。（《西游记》第三十一回）

与“倒”一样，“却”也发展出了表示让步的用法，如：

那妇人道：“好却是好，只是奴手软了，临时安排不得尸首。”（《水浒传》第二十四回）

1.4 源头义为返回、翻转或颠倒的反预期标记的共同特点

这组词词汇语义中有一个共同的义素：“运动方向相反。”“运动方向相反”义在隐喻机制的作用下由空间域投射到认知域，表示抽象的“逻辑相反”义（唐敏 2009）。其后续的语义演变链条如下所示：

与客观的事理相反（转折）＞与说话人的预期相反＞与听话人预期相反

预期的信息从在句中明示发展为在句中隐含，当预期信息在句中隐含时，反预期标记的语法功能更为成熟。

这一类反预期标记在语义上具有“不应该”的意味，由此可发展出责备、催促等语气，可构成祈使句，有的还在对话语境中进一步发展出让步用法。

二 从完成义动词发展为反预期标记

“竟”原本是个动词，表“奏乐完毕”，后引申为“完毕、完结”。如：

当陈隧者,井堙木刊。敝邑大惧不竞,而耻大姬。(《左传·襄公二十五年》)

及见怪,岁竟,此两家常折券弃责。(《史记·高祖本纪》)

守此三者,足以竟其天年,传其天统,终者复始,无有穷已。(汉《太平经》卷三十六)

从动词演变为副词,可以表示"最终":

与谋伐齐,竟破齐,闵王出走。(《战国策·燕策一》)

有志者事竟成也。(《后汉书·耿弇列传》)

事情的结果可以是与预料一致的,也可以是与预料不一致的。与预料一致的例子如:

其母曰:"吾闻有阴德者,天必报之。汝必不死,天必报汝。"叔敖竟不死,遂为楚相。(《论衡·福虚》)

进不纳其言,竟以取祸。(《三国志·魏志·王粲传》)

当事情的结果出乎意料时,"竟"就隐含了反预期的意味,比如:

盗蹠日杀不辜,肝人之肉,暴戾恣睢,聚党数千人横行天下,竟以寿终。(《史记·伯夷列传》)

处即刺杀虎,又入水击蛟,蛟或浮或没,行数十里,处与之俱。经三日三夜,乡里皆谓已死,更相庆,竟杀蛟而出。(《世说新语·自新》)

当"竟"变为反预期标记之后,其搭配就可以出现一些变化,从动词扩展到形容词,可以不再叙述事件的结果,而转为对性质状态的评判。如:

太子谓彰曰:"卿新有功,今西见上,宜勿自伐,应对常若不足者。"彰到,如太子言,归功诸将。太祖喜,持彰须曰:"黄须儿竟大奇也!"(《三国志·魏志·任城王传》)

"竟"的双音化形式"竟然"也可以表示反预期,如:

公子道:"他昨日送得二百两,讲过今日还有三百,他竟然赖了。"(明·陆人龙《型世言》第二十九回)

强星娜、唐正大(2019)指出,"竟""竟然"所反的预期是"无定预期",即是一种常理性认识,在当前命题出现之前是未被激活的。从历时的角度看,"竟"的本义是"完成","竟"所标示出的反预期是在叙述者发现了事情的结果之后感觉这个结果背离了通常的情况,因而感到惊讶,但在发现事情的结果之前并没有激活某个特定的预期。

强星娜(2017)指出,汉语典型意外表达副词"竟然"在言语行为参加者方面是有选择的,即它只能用于"言者意外",不能用于"听者意外"。这就是说,它只能表达自反预期,不能表达他反预期。正如上文所言,"竟"和"竟然"标示的是言者在发现了某件事情不同寻常的结果之后的惊异,不是针对听者的某种预期而发的,因此主要表达自反预期。

"竟""竟然"与事件叙述相关,反预期是事件的结果不属于通常的情形而引发的,其语义本来不蕴含价值评判,在表示反预期时含有"没想到"的意味,带有意外、惊讶的语气。

"竟""竟然"发展为反预期标记在一定程度上符合 Hengeveld & Olbertz(2012)提出的

“结果体＞意外标记”的演变模式①。

“竟”和“竟然”不蕴含对比，没有转折标记的用法②。

三 从“不正”“偏离”义发展为反预期标记

“偏”的本义是“不正”“偏离”，是一个动词。如：

般之日，案以中立，无有所偏。(《荀子·王制》)

变为副词之后，表示的是与常见情形的背离，标记的是不寻常的举动、小概率事件。如：

不邀诸德，偏道我名，对弥勒前却纪纤尘，向海水畔偏夸滴露。(《敦煌变文新书·维摩诘经讲经文》)

今世博学之士大率类此。不读正当底书，不看正当注疏，偏拣人所不读底去读，欲乘人之所不知以夸人。(《朱子语类》卷五十七)

这花纹、甘毳，两个本是穷鬼，却偏会说大话。(明·陆人龙《型世言》第十五回)

“偏”也可以表示对比和转折，如：

先生好性撇。众人都烦恼，偏你恁欢悦。(金·董解元《西厢记诸宫调》)

进一步的发展是表示与说话人的主观愿望背离。比如：

月圆苦被阴云罩，偏不把离愁照。(元·郑光祖散曲《南吕梧桐树南》)

巧儿道：“多少东行西走的人，偏没个卖卦先生在内。若有时，唤他来卜问官人消息也好。”(明·冯梦龙《喻世明言》第一卷)

从表示小概率的事件对常态事件的偏离到表示实际情形和主观意愿的背离这是一个主观化的过程。

温锁林(2001)把“偏”的功能概括为“惊奇口气”。我们认为“偏”在表达惊讶之外也表达遗憾的语气，遗憾是由于主观意愿因为一个小概率的情况的发生而没有达成，“偏”表达反预期时遗憾的意味有时甚至多于惊讶，表现出言者“不希望如此”的意味。

“偏偏”是“偏”的重叠双音形式，也可以表达反预期。如：

---

① 事情的最终结局既可以符合预定计划或意愿，也可能背离计划或意愿。表示完成的动词在语义演变上可以向两个方向发展，一个是符合常理或预定计划与意愿的，如“终于”“果然”；一个是背离常理或预定计划与意愿的，如“竟”“竟然”。

② “居然”在表示反预期上，性质与“竟”和“竟然”相同，但是“居然”的来源义与“竟”“竟然”不同。《汉语大词典》把“居然”与“居”的“明显、明晰”义联系在一起。“居”最初的词汇义是“坐”，由此引申出很多义项，我们认为，“居”的“明显、明晰”义应该是来自“容易”的含义，一个事情很容易看出来，就很明显、很明晰，而“容易”的含义可以与“居”的本义“坐”联系在一起，因为“坐”是一种轻松的身体姿势，可以说“坐享其成”等。

“居然”的反预期用法较早的如：

满空乱雪花相似，何事居然无赏心？(唐·裴度《凉风亭睡觉》)

此夕清辉，谁信道、夜色居然如画。(宋·蔡楠《念奴娇·寄仙岩辛承旨》)

常言道"明德之人当有后",偏偏的正宫长子忒痴顽!(明·贾凫西《木皮散人鼓词》)

想来他也该作得些些事业,爱个小小声名,也须女嫁男婚,也须穿衣吃饭。却都不许他作,偏偏的要他作个闲人。(《儿女英雄传》第二十八回)

"偏生"也是"偏"的双音形式,也可以表达反预期。如:

王婆道:"便是这般苦事!自古道:'骏马却驮痴汉走,巧妇常伴拙夫眠。'月下老偏生要是这般配合!"(《水浒传》第二十三回)

薛乡绅道:"今日奉邀诸位先生小坐,淮清桥有一个姓钱的朋友,我约他来陪诸位顽顽,他偏生的今日有事,不得到。"(《儒林外史》第三十四回)

总之,这种从"偏离"语义演变来的反预期副词标记的是对某种意愿的违背,含有"不希望"的意味,强调的是不如意。与"竟"类相反,"偏偏"针对的是"特定预期",是某个在线激活的预期(意愿)。

四 结论

根据以上的分析,我们得出了三类反预期副词。这三类副词的反预期功能各有特色,可以说,它们的词汇语义来源制约了它们的反预期功能。

来自"返回""翻转"或"颠倒"义动词的反预期副词"倒""还""却"等的语义基础是"反转",普遍具有转折用法。其反预期语义更多偏重于"不应该"。可进一步发展出否定、责怪、催促的语气,可以用在祈使句中。用于自反预期时语气强烈,用于他反预期时语气缓和,还可以在互动语境中发展出让步用法。

来自"完成"义的反预期副词"竟""竟然"与事件结果相关,语义偏重于"没想到,意外"。其所反预期为无定预期,也就是说,在言者发现事件的结果之前预期并没有被激活。这类没有转折用法,也不能用于祈使句。

来自"偏离"义的反预期副词"偏""偏偏""偏生"侧重于表达"不希望",所反预期为特定预期,主要表达的是与说话人的主观意愿的相反,带有惊奇和遗憾的语气。可以有转折用法,不能用于祈使句。

五 余论:反预期标记与强调标记

有一些副词在一些研究中也被看作反预期标记,其主要功能是反驳听话人可能存在的某种预期,即表达的是他反预期。但这一类实际上最基本的语义功能是强调,反预期只是附加功能。如"并""可""才""又"等。

他并不傻。

他可不傻。

他又不傻。

他才不傻。

以上例子都暗含对听话人预期的反驳:听话人可能认为“他傻”,说话人针对听话人进行反驳,指出“他实际上不傻”。

这样的例子中的“并”“可”“才”“又”实际上都是强调标记(Biq 1988 也把“才”的这种功能看作强调),来源不尽相同。“并”的强调用法来自全称量化用法(董秀芳 2010);“可”“才”“又”的强调用法与其可以作为关联标记的后项(引进焦点信息)有关。

他反预期与“强调”(emphatic)范畴关系密切,强调标记经常可以用来表达反预期的功能。比如“他真的来过!”(“真的”有重音),表示对方原来的预期或怀疑(“他没有来”)是不对的。其中,“真的”就是一个强调标记,强调的是一个与听者预期相反的事实(陈振宇、姜毅宁 2019)。

陈前瑞(2018)认为上古汉语的副词“曾”(读音是 zēng)是一个反预期标记。如:

谁谓河广?曾不容刀。谁谓宋远?曾不崇朝。(《诗经·卫风·河广》)

人也,忧忘其身,内忘其亲,上忘其君,则是人也,而曾狗彘之不若也。(《荀子·荣辱》)

入,徐趋而坐,自谢曰:“老臣病足,曾不能疾走,不得见久矣。”(《史记·赵世家》)

舜何人也?我何人也?夫启耳目,载心意,从立移徙与我同性,而舜独有贤圣之名,明君子之实;而我曾无邻里之闻,宽徇之智者。(《新书·劝学》)

我们认为“曾”的性质还值得商榷。在陈前瑞(2018)调查的 99 例中,否定形式有 82 例,肯定形式只有 17 例。这 17 例当中 14 例为肯定形式的反问句。如:“曾是以为孝乎?”只有 3 例为陈述句,还有一个有争议。因此,“曾”实际也应该算作强调标记,其功能是加强否定,反预期只能算是附加功能。

参考文献

陈前瑞　2018　《试论“曾”的反预期与经历义的演变关系》,《古汉语研究》第 2 期。

陈振宇　2017　《汉语的指称与命题》,上海人民出版社。

陈振宇　邱明波　2010　《反预期语境中的修辞性揣测意义》,《当代修辞学》第 4 期。

陈振宇　杜克华　2015　《意外范畴:关于感叹、疑问、否定之间的语用迁移的研究》,《当代修辞学》第 5 期。

陈振宇　姜毅宁　2019　《反预期与事实性——以“合理性”语句为例》,《中国语文》第 3 期。

董淑慧　1996　《谈“却”字三项副词用法的演成及其与几个相关副词的平行发展》,《汉语学习》第 4 期。

董秀芳　2010　《量与强调》,徐丹主编《量与复数的研究——中国境内语言的跨时空研究》,商务印书馆。

谷　峰　2014　《汉语反预期标记研究述评》,《汉语学习》第 4 期。

胡承佼　2018　《意外范畴与现代汉语意外范畴的实现形式》,《华文教学与研究》第 1 期。

李　焱　孟繁杰　2011　《关联副词“倒”的演变研究》,《古汉语研究》第 3 期。

李宗江　2005　《副词“倒”及相关副词的语义功能和历时演变》,《汉语学报》第 2 期。

吕叔湘　主编　1980　《现代汉语八百词》,商务印书馆。
马　真　1983　《说"反而"》,《中国语文》第3期。
强星娜　2017　《意外范畴研究述评》,《语言教学与研究》第6期。
强星娜　唐正大　2019　《反预期情状的多维度考察》,第八届当代语言学国际圆桌会议论文,珠海。
石定栩　周　蜜　姚　瑶　2017　《评价副词与背景命题——"偏偏"的语义与句法特性》,《外语教学与研究》第6期。
唐　敏　2009　《副词"还"的"反预期"语用功能及"反预期"的义源追溯》,《江苏大学学报》第4期。
唐正大　2008　《了然于心·预料之中·出乎预料》,《东方语言学》第2期。
吴福祥　2004　《试说"X不比Y·Z"的语用功能》,《中国语文》第3期。
袁毓林　2006　《论"连"字句的主观化表达功能——兼析几种相关的"反预期"和"解-反预期"格式》,日本《中国语学》第253号。
袁毓林　2008　《反预期、递进关系和语用尺度的类型:"甚至"和"反而"的语义功能比较》,《当代语言学》第2期。
张宝胜　2003　《副词"还"的主观性》,《语言科学》第5期。
张丽丽　2010　《返回义趋向词作状语——从语义框架看虚化》,《语言暨语言学》11(4):803—851。
张谊生　田家隆　2016　《从"X是"的反预期情态看语义积淀对副词主观评注功能的影响——以"硬是、愣是、就是、偏是"的个性差异为例》,《语言研究集刊》第2期。
宗守云　2011　《说反预期结构式"X比Y还W"》,《语言研究》第3期。
宗守云　2015　《晋方言情态动词"待"及其否定关联和意外性质》,《中国语文》第4期。
Biq, Y. O.　1988　From focus in proposition to focus in speech situation: *Cai* and *jiu* in Mandarin Chinese. *Journal of Chinese Linguistics* 16:72 - 108.
Heine, Bernd, Ulrike Claudi & Friederike Hunnemeyer　1991　*Grammaticalization: A Conceptual Framework*. Chicago: University of Chicago Press.
Hengeveld, Kees & Hella Olbertz　2012　Didn't you know? Mirativity does exist! *Linguistic Typology* 16(3):487 - 503.
Lapinski, M. K. & Rimal, R. N.　2005　An explication of social norms. *Communication Theory* 15 (2): 127 - 147.
Sherif, M.　1936　*The Psychology of Social Norms*. New York: Harper.
Traugott, Elizabeth C.　1999　The rhetoric of counter-expectation in semantic change: A study in subjectification. In Andreas Black & Peter Koch (eds.) *Historical Semantics and Cognition*. Berlin & New York: Mouton de Gruyter.
Traugott, E. C. & Dasher, R.　2002　*Regularity in Semantic Change*. Cambridge: Cambridge University Press.

Types of Chinese Adverbs Marking Counter-expectation and Their Semantic Source

DONG Xiufang

Abstract: From the diachronic perspective, Chinese adverbs that have the function of marking counter-expectation can be divided into three types. Those adverbs originated from the semantics of "return" or "reverse", such as *dao*, *hai*, *que*, have the implication of "should not" when functioning as counter-expectation marker.

Those adverbs originated from the semantics of "finish" ,such as *jing* and *jingran*,are related to the results of events and have the implication of "unexpected" when functioning as counter-expectation marker. Those adverbs originated from "deviation", such as *pian*, *pianpian*, and *piansheng*, have the implication of "not hope" when functioning as counter-expectation marker, showing the situation is contrary to the desire of the addresser. All the adverbs having the function of counter-expectation marker experienced the process of subjectification.

Keywords: counter-expectation marker, adverb, grammaticalization, subjectification

（董秀芳　北京大学中文系/北京大学中国语言学研究中心/
北京大学计算语言学教育部重点实验室　100871）

汉语反复问句从上古到中古的演变及相关问题的讨论*

赵长才

提　要　汉语反复问句从上古到中古时期发生了重大变化，本文首先对先秦两汉反复问句研究状况和已经取得的成果做了简要概述。然后着重根据中古时期本土文献和汉译佛经文献所反映出的反复问句的实际情况，对中古时期汉语反复问句提出分类标准并建立了新的分类框架。文章对中古汉语反复问句研究过程中所涉及的一些重要问题，以及学者们在这些问题上的主要观点和看法进行了分析，并做了进一步的探讨。

关键词　反复问句　上古汉语　中古汉语　汉译佛经

〇　引言

反复问句，也有学者称之为正反问句或正反选择问句，是汉语疑问句系统中的一个重要类型。近几十年来，无论从现代汉语共时语法（包括方言语法）层面，还是从汉语历时语法角度，反复问句的研究一直是个热点问题，受到学者们的高度关注，也取得了十分丰硕的成果。

汉语史学界以往对反复问句的研究比较偏重于上古汉语（以先秦两汉传世典籍为代表）和近代汉语（以唐宋以后白话文献为代表），而对中古汉语时期反复问句的考察则略显薄弱，研究的语料范围多局限于少数本土文献，中古汉译佛经语料的价值未得到应有的重视。但近二三十年来，随着汉语史研究的不断深入，中古汉译佛经语料的重要性和其所具有的独特价值正逐渐显现，这种状况得到了极大的改变。专门以中古汉译佛经为考察对象或主要利用译经文献并结合中土传世典籍对中古汉语反复问句进行研究的学者越来越多，已经取得了可喜的成果。对一些重要问题的看法，学术界已取得部分共识；有些问题虽然尚未完全解决，还没有形成较为一致性的结论，但研究已相当深入。总的来看，人们对中古时期汉语反复问句的总体面貌和特点认识得更加清晰了。

本文拟首先对反复问句从上古汉语到中古汉语的研究状况和已经取得的成果做一简要概述，其次根据中古汉语反复问句的实际情况对这一时期反复问句提出分类标准并建立分类框架，然后对反复问句研究过程中所涉及的一些重要问题以及学者们在这些问题上的主

* 本研究受国家社科基金重大项目“多卷本断代汉语语法史研究”（14ZDB092）的资助。

要观点和看法展开讨论，并做进一步的探讨。

对研究文献中学者们所使用的一些符号，这里一并说明如下：

V：动词；　VP：动词短语；　N：名词；　NP：名词短语；　O：宾语；

Adv.：副词；　Neg：否定词；　PRT：句末语气词；　Con：连词。

一　上古汉语（先秦两汉）反复问句的一般情形

1.1　先秦时期的反复问句

1.1.1　甲骨卜辞中是否存在反复问句和选择问句

甲骨文中是否已经存在反复问句和选择问句，目前学术界的意见尚不统一。有些学者认为反复问句和选择问句在甲骨文中已经存在了（陈梦家 1956，王海棻 1981，王海棻、邹晓丽 1991，向熹 1993，王海棻 2001，江蓝生 2007），另外一些学者则不同意这种意见（朱德熙 1985、1991，裘锡圭 1988，张敏 1990，刘子瑜 1998，遇笑容、曹广顺 2002，刘开骅 2008）。当然，在两种观点各自的内部，对一些具体问题的看法也并不完全一致。

陈梦家（1956：87）以跟"雨"有关的卜辞为例，对卜辞语法进行分析，认为卜辞的"雨不雨"省而为"雨不"，就是后来的"雨否"。

裘锡圭（1988）对甲骨文中"VP 不"或"VP 不 VP"格式的卜辞究竟能不能看作反复问句句式的命辞进行了全面考察和详细论证，他一方面审慎地指出："应该承认，'V 不 V'和'V 不'这两种格式的反复问句，在殷代语言里都有可能存在。"另一方面，他强调："但是承认殷代语言里可能有'V 不 V'和'V 不'式的问句，并不一定导致承认'V 不 V'和'V 不'这两种格式的卜辞是问句。"他的结论是："如果把末尾为否定词'不'的卜辞跟有关的卜辞联系起来进行考察，就能发现这种卜辞末尾的'不'实际上并不属于命辞，而是简化的验辞或用辞。""'V 不 V'式卜辞，包括用否定词'弗'的同型卜辞'V 弗 V'，也跟上面刚讨论过的'V 不'式卜辞一样，是由命辞和验辞构成的，并非反复问句式的命辞（当然也不可能是由两个正反相对的独立问句构成的命辞）。"

刘子瑜（1998：567—568）一方面同意裘锡圭先生的意见，但另一方面她又认为"甲骨文中所出现的正反对贞的卜辞与正反选择问句是有发展关系的"，"即使认为甲骨文时代还没有反复问句，但后代的反复问句与卜辞中的正反对贞，特别是语义正反相对的并列选择问句应该有密切的渊源关系"。针对这一观点，刘开骅（2008：220）认为："正反问句在结构形式和语义表达上虽然都可以理解为一种选择关系，但是，两者之间是否存在历史发展关系，正反问句是否由选择问句演化而来，根据目前有限的语料，似乎很难说定。"

1.1.2　先秦（包括秦）反复问句的类型

根据目前学者们的研究，先秦时期反复问句可以归纳为下面几个类型。

A."VP-neg"式

裘锡圭(1988)举出了西周中期五祀卫鼎(该器物于20世纪70年代在岐山董家村出土)铭文中的1个例子:

(1)正乃讯厉曰:"汝贾田不?"

多数学者认为,这个例子很可能是我们目前所能见到的最早的"VP-neg"式反复问句,其中的否定词为"不"。此后,在《战国策》出现1例:

(2)秦始皇尝使使者遗君王后玉连环,曰:"齐多知,而解此环不?"君王后以示群臣,群臣不知解。(《战国策·齐策六》)

睡虎地秦墓竹简中,又见到1例这种格式的用例(转引自冯春田1987):

(3)免老告人以为不孝,谒杀,当三环之不?(睡虎地秦墓竹简,195)

B."VP-neg-PRT"式

据刘一之(1986)、刘子瑜(1998)、刘开骅(2008)等对先秦一些重要传世典籍所作的调查,处于非包孕地位的"VP-neg-PRT"式反复问句在先秦已有少量用例,《孟子》2例(引自刘一之、刘子瑜)[①]、《庄子》1例(引自刘开骅):

(4)公孙丑问曰:"夫子加齐之卿相,得行道焉,虽由此霸王不异矣。如此则动心否乎?"孟子曰:"否,我四十不动心。"(《孟子·公孙丑上》)|子之持戟之士一日而三失伍,则去之否乎?(同上·公孙丑下)|谒者入通,盗跖闻之大怒,目如明星,发上指冠,曰:"此夫鲁国之巧伪人孔丘非邪?"(《庄子·盗跖》)

《孟子》中的否定词是"否",句尾疑问语气词为"乎";《庄子》中的否定词是"非",句尾疑问语气词为"邪"。

根据冯春田(1987)和张敏(1990),睡虎地秦简中有5例"VP-neg-PRT"的形式,其中否定词是"不",句尾疑问语气词为"殹(也)"。如:

(5)乃解索,视口鼻喟然不殹(也)?(268)|相与鬬,交伤,皆论不殹(也)?(183)

C."AdvVP-neg"式

赵长才(1998)讨论了上古汉语的语气副词"亦"的用法,指出"亦"可以进入到反复问句中,先秦时期的例子如:

(6)田忌三战三胜,邹忌以告公孙闬,公孙闬乃使人操十金而往卜于市,曰:"我,田忌之人也,吾三战而三胜,声威天下,欲为大事,亦吉否?"(《战国策·齐策一》)

这个例子以"AdvVP-neg"的形式出现,其中的副词为"亦",否定词为"否"。

D."VP-neg-VP"式

据冯春田(1987)的考察,睡虎地秦简中有25例"VP-neg-VP"式反复问句(冯先生称之

---

① 据刘子瑜统计为3例,但其中有1例处于包孕状态,故这里不算在内。

为“紧缩式选择问句”,例句后面的数字是原书引文页码),如:

(7)求盗盗,当刑为城旦,问罪当加如害盗不当?(152)|甲杀人审,问甲当论及收不当?(180)|“辞者辞廷。”今郡守为廷不为?(192)|知人通钱而为藏,其主已取钱,人后告藏者,藏者论不论?(230)

冯春田(1987)指出:“比较传世古籍中的相类句式,秦简的紧缩式选择问句的显著特点是在否定形式中往往要重叠肯定形式中的词语,依次是先重叠助动词(‘HVO·不H’、‘HV·不H’),再重叠动词(‘VO·不V’、‘V·不V’);只有当肯定形式是单一的动词V时,才在否定形式中形成完全重叠的形式(‘V·不V’)。”

朱德熙(1991)认为这确实是一种典型的“VP-neg-VP”式反复问句,但他同时也指出:“奇怪的是秦简以后这种句式突然在文献中消失,在长达千年的时间里,连一点痕迹也看不到。这个现象恐怕只能这样解释:云梦秦简反映的是当时的一种西北方言。由于传世文献大都是用标准语写成的,方言,特别是方言句法,很少有机会得到反映。”

张敏(1990:105)则进一步认为秦简里的“VP-neg-VP”式反复问句是由选择问经右删除得来的,“因此它不仅在形式上与先秦两汉其他材料中的反复问不同,而且在来源和性质上也与它们迥然有别。更精确地说,其形式上的特殊性是与它的形成方式有关的,而它之所以使用这种‘与众不同’的形成方式,又是由其特殊的选择问形式和否定词系统决定的。”他指出“秦墓竹简否定系统中的复合否定形式是很不发达的,它有用分析形式(analytic form)表达复合否定概念的倾向”。

何亚南(2001:209)认为:“睡虎地秦墓竹简中‘VP不VP’式的出现,似乎也可解释为法律文件为表达精确而采用的一种特殊句式。另外在表述不求简练的口语中,这种句式也有出现的可能。”刘子瑜(2005:465)也认为该句式的出现可能跟法律文书的对白性语体内容有关。

江蓝生(2007)则从省略和紧缩的角度探讨了秦简中的这种句式,她认为:“正如甲骨卜辞的‘雨不雨’应分析为双小句‘雨?不雨?’一样,秦简中看似‘VP不VP’句式的问句,也应该分析为列项式双小句选择问句式(‘V?不V?’、‘VP?不V?’、‘VO?不V?’)。”

对秦简中这种句式究竟如何分析和解释,仍存在争议,还可以作进一步的探讨。

1.2　两汉时期的反复问句

这一时期反复问句的类型,主要有以下三种:

A.“VP-neg”式

在西汉的《史记》,东汉的《汉书》和《论衡》中,这种格式都有使用,否定词不再限于“不”,还可以是“否”和“未”。如:

(8)于是王召见,问蔺相如曰:“秦王以十五城请易寡人之璧,可予不?”相如曰:“秦强而赵弱,不可不予也。”(《史记·廉颇蔺相如列传》)|方今年岁未可预知也,即有水旱,

其忧不细。公卿有可以防其未然,救其已然者不?(《汉书·于定国传》)

(9)二世曰:"丞相可得见否?"乐曰:"不可。"(《史记·秦始皇本纪》)|延年曰:"将军为国柱石,审此人不可,何不建白太后,更选贤而立之?"光曰:"今欲如是,于古尝有此否?"(汉书·霍光传)|问之曰:"晓知其事,当能究达其义,通见其意否?"(《论衡·谢短篇》)

(10)上乃曰:"君除吏已尽未?吾欲亦除吏。"(《史记·魏其武安侯列传》)|后三日,客持诏记与武,问:"儿死未?手书对牍背。"武即书对:"儿见在,未死。"(《汉书·外戚传下》)|方今天下太平矣,颂诗乐声,可以作未?(《论衡·须颂篇》)

B."VP-neg-PRT"式

只在《论衡》中见到2例,句尾语气词为"也"。

(11)且从子政之言,以性为阴,情为阳,夫人亲性,竟有善恶不也?(《论衡·本性篇》)|今周公,人臣也,以天子礼葬,魂而有灵,将安之不也?(《论衡·感类篇》)

C."Adv. VP-neg"式

能够出现在该格式中的副词仍只限于"亦",且使用并不多。如(引自赵长才1998):

(12)陈轸适至秦,惠王曰:"子去寡人之楚,亦思寡人不?"(《史记·张仪列传》)|越人庄舄仕楚执圭,有顷而病,楚王曰:"舄故越之鄙细人也,今仕楚执圭,贵富矣,亦思越不?"(同上)

葛佳才(2005)举出东汉《太平经》中有"亦岂""宁亦"用于反复问句的形式,如:

(13)"夫为善,亦岂有名称字不邪?""小子不及,唯师开示之。"(《太平经》卷49,136)|"若人预争置死地,作死约,得死,是也;日求凶,得凶恶而死,复是也;名为凡事所求者得,天与地无所大负于此人也。真人宁亦大觉未?""唯唯。"(同上,卷90,286)

1.3 小结

甲骨卜辞中是否已经产生了反复问句,虽然目前意见尚不统一,但一般多倾向于没有。比较而言,最无异议的是西周中期五祀卫鼎铭文的那个例子。

先秦两汉时期,汉语反复问句的类型主要有四种:"VP-neg""VP-neg-PRT""Adv. VP-neg"以及"VP-neg-VP"(该型只出现于睡虎地秦墓竹简中)。除了"VP-neg-VP"类型外,其余三种类型也均为东汉译经反复问句的主要类型。

二 中古汉语反复问句的类型及使用特点

2.1 中古反复问句的类型

遇笑容、曹广顺(2002)选取东汉至隋的19部译经和6部中土文献作为考察对象,对反复问句的类型进行了归纳。他们根据VP前是否出现副词,将反复问句分为两大类型:

“VP-neg”型和“Adv. VP-neg”型，并对这两种基本类型下的各种变式进行了小类划分。

也有学者从别的角度进行分类，刘开骅(2008：206)认为中古汉语的正反问句有两种类型：“VP-neg”型和“VP-neg-VP”型。显然这种分类是在承认中古时期存在“VP-neg-VP”型反复问句的前提下作出的。刘先生根据正反项之间是否还有其他成分将“VP-neg”型进一步分为两种形式：一是“VP-neg”式，正反项之间没有别的成分；二是“VP-X-neg”式，即正反项之间嵌有“与”“以”“已”等词。

为了更为直观地反映出中古时期反复问句的类型特征，根据这一时期反复问句的实际情况和特点，在已有的分类成果基础上，我们提出一种新的分类标准和框架。首先按是否用连词“与”(“已”“以”)连接正反项，将中古反复问句分成无连词出现的反复问句和有连词出现的反复问句两大类，然后再根据 VP 前是否出现语气副词进一步划分次类和相应的小类。分类的层次图示如下：

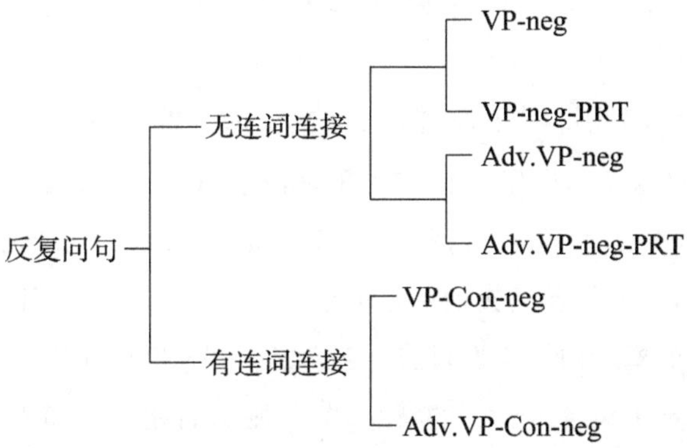

2.2　各小类反复问句的出现时间及使用特点

下面根据图示的分类框架对中古时期反复问句各次类和小类的使用情况作简要说明。

2.2.1　“VP-neg”式

出现在该格式中的否定词主要是“不”，也有少数“未”“无”“非”和“否”，其中“无”和“非”是中古时期新出现在反复问句中的否定词。

A.“VP 不”

“VP 不”是中古时期最多使用的反复问句形式，译经中更多见，如：

(14)其价能与一头牛等不？(东汉支娄迦谶译《般舟三昧经》)|汝等见此童子不？(东汉竺大力共康孟详译《修行本起经》)|佛告二十亿耳：“我今问汝，随意答我。二十亿耳，汝在俗时，善弹琴不？”答言：“如是，世尊。”(刘宋求那跋陀罗译《杂阿含经》)|释提桓因即化作人，语小儿言：“汝今割肉与汝父母，生悔心不？”答言：“不悔。”(元魏吉迦夜共昙曜译《杂宝藏经》卷 1)

遇笑容、曹广顺(2002)在比较了“VP 不”在译经语料和中土文献使用数量上的差异后，分析了造成这种差别的原因,指出:"可能是'VP 不'在后汉到隋仍是一种比较口语化的句式,译经比较接近口语,使用较多,本土文献较接近文言,出现较少。同时,在内容上,许多译经对话较多,疑问句出现的机会也就比较多,本土文献对话少,使用疑问句的机会少,这也是造成本土文献'VP 不'出现少的原因之一。"(遇、曹 2002:126)

B."VP 未"

"VP 未"在《史记》中即已出现(例见上),在东汉译经中有少量用例,魏晋南北朝译经里的用例明显增多。如:

(15)卿曹爱欲尽未?(东汉支娄迦谶译《佛说遗日摩尼宝经》)|佛告拘怜:"解未?"拘怜退席对曰:"未悟,世尊。"(东汉昙果共康孟详译《中本起经》卷上)|阿难食讫,呪愿已,便出乞食,比丘见阿难已,问言:"尊者食未?"答言:"已食。"(东晋佛陀跋陀罗共法显译《摩诃僧祇律》卷 15)|"汝辞舍利弗未?"答言:"未辞。"(刘宋求那跋陀罗译《杂阿含经》卷 5)|母即还家,其妇开门,谓是夫主,问言:"杀未?"姑答:"已杀。"(元魏吉迦夜共昙曜译《杂宝藏经》卷 9)

中土文献的用例如(分别转引自何亚南 2001:204,张敏 1990:107):

(16)今日上不至天,下不至地,言出子口,入于吾耳,可以言未?(《三国志·蜀书·诸葛亮传》)|武帝每见济,辄以湛调之曰:"卿家痴叔死未?"(《世说新语·赏誉》)

从使用频率来看,无论是译经文献还是中土文献,"VP 未"均远不如"VP 不"用例多;从出现的语境及所表达的概念内涵来看,据遇笑容、曹广顺(2002:126),"VP 未"和"VP 不"的差别主要在"未"的否定中包含"已然"的概念,"不"则只否定一个事实。张敏(1990:107)则认为"不"既可表未然体也可表已然体,"未"仅表已然体。

C."VP 无"

张敏(1990:108)认为该式最早见于南北朝时期,以"有 NP 无"的形式出现,他举了下面 3 个例子:

(17)问诸人曰:"世间羸瘦,有剧我者无?"(元魏慧觉等译《贤愚经》卷 1)|问诸商客:"人之美妙,有与我等者无?"(同上,卷 1)|不知彼有法无?(三国吴支谦译《佛说义足经》卷下)

蒋绍愚(1994:244)、冯春田(2000:719)亦持相同看法。

但根据何亚南(2001)的调查,"无"进入反复问句的时间,不是以往一般认为的南北朝时期,当提前到东汉末(公元 2 世纪中叶)。何亚南在东汉佛经中共找到这类文例 5 条,均见于支娄迦谶译《道行般若经》。其中"VP 无"式出现 3 次(另 2 例句中有语气副词,构成"Adv. VP 无"的格式)。下面 2 例转引自何亚南(2001:212、213):

(18)佛言:"我故自问,若随所报之。于须菩提意云何?幻与色有异无?幻与痛痒思想生死识有异无?"须菩提报佛言:"尔,天中天,幻与色无异也,色是幻,幻是色。幻与

痛痒思想生死识等无异。”(东汉支娄迦谶译《道行般若经·道行品》)|舍利弗言:“菩萨梦中布施,持是施与,作阿耨多罗三耶三菩,如是有施与无?”(东汉支娄迦谶译《道行般若经·怛竭优婆夷品》)

在整个中古时期汉译佛经中,“VP无”中的否定词“无”均是与“有”相对的,只用于表示存在的反复问句中,说明其意义和功能都还受到一定的限制。

D.“VP非”

这种格式的用例很少,张敏(1990)举的例子都是南北朝本土文献中的,并认为这种问句是东汉文献材料中未见到过的。但何亚南(2000)在东汉佛经中找到1例,这可能是目前见到的最早用例,说明它在较为口语化的语料中也不常用。下面2例分别引自何亚南(2000:212)和张敏(1990:108):

(19)问:“数息为泥洹非?”报:“数息相随鼻头止意,有所著,不为泥洹。”(东汉安世高译《佛说大安般守意经》卷下)|遥光府佐司马端为掌书记,曹虎谓之曰:“君是贼非?”端曰:“仆荷始安厚恩,今死甘心。”(《南齐书·萧遥光传》)

这两个用例中的否定词“非”均用于判断句末,这是它跟其他句末否定词最大的不同之处。

E.“VP否”

“VP否”式在东汉译经中未出现;在魏晋南北朝译经中亦罕见,且基本用于叙述性语言环境中,并非典型的问句,如:

(20)一时,佛住舍卫国祇树给孤独园时,有异婆罗门来诣佛所,问讯安否。问讯已,退坐一面。(刘宋求那跋陀罗译《杂阿含经》卷31)|(58)既达宫内,尔乃下象。为王跪拜,问讯安否。王大欢喜,命令就座。(《贤愚经》卷12)

在中土文献中“VP否”的使用频率远比译经高,据何亚南(2001)调查,“VP否”在《三国志》及裴注中分别出现了5次和10次。另据张敏(1990)调查,《搜神记》《搜神后记》里的Neg几乎都是“否”。下面的例子分别引自何亚南(2001:204)、张敏(1990:107)和刘开骅(2008:208):

(21)伯先在否?汝何不拜?(《三国志·魏书·常林传》)|良久,二人曰:“汝县有同姓名人否?”(《搜神记》卷10)|若谓有此理者,可得申吾意上闻否?(《南齐书·王僧虔传》)|永问斌曰:“京下复有卓越年少否?”斌答:“有沙弥道慧、法安、僧拔、惠熙。”(《高僧传》卷8)

张敏认为,尽管疑问句尾的“否”在佛经中罕见,“但这并不意味着称代性否定词已在句尾消失,佛经里不大用‘否’的原因可能是因为‘不’是‘否’的一种较白的写法,也可能句末的称代性否定意义在当时已能用‘不’(平声)去表示了。”(张敏1990:107)

2.2.2 “VP-neg-PRT”式

在中古译经里,能够进入“VP-neg-PRT”式中的否定词只有“不”和“未”,句末语气词有

"耶/邪""乎""也"。

A. VP-不-PRT

在东汉译经中,能够出现在句末的语气词只有"耶",构成"VP不耶"式,仅在支娄迦谶译《道行般若经》中出现2例:

(22)佛言:"空处可计尽不耶?"须菩提言:"空不可计尽。"(东汉支娄迦谶译《道行般若经》卷5)|弊魔不能动转舍去,更作方便,化作若干菩萨在其边住。因指示言:"若见不耶?是悉菩萨。皆供养如恒中沙佛。"(同上,卷6)

魏晋南北朝译经中的"VP-不-PRT"式用例较多,出现在句末的语气词除了"耶/邪"外,还有"乎""也"。如:

(23)汝今故能抱此破瓶不耶?(姚秦竺佛念译《出曜经》卷17)|太子语妇:"汝闻大王勒那跋弥名字不耶?"答言:"闻之,是我父也。"(元魏慧觉等译《贤愚经》卷9)

(24)王曰:"诸君识长生不乎?"佥曰:"不识。"(三国吴康僧会译《六度集经》卷1)|佛告诸比丘:"欲知尔时乌妻不乎?"(西晋竺法护译《生经》卷5)|佛问阿难:"汝见有人驱放群牛不乎?"对曰:"唯然,见之。"(姚秦竺佛念译《出曜经》卷2)

(25)佛告阿难:"如是如是,阿难,佛不无缘而微笑也。汝今见是二小儿不也?""已见,世尊。"(西晋安法钦译《阿育王传》卷1)|王时语言:"识我不也?"答言:"不识。"(元魏吉迦夜共昙曜译《杂宝藏经》卷2)

同期中土文献中"VP-不-PRT"的用例如:

(26)问其兄曰:"向以琴来不邪?"(《世说新语·雅量》)|汝得我所寄李娥书不耶?(《搜神记》卷15)

B. VP-未-PRT

东汉译经里未见使用,只在北朝译经《四分律》和《贤愚经》中有少量用例,能够出现在句末的语气词只有"耶"。如:

(27)问言:"汝曹分夏衣未耶?"答言:"未分。"(姚秦佛陀耶舍共竺佛念等译《四分律》卷41)|转复前行,导师复问:"当有绀色之山,汝见未耶?"太子答言:"我已见之。"(元魏慧觉等译《贤愚经》卷9,转引自张敏1990:108)

C. VP-非-PRT

中古译经中未见用例,只在中土文献《世说新语》中出现1例,句末语气词为"邪"(转引自柳士镇1992:306):

(28)既而,母谓武子曰:"如此衣形者,是汝所拟者非邪?"武子曰:"是也。"(《世说新语·贤媛》)

2.2.3 "Adv. VP-neg"式

出现在VP前位置上的语气副词有"宁"(包括双音词"宁当/宁应/宁复")"岂""为""颇"

（包括双音词"颇曾/颇复"）"叵""亦""乃"。句尾的否定词主要是"不"，"未""无"偶或使用。

A. 宁 VP 不（包括双音语气副词"宁当/宁应/宁复"）

"宁 VP 不"在整个中古译经中使用频率很高，如：

(29)若当死时，宁有代我受此厄者不？（东汉竺大力共康孟详译《修行本起经》卷下）|子经历诸山，宁覩太子不？（三国吴康僧会译《六度集经》卷 2）|王问从者："太子今出，宁有乐不？"（刘宋求那跋陀罗译《过去现在因果经》卷 2）

"宁"与词缀"当、应、复"构成双音节副词，在反复问句中与"宁"单用时意义相同。其中"宁当/宁应 VP 不"均只出现在东汉安世高译《人本欲生经》中，其他译经未见。如：

(30)"宁当有家不？"阿难白佛言："无有。"（东汉安世高译《人本欲生经》）|宁应有身不？（同上）|今者汝等宁复遥见沙门瞿昙来不？（西晋竺法护译《普曜经》卷 7）

B. 岂 VP 不

最早见于东汉译经《中本起经》，魏晋六朝译经也有少量用例，如：

(31)王曰："善哉，岂可言不？"（东汉昙果共康孟详译《中本起经》卷下）|稽首佛足，退立白言："吾等，世尊，惟世愚者，惑于五欲，至厥命终，岂有厌者不？"（三国吴康僧会译《六度集经》卷 4）|譬如饶财巨富之人，岂可羡于贫穷饥冻乞索人不？（隋阇那崛多译《佛本行集经》卷 23）

C. 为 VP 不

东汉时期集中出现在安世高和支娄迦谶译经中，魏晋六朝更为常见。如：

(32)"为有老死不？"阿难白佛言："不。"（东汉安世高译《人本欲生经》）|"今为尽不？"则答言："不尽。"（东汉支娄迦谶译《佛说阿阇世王经》）|便前白言："二子今者为安隐不？"菩萨答言："二子安隐。"（三国吴支谦译《菩萨本缘经》卷中）|彼取食已，复问之言："妹为饱不？"彼答言："饱。"（元魏佛陀扇多译《银色女经》）

中土文献中用例也很多，下面的例子分别引自葛佳才（2005:259）和江蓝生（1992:255）：

(33)故言司命近在胸心，不离人远，司人是非，有过辄退，何有失时？辄减人年命，为知不？（《太平经》卷 114）|世光与信于家去时，其六岁儿见之，指语祖母曰："阿爷飞上天，婆为见不？"（《古小说钩沉·冥祥记》）

D. 颇 VP 不（包括双音节副词"颇曾/颇复"）

"颇 VP 不"始见于东汉译经，魏晋六朝更为常见，并一直延续至唐代。如：

(34)问须达曰："今此都下颇有神人可师宗者不？"（东汉昙果共康孟详译《中本起经》卷下）|今此城中颇有能舞如我者不？（三国吴支谦译《撰集百缘经》卷 8）|贫人即便语道人言："我今有麨，意欲相施，颇能食不？"（元魏吉迦夜共昙曜译《杂宝藏经》卷 4）

"颇曾 VP 不"用来询问过去之事，始见于魏晋以后译经。如：

(35)复问比丘："善来。未醉之时，颇曾佛前舒脚卧不？""不也，世尊。"（东晋佛陀跋

陀罗共法显译《摩诃僧祇律》卷20)|汝颇曾见清身自苦高行之士少欲知足如此人不?(姚秦鸠摩罗什译《大庄严论经》卷2)|卿颇曾闻干陀摩提国王有太子名栴檀摩提好布施不?"(北凉法盛译《菩萨投身饴饿虎起塔因缘经》)

"颇复VP不"只出现在魏晋六朝译经中,如:

(36)王即问言:"颇复有人,亦能调身,兼调心不?"白言:"大王,有佛世尊,既能调身,亦能调心。"(元魏慧觉等译《贤愚经》卷3)|颇复有知罗汉法教,能令学习得罗汉不?(隋阇那崛多译《佛本行集经》卷38)

E.叵VP不

只见于《撰集百缘经》。如:

(37)佛告阿难:"汝今叵见彼大长者七日作王不?"阿难白言:"唯然,已见。"(三国吴支谦译《撰集百缘经》卷1)|问诸臣言:"今此世间,叵有人能有大气力如我者不?"(同上,卷9)

F.亦VP不

只见于安世高译《人本欲生经》:

(38)"为有受不?亦有受名不?"阿难言:"不。"(东汉安世高译《人本欲生经》)|宁有眼更不?亦有眼当因缘生不?(同上)

在这两个例子中,"亦"分别与"为"和"宁"互文,但并不因此构成选择问句,只是连续的两个反复问句而已。东汉译经中的这种"亦VP不"式,是对上古汉语相同格式的承继,用例不多,已趋式微。到魏晋六朝时期,再未见到。

G.乃VP不

葛佳才(2005)较早注意到"乃"在反复问句中的这种用法,并指出"乃VP不"只出现在支娄迦谶译经中。如:

(39)佛谓舍利弗:"汝乃知是王不?"则言:"不知。"(东汉支娄迦谶译《佛说阿阇世王经》,转引自葛佳才2005:265)|佛语阿难:"乃见伅真陀罗诸夫人眷属为我作礼者不?"阿难白言:"已见。"(东汉支娄迦谶译《佛说伅真陀罗所问如来三昧经》)

H.为VP未

(40)迦罗问言:"为婚娶未?"答言:"未婚。"(东晋佛陀跋陀罗共法显译《摩诃僧祇律》卷6)|王又问曰:"于四禅事,汝为得未?"犹答:"未得。"(元魏慧觉等译《贤愚经》卷2)

I.颇VP未

(41)又问言:"汝于佛法颇有所证未?"答言:"我有所证,已得须陀洹。"(西晋安法钦译《阿育王传》卷6)|即问女言:"颇有人来求索汝未?"答言"未也。"(元魏慧觉等译《贤愚经》卷10)|作如是言:"仁者,汝今颇知世间释迦如来多陀阿伽度阿罗呵三藐三佛陀出现世未?"(隋阇那崛多译《佛本行集经》卷37)

J. 宁 VP 无

只见于东汉支娄迦谶译《道行般若经》：

(42)"于须菩提意云何，宁有所中伤死者无？"须菩提言："无。"（东汉支娄迦谶译《道行般若经》卷 1）

K. 颇 VP 无

见于六朝译经，如：

(43)阿恕伽言："颇有来者无？"（西晋安法钦译《阿育王传》卷 7）|颇有梵志无？乃至于泥洹。（姚秦竺佛念译《出曜经》卷 29）

L. 乃 VP 无

只见于东汉支娄迦谶译《道行般若经》：

(44)须菩提白佛言："若有菩萨有时还其功德，若复从他方佛刹来，若供养佛，乃有从彼来生是间者无？"佛言："有。"（东汉支娄迦谶译《道行般若经》卷 5）

2.2.4 "Adv. VP-neg-PRT"式

出现在该格式中的副词有"宁/宁应""为""颇""乃"，否定词为"不""未"，语气词为"耶""乎"和"也"。

A. 宁/宁应 VP-不-乎/耶

始见于东汉译经中，魏晋六朝译经亦多见，如：

(45)宁知彼时少年不乎？（东汉支曜译《佛说成具光明定意经》）|是宁应为遮迦越罗子不乎？（东汉支娄迦谶译《佛说遗日摩尼宝经》）|会诸群臣，则诏之曰："卿等宁见前所逐梵志不耶？"答曰："不见。"（西晋竺法护译《生经》卷 1）

B. 为 VP-不-乎/耶/也

始见于东汉译经，魏晋六朝译经更为多见，如：

(46)须菩提白佛言："如是般若波罗蜜为空行不乎？"（东汉支娄迦谶译《道行般若经》卷 7，按：原文讹为"乎不"。）|我闻汝布施乳，为审尔不乎？（西晋法炬译《前世三转经》）|今试著是天冠缨络，为好不也？（西晋安法钦译《阿育王传》卷 2）|世尊知而故问舍利弗目连言："汝等今日受请食为得充足不耶？"（姚秦佛陀耶舍共竺佛念等译《四分律》卷 13）

C. 颇 VP-不-乎/耶

见于魏晋六朝译经，如：

(47)又问："汝等颇见迦旃延比丘不乎？"诸比丘对曰："唯然，见之。"（东晋瞿昙僧伽提婆译《增壹阿含经》卷 46）|天帝复问："汝今剜眼，苦痛如是，颇有悔退瞋恚不耶？"王言："不悔，亦不瞋恨。"（元魏慧觉等译《贤愚经》卷 6）

D. 乃 VP-不-乎

(48)“声响一类,乃成其曲不乎?”对曰:“尔也,世尊。”“云何,二十亿耳,若琴弦急缓者,为成曲不乎”对曰:“不也,世尊。”(姚秦竺佛念译《出曜经》卷6)

按,此例语气副词“乃”和“为”前后互见,意义相同。

E. 为VP-未-也/耶

见于魏晋六朝译经,如:

(49)王闻是语,白上座言:“彼清净尊者为出世未也?”答言:“已出。”(西晋安法钦译《阿育王传》卷2)|问诸人言:“所得夏安居衣为分未耶?”答言:“未。”(姚秦佛陀耶舍共竺佛念等译《四分律》卷10)

2.2.5 “VP-Con-neg”式

这类反复问句的特点是,正反项之间使用连词“以”“已”或“与”,句尾不出现语气词,VP前亦不出现语气副词,否定词限于“不”和“未”。

A. VP-以/已/与-不

根据张敏(1990)、江蓝生(1992)、柳士镇(1992)等学者的考察,“VP-以/已/与-不”式反复问句的大量使用是在魏晋六朝时期,在译经和中土文献里都有使用。如:

(50)若言已食,复问:“檀越自恣与不?”(东晋佛陀跋陀罗共法显译《摩诃僧祇律》卷16)|时婆罗门即问言:“妹实割二乳施他以不?”(元魏佛陀扇多译《银色女经》)|作如是言:“摩尼娄陀安眠已不?”(隋阇那崛多译《佛本行集经》卷58)

B. VP-已-未

只见于《佛本行集经》:

(51)我实不知释迦如来出现已未?(隋阇那崛多译《佛本行集经》卷37)|“彼仙在苑,出去已未?”尔时诸臣白月王言:“彼之仙人,犹未出苑。”(同上,卷55)

2.2.6 “Adv. VP-Con-neg”式

该式与“VP-Con-neg”的区别在于VP前出现语气副词“为”“宁”“颇”“叵”等,否定词限于“不”和“未”。亦多见于魏晋六朝译经。

A. 为VP-以/与-不

(52)当试此象为能以不?(东晋瞿昙僧伽提婆译《增壹阿含经》卷48)|复问:“比丘,彼强食其肉,为度旷野崄道与不?”答言:“如是,世尊。”(刘宋求那跋陀罗译《杂阿含经》卷15)

B. 宁VP-以/已/与-不

(53)欲有所问,仁者宁有闲暇见答以不?(宋求那跋陀罗译《杂阿含经》卷34,在同一语境中,“已”“与”和“以”互见。)

C. 颇VP-以/已-不

(54)时憍尸迦婆罗门语其家人:“汝家颇有经书以不?”(后秦鸠摩罗什译《大庄严论

经》卷1)|太子知已,问父王言:“父王颇知父王城内有人能出与我共试技艺已不?”(隋阇那崛多译《佛本行集经》卷12)

D. 叵VP-以-不

(55)譬如有人,说彼月天种种恶事毁辱之言,叵有人闻如此事者,能信以不?(隋阇那崛多译《佛本行集经》卷18)|而今已过如是无量无边亿数百千万年,叵有彼佛释迦如来出世以不?(同上,卷37)

E. 为VP-以/已-未

(56)弥时阿育王复问上座耶舍:“优波笈多为生以未?”大德耶舍答言:“已生。”(梁僧伽婆罗译《阿育王经》卷1)|那哆婆哆寺檀越为生已未?(同上,卷7)

三　中古反复问句中副词的性质及来源

3.1　反复问句中副词的性质和功能

对于出现在中古疑问句(包括反复问句)VP前位置的“岂”“宁”“为”“颇”“叵”等副词的性质,学术界主要存在两种不同的看法。

一种意见认为是疑问副词,但对这些副词的功能有不同的理解。

吴福祥(1997)认为“岂”“宁”等为疑问副词,是句子疑问功能的负载者。太田辰夫在《汉语史通考》一书讨论中古汉语疑问副词的相关章节里,考察了“宁”“为”“颇”三个词,他指出:“在疑问句开头添加的词有‘宁’‘为’‘颇’,这些词渐渐失去疑问意思,不过是个形式。”(太田辰夫1991:53)①江蓝生(1992)也将这些副词看作疑问副词,不过,她更强调其在语气表达上的作用,认为它们在反复问句里表示推度语气,具有使语气显得委婉、和缓的功能。

另一种意见认为是语气副词,“岂”“宁”“为”“颇”等只具有语气功能,并不负担疑问功能。主要以何亚南(2001),遇笑容、曹广顺(2002),何亚南、张爱丽(2004),刘开骅(2008),赵长才(2011)等为代表。

遇笑容、曹广顺(2002:130—131)指出:“副词‘宁/颇’的出现与否,与疑问的构成没有关系,在是非疑问句中,语气词‘乎/耶’承担了疑问的功能,只要有了它们,有没有‘宁/颇’出现都是是非疑问句。同样,在反复疑问句中,句中的‘VP’和‘不’构成的结构承担了疑问功能,副词出现不出现没有影响。因此,中古汉语‘Adv. VP不’中的‘Adv.’实际上并不是现代汉语‘Adv. VP’中的‘Adv.’,它基本上没有可以表达疑问的功能。如果我们把现代汉语

---

①　太田先生举出《孟子·梁惠王下》“可得闻与?”这个句子,并将其与东汉赵岐对该句的注解“王问古今同乐之意,宁可得闻邪?”进行对比,认为“如果把两者共同的‘可得闻’去掉,就成了:与=宁……邪。而且,‘邪’跟‘与’同义,所以‘宁’在意义上是零。”(太田辰夫1991:53)

'Adv. VP'中的'Adv.'叫做疑问副词,中古汉语'Adv. VP不'中的'Adv.'只是一个用在疑问句中的语气副词。"

对太田辰夫先生所认为的疑问句中的副词不过是个形式的观点,赵长才(2011)提出质疑①,认为:"将语气副词跟疑问副词严格区分开来是对的,也是十分必要的。用于疑问句中的语气副词本身并不负担疑问功能,疑问功能主要是由句式、疑问代词、语气词以及语调等手段来实现的。"

3.2 反复问句中副词的来源

中古汉语在反复问句中出现的副词,一般也用于是非问句,具有相同的来源,这是学界比较一致的看法。但对"岂""宁""颇""叵"和"为"等演变为表推度或中性询问语气副词的路径存在不同的意见。

3.2.1 "岂"和"宁"

江蓝生(1992)考察了中古时期"岂""宁"在是非问句和反复问句里的使用情况,对其来源进行了分析,认为"岂"和"宁"表示推度的用法都是从上古汉语已具有的反诘副词的用法引申而来的。"其引申的理据是:反诘是用疑问的形式表示否定,疑问是虚,否定为实,当这种疑问形式不表示否定时,疑问就成了真性的,这样就由反诘引申为推度。"(江蓝生1992:246)

何亚南(2001)认为"宁"在反复问句中的用法是由其在选择问句中表抉择语义的用法进一步虚化而来的。

3.2.2 "颇"和"叵"

江蓝生(1992)是将"颇"和"叵"表推度的用法跟"可"联系在一起讨论的。她首先考察了"敢"由助动词发展为反诘副词,进而虚化为疑问副词表中性询问的过程。然后根据类化或同步引申的规律加以推断,指出与"敢"词性一致同为助动词的"可",也是沿着与"敢"类似的途径演变为疑问副词的。江先生注意到反问句语境对助动词语义的影响,并以此来解释"可""敢"用作疑问副词的原因。在此基础上,江先生进一步分析,"不可"之合音为"叵","叵"又通借为"颇","可、叵"义同,"叵、颇"音同。至此可以推断疑词"颇"实即"叵",它来自"不可"义的"可"。换言之,魏晋南北朝时期表推度用法的"颇(叵)"是中晚唐以后表推度义"可"的异体前身。

刘开骅(2008)对江蓝生的推论提出了不同的看法。他指出"颇"表"不可"义是唐时新生

---

① 赵长才(2011)指出:"太田先生一方面称'为'是疑问副词或疑问语气副词,另一方面又认为'为'、'宁'等已渐渐失去疑问意思,不过是个形式,在意义上是零。显然这些看法彼此之间有自相矛盾之处,……如果说'为'是疑问副词或疑问语气副词的话,那么就说明'为'在疑问句中承担有疑问功能;如果说'为'已失去疑问意思,只是个形式的话,那么它的功能和意义又是什么呢?真的如太田先生所说'在意义上是零'吗?"

的用法，中古汉语“颇”尚未用来表示“不可”义。如果说“颇”的真实身份为“叵”的话，那么中古汉语表疑问语气如此偏爱替身，多用“颇”而少用“叵”，便是一件很奇怪的事情。刘开骅认为：“不管是从用字上，还是从语义发展上看，完全因音同借用，中古汉语表疑问语气的‘颇’字偶尔可以写作‘叵’，而不是‘不可’义的‘叵’字借用了同音的‘颇’。”（刘开骅 2008:53）

对中古时期汉语反复问句和是非问句中语气副词“颇”“叵”的来源及彼此之间的关系，还有待进一步的研究。

3.2.3 “为”

学术界对选择问句中“为”作选择连词用法的来源问题讨论得比较充分，而对反复问句、是非问句以及特指问句中语气副词“为”是如何发展来的，则相对关注得较少。

太田辰夫（1991:57）简括地指出作为疑问副词的“为”是从同动词“为”派生出来的。太田先生所说的同动词就是系词，但这种派生过程的细节是怎样的，他没有做进一步的分析和阐释。

何亚南、张爱丽（2004）认为：“‘为’产生语气副词新用法的句式基础是带‘为’字的选择问句，语义基础是‘为’的准判断词用法。”

葛佳才（2005）讨论了“为”在判断句和疑问句里的功能，也认为语气副词“为”是由系词演变而来的，“当‘为’字判断句用于疑问句时，处于谓语之前的‘为’，由于表示主、谓语判断关系的功能的衰退，很自然地转而协同语调和句末语气词一起传达疑问语气，时间一久，它就获得了加强不同疑问语气的用法。”（葛佳才 2005:257）另外，他还注意到，秦汉文献中“为”有时用来表示未然时间，相当于“将”，而表未然时间的“将来”义与表推测、拟议的“恐怕，莫非”义是相通的，而“恐怕，莫非”传达的是一种疑而有定的语气，在不同的疑问句中，它有可能衍生出各种疑问语气来。因此葛先生推测，“为”用为疑问副词，也可能受到了它表未来时间的用法的影响。

赵长才（2011）认为，中古各类疑问句中出现的语气副词“为”并不是直接由系词“为”演变而来，中间还存在着其他环节。他指出从“为”的系词用法首先直接引申出来的是其表认定、确认的语气副词用法，用于陈述句。尽管表肯定、认定也是系词本身所具有的功能之一，但在特定的语境中，“为”的这种系词性的联系、认定会演变为针对整个谓词性成分甚至全句的认定、确认，从而词性也会转变为语气副词。他进一步分析了语气副词“为”在各类疑问句中所表示的不同的语气功能，指出这些不同的功能都是在“为”的“认定、确认”义基础上引申出来的。具体到反复问句，赵长才认为：“反复问中的语气副词‘为’同样来源于表认定、确认义的‘为’。事实上，‘为’的这种初始语义在反复问中依然存在，但由于这种问句形式同样是要求或希望答话方就问话方给出的正反两种选项做出一种确定的选择，因此反复问句中的‘为’自然就可以理解为是问话方对事实真相的探究、追究，义同‘究竟，到底’。而委婉推度语气的获得则是反复问这种疑问句形式以及对话双方的话语环境所赋予的，是探究、追究语气的弱化和委婉表现形式。”

四　关于中古反复问句中连接成分“以”“已”“与”的性质

有些学者认为，处于“VP以(已/与)-neg”格式中的“以(已/与)”是语气词或者后来由连词虚化后发展为语气词。如梅祖麟(1978)就认为“以(已/与)”都可能是“邪”的变读。吴福祥(1997)认为“VP-与-neg”格式中的“与”有一个由连词虚化后发展为句中语气词的过程，“当‘与’进一步虚化成语气词以后，便被其音借字‘以’、‘已’所替代。”并认为中古时期已经如此。(吴福祥 1997:47—48)

但多数学者认为“VP以(已/与)-neg”格式中的“以(已/与)”是连词，而非语气词。张敏(1990)、柳士镇(1992,2002)、江蓝生(1992)、何亚南(2001)都曾对此作过详细考辨和论证。我们认为这种看法更合理。

五　中古反复问句中句末否定词“不”是否虚化的问题

中古反复问句是否已经分化？句末否定词“不”是否已经虚化为表疑问的语气词？判断其虚化的标准又是什么？近年来不少学者对这个问题进行研究，提出了很多值得重视的意见和观点。

5.1　两种不同的意见

一种意见认为中古时期“VP不?”一直是反复问句，不存在句末否定词虚化为语气词的问题。持这种观点的学者有张敏、江蓝生、叶建军等。

张敏(1990)指出，尽管上古汉语否定词系统的简化过程在中古时期已基本完成，但反复问句句末的指称性否定词仍然保留着，其重要标志就是“VP以(已)不”形式的出现。显然他并不认为中古时期反复问句中句末否定词“不”存在虚化为语气词的情况。

江蓝生(1992)从否定词“不(否)”的称代性质和疑问系统两方面进行考察，认为中古时期的“VP不”为反复问句，而非是非问句，也就是说，句末的否定词并没有虚化为语气词。她同时也指出:“语言是发展变化的，当‘VP不?’的‘不’失去了称代性，虚化为纯粹传疑的语气词时，‘VP不?’就可以看作是非问句。”(江蓝生 1992:234—235)不过她认为这种虚化是在唐代中期以后。

另一种意见认为中古时期反复问句已经出现分化，在一些情况下，“VP-Neg?”中的否定词“不”已虚化为句末语气词，从而整个句子也就由反复问句转化为是非问句。持这种观点的学者就如何判定“不”虚化的标准和条件展开了深入讨论，代表性的学者有柳士镇、赵新、吴福祥、何亚南、遇笑容、曹广顺、朱冠明、刘开骅、龙国富等。

5.2 对“不”虚化为语气词的标准和虚化条件的讨论

柳士镇较早注意到中古反复问句中句末否定词的虚化问题，他指出：“魏晋南北朝时期‘不(否)、未、非’等否定副词用于句子末尾，其功能从总体看仍然表示反复问句中的否定方面，具有否定意义。不过，少数用例中这类否定副词正在逐步丧失实义，向句末语气助词的方向转化。这表现为前述用于否定句末尾以及与表示反问的语气副词配合使用两种情况。此时，句末否定副词的作用同文言的‘乎’字、白话的‘么、吗’极相类似。”(柳士镇 1992：306—307)

此后，赵新(1994)、吴福祥(1997)也提出类似观点，主张如果疑问副词“宁”、否定副词“未、不”以及反诘副词“讵”等出现在“VP不”中，则这些句子里的“不”已经虚化成疑问语气词。吴福祥(1997)认为：“按照汉语的语义选择规则，‘宁’、‘未’、‘不’、‘讵’等是不能进入‘VP-neg’式反复问句的句法语义框架的。显然，这些句子里的后置否定词‘不(否)’已丧失称代性否定的功能，虚化成疑问语气词，其功能在于帮助表达句子的疑问语气。”

何亚南(2001)提出有四种情况下的句末否定词可以被视为已虚化，除了上面柳士镇已提到的两条外，另外两种情况是：用在一般选择问句句末的否定副词已明显虚化；在谓语很长的句子末尾的否定词有虚化的倾向。

遇笑容、曹广顺(2002)对以往研究中提出的判别“不”虚化的标准进行了分析，认为含否定副词、反诘副词的“VP不”疑问句，以及选择问句句末的“不”，都可以认定已经虚化，这几项标准是成立的。除此之外，他们又提出了另外两个可以认定“VP不”中的“不”可能已经虚化的理由，一是大量的“VP不”和“VP乎/耶”在相同或相近的条件下交替使用，二者的使用有很大的随意性，常常很难说它们有什么差别。二是“VP不VP”和“Adv. VP”两种“VP不”的替换句型在中古都已初露端倪。

遇笑容、曹广顺对含副词“宁/颇”等的“Adv. VP不”格式作了深入探讨，指出这种格式中的副词“宁/颇”等在中古时期并没有表达疑问的功能，只是语气副词，因此用“疑问副词”不能与句末否定副词“不”同现这一语义选择规律，来证明“不”的虚化，这一标准在中古汉语中不起作用。

遇、曹二位先生用“反证法”对否定词“不”的虚化问题提出了新的看法。他们注意到在中古文献中存在许多“不”和“乎/耶”在相同或相近的句子里使用的例子，列举了5组加以对比，例如(这里只举出其中的1组，编号依原文顺序)：

32a “汝等见此灵鹫山乎?”诸比丘对曰：“唯然见之。”(增壹·三十二)

32b “汝等颇见此上普地平正乎?”对曰：“如是皆悉见之。”(同上·四十六)

32c “汝为见不?”罪人对曰：“唯然见之。”(出曜·十一)

32d “汝等见阿那律比丘不乎?”诸比丘对曰：“唯然见之。”(增壹·四十六)

32e “汝颇见第四天使不?”(出曜·一十一)

32f“汝等颇见迦旖延比丘不乎?”诸比丘对曰:“唯然见之。”(增壹·四十六)

他们认为:“这些句子里,不管用‘乎/耶’,还是用‘不’,也不管有没有副词,它们表达的都是基本上一样的语义,都可以使用同样的回答。同一个问题,在不同的译经中分别使用‘乎/不’表达,得到的也是相近的回答。这些例子是中古汉语中一般的‘VP不’和‘VP乎/耶’的句子,在这些句子中,我们有什么理由把它们分成是非疑问句和反复疑问句两类呢?它们之间的区别何在呢?这显然是一个难以说清楚的问题。如果这些句子我们无法根据某些标志分成两类,那么,其中的‘不’和‘乎/耶’也就很难说有什么区别,也就无法证明其中的‘不’没有虚化。”“‘不’的虚化,随着词义的改变,否定的意思没有了,成了一个只表示疑问的‘虚词’,这个新‘不’在与‘VP’结合时,也变成了一种新的结构关系,但这种新的结构关系(是非疑问句)和旧的结构关系(反复疑问句)在语义上,却是十分接近的,常常无法区分。结构关系的改变(也就是重新分析)使之变成了一种新的句型,而新句型在语义上是与旧句型十分接近的。语义的混淆,造成了结构关系的混淆。既然无法证明‘不’没有虚化,那么,只能说中古汉语‘VP”不中的‘不’可能已经在相当大的程度上虚化了。”

对于造成“不”虚化的原因,他们认为“主要是受疑问语气词‘乎/耶’的类化。汉语反复疑问句和是非疑问句表达的语义十分接近,反复问句‘VP不’中的‘不’和是非问句‘VP乎/耶’中的语气词‘乎/耶’,在句型中的位置完全相同,‘不’表示否定的词义在‘VP乎/耶’的句型中同样包含,这些都是使‘不’向语气词‘乎/耶’靠拢的因素。”

对遇、曹二位先生的看法,刘开骅(2006)提出了商榷意见,他认为:“这种以语义和形式相同或相近的句式进行比较,以证明处于相同句法位置上的某一成分具有相同性质的方法,似有可商之处。其一,语言中形式与意义之间的关系极其丰富复杂,不同的语义内容可以用相同或相近的句子形式表达,不同的句子形式也可以表达相同或相近的语义内容,同样,句子形式相近、语义内容相同的句子也不一定属于同一类型。其二,在VP-neg式疑问句演进的历史过程中,我们并不否认反复问句末否定词的虚化,可能受到是非问句中处于相同位置的“乎/耶”之类的句末疑问语气词的类化作用,但即便如此,这也只是促使此类疑问句末否定词虚化的诸种因素之一种,而不是唯一条件。因此,不能仅仅根据“乎/耶”与“不”处于相同位置就认为二者没有区别,并进而认定它们所在的句子为同一类型。”

朱冠明(2007)从“不VP不”的使用、对“VP不”疑问句的回答方式以及语气词“婆”的使用等三个方面,对“VP不”格式中“不”的虚化问题,提出了新的证据和分析。朱冠明通过调查发现,VP前有“不/非”等否定副词的“不VP不”疑问句在佛典中并不罕见,仅《摩诃僧抵律》中就有不下50例,完全可以作为一条判定句末“不”虚化的有效的标准。从对一些“VP不”疑问句回答方式用已经虚化了的“尔”,也可以证明“VP不”句是“是非问”而非“反复问/选择问”,从而证明“不”已经虚化。如(引自朱冠明2007,例句编号依原文):

(21)末后问优波离:“如阿难所说不?”答言:“尔。”长老优波离问摩诃迦叶:“如阿难

所说不?”答言:“尔。”(《十诵律》,23/449a)

(22)佛问言:“比丘! 汝觉触受乐不?”答言:“尔。”(佛陀耶舍共竺佛念《四分律》,22/987a)

(23)时有比丘痔病,语医言:“长寿,能为我刀治不?”答言:“尔。”(《摩诃僧祇律》,22/488b)

另外,朱冠明认为从竺佛念译《鼻奈耶》中有不少语气词“婆”的用例,也可以从另一个侧面证明“不”的虚化:“VP 不”中的“不”不仅在词义和语法属性上已经虚化为语气词,而且这种虚化极有可能在语音上也有所表现,与虚化前的否定副词“不”出现了差异。如(引自朱冠明 2007,例句编号依原文):

(28)佛及比丘僧无所乏婆? (24/886b)

(29)汝……出乞食婆? 无疾患婆? 意无若干想乎? (24/852a)

朱冠明(2007)认为这个“婆”极有可能是“不”的语音变体,“只有新兴的语气词 ,因为语法功能变了(由‘称代性否定’变为‘表示疑问语气’),人们才会对其理据和本字感到困惑,从而采用另外一个字来记音。反过来,既然出现了从字面看毫无理据可言的语气词‘婆’作为‘不’的变体,又恰恰证明‘VP 不’中‘不’的语音与否定词‘不’已经发生了分化,这正是‘不’虚化为语气词的外在的形式标志。”

龙国富(2009)从梵汉对勘的角度对这一问题进行了分析,他得出的结论是,中古汉语中“VP 不”式疑问句中的“不”基本上是疑问语气词,“VP 不”式疑问句是是非问句。

5.3 小结

围绕中古时期反复问句是否已经分化问题所展开的讨论,尽管仍未形成较为一致性的意见,但通过讨论,大大深化了我们对语言现象及相关问题的认识和了解。主张句末否定词“不”在某些情况下已经虚化为语气词的观点是目前的主流,但学者们的着力点大都集中在对判定标准和条件的考察上,而对中古时期反复问句发生分化的根本动因是什么,却并没有做进一步的探究。这方面的研究和探讨还有待深入。

六 中古时期是否存在“VP-neg-VP”式反复问句

过去一般认为,自秦简中发现“VP-neg-VP”式反复问句后,直到唐以后才又出现这种格式的反复问句(张敏 1990,朱德熙 1991,吴福祥 1996),中间有长达千年的空白。这种现象该如何解释,一直令人感到困惑。

朱庆之(1992),向熹(1993),何亚南(2001),遇笑容、曹广顺(2002)共举出东汉至六朝时期译经中的 8 个用例,这些例子的提出显然都是试图证明中古时期是存在“VP-neg-VP”式反复问句的,从秦至唐并非完全中断。下面我们按照例子出现的大致时间顺序列举如下(例

句独立编号从1-8,但断句标点仍按所引原文,引文后面标明提出用例的学者姓氏):

(1)问:“坐与行为同不同?”报:“有时同,有时不同。”(东汉安世高译《佛说大安般守意经》)(朱、向)

(2)当说何等法耶? 得不得乎? (东汉支娄迦谶译《道行般若经》)(何)

(3)闻者生疑:“为尔不尔?”沉吟而住。(东晋佛陀跋陀罗共法显译《摩诃僧祇律》)(朱)

(4)比丘问言:“是本罪中间罪?”答言:“是本罪。”复问:“覆不覆?”答言:“覆。”(东晋佛陀跋陀罗共法显译《摩诃僧祇律》)(朱)

(5)复次当作是去,不应作是去? 作是来,不应作是来? (东晋瞿昙僧伽提婆译《增壹阿含经》卷15)(遇、曹)

(6)云何世尊,此是其宜为,非其宜? (同上,卷26)(遇、曹)

(7)世尊告曰:此五盛阴是常无常也? 尼健子报曰:无常也。(同上,卷30)(遇、曹)

(8)某求我女若姊妹,是人为好不好? 应与不应与? (姚秦弗若多罗等译《十诵律》)(朱、向)

那么,这些中古时期的用例是否能够成立呢?

对例(1),何亚南(2001)作过分析和讨论,他指出该句应断句为“坐与行为同,不同?”是一个选择问句,“为”是选择关联词。我们认为何亚南的意见是对的。对例(3)(4)(5)(7)和(8)这5例,我们认为也都应分析为选择问句。比如例(7),“常”“无常”都是佛教专有名词,不宜将“无”理解为一般的否定副词。加之前面有系词“是”,显然不是要把“常无常”作为单命题对待的。

例(2)有异文,应予排除,不过即便原文如此,也还是应该看作是选择问句。例(6)有标点错误,应断句为“云何世尊,此是其宜? 为非其宜?”,“为”显然是处于后一分句前的选择连词,类似的用例中古时期常见。

这样看来,学者们提出的上面这8个例子,均不宜看作是“VP-neg-VP”式反复问句。

刘开骅(2008:56)又列举出7个汉译佛经中的例子(例句序号及断句标点仍按所引原文):

(40)是等诸论师,我等皆敬顺。我今当次说,显示庄严论。闻者得满足,众善从是生。可归不可归? 可供不可供? 于中善恶相,直应分别说。(《大庄严论经》,4/257a)

(41)我昔来修行,未曾得果报,然我未能知,为定得不得? (《大庄严论经》,4/280c)

(42)诸比丘于修多罗中、毘尼中、威仪中言此是罪非是罪? 是轻是重? 是可治是不可治? 是残罪是无残罪? 斗诤相言。(《摩诃僧祇律》,22/334c)

(43)“汝叛布萨耶?”答言:“叛布萨不叛布萨,今当知。我二十年已来,十四日布萨十四日来,十五日布萨十五日来。如是叛布萨不叛布萨耶? 尊者自知。”(《摩诃僧祇律》,22/469c)

(44)佛言:“为作净不作净?”答言:“不作。”(《摩诃僧祇律》,22/479b)

(45)诤者口诤,斗者辗转取胜,不和合住,是法非法?是毘尼非毘尼?是罪非罪?是轻是重?是可治是不可治?有残无残?如法羯磨非法羯磨?和合羯磨不和合羯磨?应羯磨不应羯磨?是处羯磨非处羯磨?(《摩诃僧祇律》,22/540c)

(46)王时语言:“识我不也?”答言:“不识。”王言:“汝识某甲不识?”向王看,然后惭愧。(《杂宝藏经》,4/459a)

认定是否属于“VP-neg-VP”式反复问句,需要有严格的标准。首先,要排除处于包孕状态下的“VP-neg-VP”形式。按照这个标准,例(40)—(43)都不能看作是合格的“VP-neg-VP”式反复问句。例(40)并不是单纯的真性询问句,而是包孕在整个陈述语境中,这从该例句最后两句可以看得很清楚。例(41)的“为定得不得”是前面动词“知”的宾语,也是处于包蕴的状态。例(42)和(43)的情况亦类似。其次,要将反复问句与选择问句区别开来。例(44)(45)都是选择问句而非反复问句,例(44)的选择连词“为”可以帮助判断,“为作净不作净?”应断句作“为作净?不作净?”。第三,需要注意译经文献的异文,避免因异文、讹字的误导,导致断句和理解的错误。例(46)就属于这种情况,“汝识某甲不识?”中的后一个“识”字便是“谛”字的讹误。该例实际应为“王言:‘汝识某甲不?’谛向王看,然后惭愧。”

因此,上面刘开骅先生所举的这几个例子,其实都不是真正意义上的“VP-neg-VP”式反复问句。

在目前没有更多可靠材料发现的情况下,我们仍倾向于中古时期并没有“VP-neg-VP”式反复问句。江蓝生(2007)认为“秦简中看似‘VP不VP’句式的问句也应该分析为列项式双小句选择问句式(‘V?不V?’、‘VP?不V?’、‘VO?不V?’)。”这个观点是值得重视的。换言之,秦简所代表的上古汉语时期实际上还没有出现真正意义上的“VP-neg-VP”式反复问句,因此也就无所谓从秦简到唐代之间有长达千年的空白问题。

正因如此,在我们的反复问句分类框架系统中,没有“VP-neg-VP”的位置。

七 关于“Adv. VP”式出现的时代及性质

张敏(1990)指出,魏晋南北朝时期“K-VP”形式(即我们所说的“Adv. VP”式)开始大量出现,他曾举出1例东晋译经的“Adv. VP”式(例句独立编号,引文出处遵从作者):

(1)诸弟子曰:“宁可更有殊特吉祥,于身有益终生天上?”尼健答曰:“先师以来未有过此,书不载。”(晋法炬共法立译《法句譬喻经》卷四)

此外,张敏(1990)同时还举出了5例中土文献的用例:

(2)豫章有戴氏女,久病不差,见一小石形像偶人,女谓曰:“尔有人形,岂神?能差我宿疾者,吾将重汝。”(《搜神记》卷四)

(3)巨卿！吾以某日死，当以尔时葬。永归黄泉。子未忘我，岂能相及？(《搜神记》卷十一)

(4)抚谢左军谓太傅曰："此家讵覆后镇西？"(《世说新语》卷八注引《语林》)

(5)王公治何似？讵是所长？(《世说新语》卷三注引"般羡言行")

(6)此带殊好，岂能见与之？(《钩沉·述异记》303)

何亚南(2001)举出1例《三国志》的例子：

(7)今儿子在豫章，不知华子鱼待遇何如，其故部曲复依随之否？卿则州人，昔又从事，宁能往视其儿子，并宣孤意于其部曲？(《三国志·吴书·太史慈传》裴注引《江表传》)

何亚南在讨论该类句式时，又进一步列举了5例，其中有4例出自中古译经，这里只引2例他认为是较早的例子：

(8)宁有鱼鱼种、飞鸟飞鸟种、蚑蚔蚑蚔种、龙龙种、神神种、鬼鬼种、人人种、各各种？(安世高译《人本欲生经》)

(9)长者见佛尊仪相好，喜惧交至，忘失修敬而问佛言："我子宝称，足迹趣此，瞿昙宁见？"(昙果共康孟详译《中本起经·现变品》)

遇笑容、曹广顺(2002)也举出了9例"Adv. VP"的例子，副词为"宁"和"颇"，如：

(10)其妇语言：长者颇闻此罗阅城内大梵志名迦毗罗，饶财多宝，不可称计，有九百九十九头耕牛田作？(增壹·二十)

我们补充1个"叵VP"的用例：

(11)汝叵曾闻阿阇世王、波瞿利王，如是等比，数十诸王，皆由妄语，堕地狱中？(三国吴支谦译《撰集百缘经》卷8)

张敏(1990:137)认为："'K-VP'的出现是一个重大的进步，在这种结构里疑问副词是单独表示中性询问意义的，它没有与其他表示同等意义的形式共同出现，这意味着独立的[K-VP]问句至此才算真正形成"。

遇笑容、曹广顺(2002)也认为"可VP"类疑问副词出现的标志，是"Adv. VP"式反复问句的出现和使用。不过，他们同时也指出："在25种文献，大量的'VP不''VP乎\耶'与'Adv. VP不''Adv. VP乎\耶'同时出现的情况下，我们很难以四种文献中的9个例句去证明在中古汉语中'Adv. VP'已经是一种广泛使用的反复问句，然后再以此证明'宁\颇\岂'已经具备了承担疑问的功能，句尾的'不'已经虚化。就现有的材料，我们至多只能说，在个别作品中出现了个别的'Adv. VP'式反复问句，这大概是副词'宁\颇'等向疑问副词转变的开始。"

我们觉得，将中古时期的"Adv. VP"看作是现代汉语"K-VP"式反复问句的直接源头和前身，存在着一定的困难。最突出表现在我们难以证明中古时期"Adv. VP"中的副词已经完全承担了疑问功能。因为在没有句末否定词或语气词的情况下，句子的疑问语气也可以只使用语调这一手段来实现。另外，反过来讲，如果承认"Adv. VP"与现代汉语的"K-VP"式反复问句相同的话，那么也须承认中古时期大量存在的"Adv. VP-PRT"也已经是反复问句。因为现代汉语很多方言中"K-VP"式反复问句并不排斥句末语气词的存在，换言之，"K-VP"式与"K-VP-PRT"式在现代汉语中是并存的。这方面张敏(1990)列举了很多方言的实例。

参考文献

陈梦家 1956 《殷墟卜辞综述》，科学出版社。

冯春田 1987 《秦墓竹简选择问句分析》，《语文研究》第1期。

冯春田 2000 《近代汉语语法研究》，山东教育出版社。

傅惠钧 2006 《关于正反问历史发展的几个问题》，《古汉语研究》第1期。

高列过 2004 《东汉佛经疑问句语气助词》，《古汉语研究》第4期。

葛佳才 2005 《东汉副词系统研究》，岳麓书社。

何亚南 2001 《三国志和裴注句法专题研究》，南京师范大学出版社。

何亚南 张爱丽 2004 《中古汉语疑问句中"为"字的词性及来源》，《南京师范大学学报》(社会科学版)第6期。

江蓝生 1992 《疑问副词》，《近代汉语虚词研究》，语文出版社。

江蓝生 2000 《近代汉语探源》，商务印书馆。

江蓝生 2007 《同谓双小句的省缩与句法创新》，《中国语文》第6期。

蒋绍愚 1994 《近代汉语研究概况》，北京大学出版社。

蒋绍愚 曹广顺 主编 2005 《近代汉语语法史研究综述》，商务印书馆。

李崇兴 1990 《选择问记号"还是"的来历》，《语言研究》第2期。

李思明 1984 《正反选择问句中否定词发展初探》，《安庆师范学院学报》第1期。

刘开骅 2006 《中古汉语VP-neg式疑问句句末否定词的虚化问题》，《南京师范大学文学院学报》第4期。

刘开骅 2008a 《唐以前的VP-Neg-VP式反复问句》，《古汉语研究》第2期。

刘开骅 2008b 《中古汉语疑问句研究》，黑龙江人民出版社。

刘子瑜 1994 《敦煌变文中的选择问句》，《古汉语研究》第4期。

刘子瑜 1998 《汉语反复问句的历史发展》，《古汉语语法论文集》，语文出版社。

刘子瑜 2005 《选择问句》，《近代汉语语法史研究综述》，商务印书馆。

柳士镇 1992 《魏晋南北朝历史语法》，南京大学出版社。

柳士镇 2002 《萧统〈令旨解二谛义〉中的选择问句》，《古汉语研究》第4期。

龙国富 2009 《汉语中的"VP-NEG"疑问句式再探》，《语言论集》第6辑，中国社会科学出版社。

梅祖麟 1978 《现代汉语选择问句法的来源》，"中研院"历史语言研究所集刊第四十九本第一分。收入《梅祖麟语言学论文集》，商务印书馆，2000。

裘锡圭 1988 《关于殷墟卜辞的命辞是否问句的考察》，《中国语文》第1期。

太田辰夫 1987 《中古(魏晋南北朝)汉语的特殊疑问形式》，《中国语文》第6期。

太田辰夫 1991 《汉语史通考》，江蓝生、白维国译，重庆出版社。

王海棻　1981　《古汉语反复问句源流初探》,《语文教学通讯》第8期。
王海棻　2001　《古汉语疑问范畴词典》,江苏教育出版社。
王海棻　邹晓丽　1991　《古汉语反复问句源流探查》,《烟台师范学院学报》第4期。
王　锳　1982　《云梦秦墓竹简所见某些语法现象》,《语言研究》第1期。
吴福祥　1996　《敦煌变文语法研究》,岳麓书社。
吴福祥　1997　《从"VP-Neg"式反复问句的分化谈语气词"么"的产生》,《中国语文》第1期。
向　熹　1993　《简明汉语史》(下),高等教育出版社。
叶建军　2008　《疑问副词"还"溯源》,《安徽大学学报》第1期。
俞理明　2001　《〈太平经〉中非状语地位的否定词"不"和反复问句》,《中国语文》第5期。
俞理明　2004　《从东汉文献看汉代句末否定词的词性》,《汉语史学报》第4期,上海教育出版社。
遇笑容　曹广顺　2002　《中古汉语中的"VP-不"式疑问句》,《纪念王力先生百年诞辰学术论文集》,商务印书馆。
张　敏　1990　《汉语方言反复问句的类型学研究:共时分布及其历时蕴含》,北京大学博士学位论文。
赵长才　1998　《上古汉语"亦"的疑问副词用法及其来源》,《中国语文》第1期。
赵长才　2011　《中古汉语选择连词"为"的来源及演变过程》,《中国语文》第3期。
赵　新　1994　《论"V-neg"式反复问句的分化演变》,《湖北教育学院学报》第1期。
周生亚　2004　《说"否"》,《中国语文》第2期。
朱德熙　1985　《汉语方言里的两种反复问句》,《中国语文》第1期。
朱德熙　1991　《"V-Neg-VO"与"VO-Neg-V"两种反复问句在汉语方言里的分布》,《中国语文》第5期。
朱冠明　2005　《中古汉译佛典语法专题研究》,北京大学博士后出站报告。
朱冠明　2007　《关于"VP不"式疑问句中"不"的虚化》,《汉语学报》第4期。
朱庆之　1992　《佛典与中古汉语词汇研究》,(台湾)文津出版社。
祝敏彻　1995　《汉语选择问、正反问的历史发展》,《语言研究》第2期。

Discussion on the Evolution of Chinese VP-neg Questions from Archaic Chinese to Middle Chinese and Related Issues

ZHAO Changcai

Abstract: VP-neg questions in Chinese changed greatly from Archaic Chinese period to Middle Chinese period. This paper first gives a brief overview of the research status and research achievements of VP-neg questions in pre-Qin and Han dynasty. Then, based on the actual situation of VP-neg questions reflected in the native literature and Chinese-translated buddhist scriptures in the middle Ages, this paper puts forward a classification standard and establishes a new classification framework for Chinese VP-neg questions in the middle Ages. Finally we analyze some important issues involved in the study of VP-neg questions in middle Chinese and the main views of scholars on these issues, and makes further discussion.

Keywords: VP-neg questions, Archaic Chinese, Middle Chinese, Chinese-translated Buddhist scriptures, historical evolution

(赵长才　中国社会科学院大学文学院/中国社会科学院语言研究所　100732)

古汉语"所V"结构的转型发展*

姜　南

提　要　以往研究表明，古汉语中的"所"具有名词化和表被动两种功能，分别构成指称性和陈述性的"所V"结构，且表被动的功能是由其名词化的功能演变来的。然而这一演变过程十分复杂，诸多环节尚不明晰。本文拟在前人研究的基础上，继续探讨"所"字的功能及"所V"结构的性质，认为"所V"的陈述性源自其非定式结构的语法特点，不能自立成句陈述事件，须与助动词"为"共现构成"为N所V"式被动句。"所"作为指称化标记的性质并未改变，只是由提取宾语的转指标记变为标志动词被动语态的自指标记，现代汉语中成为可选成分的"所"或可视为其自指功能的体现。

关键词　"所V"结构　指称性　陈述性

一　有待澄清的问题

以往研究表明，古汉语中的"所"具有名词化和表被动两种功能，且表被动的功能是由其名词化的功能演变来的。简而言之，先秦汉语里，"所"字首先作为名词化标记，加在谓词性成分前，构成表指称的名词性结构，并且朱德熙(1983)强调，"所"字只有提取宾语的转指功能，没有自指功能。"所V"总是用于指称受事、与事、工具，等等。如：

(1)鱼，我所欲也。熊掌，亦我所欲也。(《孟子·告子上》)

(2)揖所与立，左右手。(《论语·乡党》)

(3)子夏、子张、子游以有若似圣人，欲以所事孔子事之。(《孟子·滕文公上》)

战国末期，汉语里又出现一类表被动的"为N所V"结构，经过汉魏六朝的发展，成为中古汉语被动句的主体，包括汉译佛经中的变体——"所V"式被动句(参见唐钰明1987，朱庆之1995)。

(4)申徒狄谏而不听，负石自投於河，为鱼鳖所食。(《庄子·盗跖》)

(5)楚遂削弱，为秦所轻。(《战国策·秦策》)

(6)(晋)救郑，为楚所败河上。(《史记·十二诸侯年表》)

---

* 本研究是国家社科基金一般项目"基于梵汉对勘的中古译经语法研究"(18YBB306)和国家社科基金重大项目"佛典语言的中国化"(20&ZD304)的阶段性成果。

(7)臣门宗二百余口,为孟德所诛略尽。(《三国志·蜀书·马超传》)

(8)薄德少福人,众苦所逼迫。(姚秦鸠摩罗什译《妙法莲华经》卷一)

(9)如此愚人,世人所笑。(萧齐求那毗地译《百喻经》卷三)

王力(1989)指明,在表示被动的情况下,“所”字失去原有的代词性,而成为动词的词头。也就是被动句中“所”字已由名词化标记变为被动标记。相应地,“所V”结构也由名词性成分变成谓词性成分(董秀芳1998),即由指称式转变为陈述式。

倘若“所”字的功能及“所V”结构的性质确实发生如此演变,那么演变的机制和动因自然是无法回避的问题。然而目前学界给出的解答并不充分,甚至存在漏洞。譬如名词化标记“所”为何能进入被动式,标记被动?“所V”结构如何失去指称性,成为陈述式的?陈述性的“所V”结构与“为N所V”被动式存在怎样的因果关联?等等。因此,本文拟在前人研究的基础上,围绕“为N所V”被动式的生成过程和句法表现,继续探讨“所”字的功能及“所V”结构的性质。

二 “重新分析”说的理论漏洞

2.1 王力(1989)认为,“为N所V”式是由先秦的被动式“为”字句发展出来的。汉代被动式在助动词“为”字和动词之间插入一个“所”字不是偶然的,而是一种类化的结果。《马氏文通》把“卫太子为江充所败”解释为“卫太子为江充所败之人”。杨树达不同意他的解释,杨树达是对的。依马氏的解释,“卫太子为江充所败”应是主动句,而实际上它是被动句。但这种被动句是受主动句的形式的类化,则是不可否认的。

可以看出,王力先生也未把“卫太子为江充所败”看作主动句,或叫判断句,而是被动句。但这种被动句究竟受到哪种主动句的形式的类化,以及经历怎样一个类化过程,他仅点到即止,未做详细说明。以致后来很多学者都将这一类化过程解读为“重新分析”,即不改变表层表达形式的结构变化(刘坚等1995)。

2.2 董秀芳(1998)最早提出“所”字由名词化的功能发展出表被动的功能,其间经历了一个重新分析的过程。发生重新分析的句法环境是判断句,包括两种句型:一种是由系词“为”连接的“为N所V”式判断句;一种不用“为”,单以“N所V”结构为表语的判断句。她认为,由于语义因素的诱发,即与被动句语义成分相似的“受事—施事—所V”排列顺序,这两种结构从上古到中古经历了从表判断到表被动的重新分析,使得判断句中起名词化作用的“所”字变成了被动句中的被动标记。

尽管西方语法学家提出的“重新分析”理论可以解释许多语法现象产生、变化的原因和过程,却不适用于“所”字及“所V”结构,因为真实的语言材料不支持这一演变。

2.2.1 首先,重新分析必须建立在足够数量的语言材料的基础上。但是对于“为N所

V”式，自产生伊始，就很少用在判断句，而主要用来构造被动句。据姚振武(1998)考察，不仅在“为N所V”式初现的先秦时期，两种用法的比例为1:7，即7例表被动，1例表判断。如：

(10)然则率天下之百姓以从事于义，则我乃为天之所欲也。我为天之所欲，天亦为我所欲……若我不为天之所欲，而为天之所不欲。(《墨子·天志上》)

“我为天之所欲”与“天亦为我所欲”连文，“之”作为提高指别度的定语标记，常有上句出现下句省略的情况(沈家煊、完权2009)，因此“天亦为我所欲”可解为“天亦为我之所欲”，名词性偏正结构充当表语。

时至西汉，两者的对比更为悬殊，仅一部《史记》就达1∶86，即86例表被动，1例表判断。如：

(11)故诫之曰：“臣不作福”者，勿使行财币，厚赏赐，以立声誉，为四方所归也。又曰：“臣不作威”者，勿使因轻以倍义也。(《史记·三王世家》)

这句话的意思是：勿使大臣成为四方所归之人，即帝王。《公羊传·庄公三年》里作“王者，民之所归往也”。所以此句可视为省略了定语标记“之”，且以“也”字煞句，可以视作判断句。

姚振武(1998)坦言，即使从理论上说，按照正常的组合规则，完全可以产生指称性的“为N所V”，事实上却极为罕见。也就是“为N所V”式表判断几乎没有存在的余地，仅为特例，甚至孤例，基本不具备重新分析为被动句的基础。

2.2.2 其次再看不用“为”字联系、单以“N所V”结构为表语的判断句。考察发现，“为N所V”结构作为古汉语中长期占据主导地位的被动式，实际上与以“N所V”结构为表语的判断句界限分明，互不交叉。“为N所V”结构用于被动句，“N所V”结构用于判断句，两者互补分布，各司其职。这也在很大程度上制约了“N所V”式判断句向被动句发展，即发生所谓的重新分析。尽管“N所V”结构也可出现在受事主语句中。但如洪波、赵茗(2005)所言，在汉语中，受事主语句和被动句是两个不同的概念，受事主语句有很多，其中只有一部分被认为是被动句，所以受事充当句子主语，并不意味着句子就变成了被动句。

姚振武(1998)指出，“为N所V”结构和“N所V”结构的分别一方面体现在“为”的使用原则上。判断句中的“为”由于主语和表语具有同一性，往往可以省略，但在“为N所V”结构出现的受事主语句中，“为”字绝不可省略，可见它不是指称式。而以“N所V”结构为表语的判断句，主语和表语之间却不能插入“为”字，如：

(12)祸兮()福所倚，福兮()祸所伏。(《老子》下)

(13)夫徐行岂()人所不能哉，所不为也。(《孟子·告子下》)

(14)上曰：“豨尝为吾使，甚有信。代地()吾所急也，故封豨为列侯，以相国守代。”(《史记·高祖本纪》)，

以上各例是真正的判断句，谓语指称主语“是什么”，如果加上“为”，就变为陈述主语“怎么样”了，与文意格格不入。

另一方面,考察中从不见有过“N为N所V”和“N,N所V”互为异文的资料。说明“为N所V”结构充当谓语的受事主语句是被动句,表陈述,“N所V”结构充当谓语的受事主语句是判断句,表指称。

2.2.3 中古以后,主要是在汉译佛经中,才出现省略“为”的“所V”式被动句。它们是受到原典语言影响,在“为N所V”被动式基础上产生的变体(详见下文),并非由先秦“N所V”式判断句重新分析而来。董秀芳(1998)文中所举均为汉代以后的例子,且多取自汉译佛经,此时“为N所V”被动式早已产生并渐趋成熟。

实际语言材料反映,从判断到被动的重新分析仅存在于理论假设层面,并未真实发生过。“所”字标记被动的功能及“所V”结构的陈述性当另有所缘。

三 陈述性“所V”结构的由来

3.1 曾有学者将“所V”结构的陈述性归结为它自身带有的陈述因素。如王克仲(1982)说,各类词(动词自不必说)一旦与“所”字结合以后,都具备动词的性质。姚振武(1998)进一步阐释为,“所V”从表面上看,是个名词性成分,但它与真正的名词在概念内涵上是不同的。直白地说,“所V”是由陈述转化来的指称形式,所以它身上带有陈述的因素。在“为N所V”式中,“所V”中的两个因素在起作用,一是它一般只与受事有关,这一性质保证了该式只用于受事主语句,并有了形式标记;二就是上述这种概念内涵上的陈述性,使它的指称性淡化乃至消失。

然而这种“表里不一”的说法似乎在逻辑上讲不通。假如我们认同汉语句法平面上的名词化是在谓词性成分上添加名词化标记“的、者、所、之”而成,由此得到的名词性结构显然都是由陈述转化来的,不会因为其概念内涵上的陈述性就自带表达陈述的功能,它们仍然是指称形式。朱德熙(1983)指出,这种指称形式跟直接用名词表示的指称形式不同,它是通过陈述形式表示出来的一种分析形式。例如:

名词——食物　　教员　　母亲

VP的——吃的　　教书的　做母亲的

当在VP后头加上“的”的时候,原来表示陈述的VP就转化为表示指称的“VP的”了。我们不会因为“VP的”概念内涵上的陈述性而否认它是表指称的名词性结构,古汉语的“所V”结构亦然,不存在“陈述性的指称形式”这样的矛盾概念。

不过姚振武(1998)的研判并非全无道理,实已洞见陈述性“所V”结构的限定条件,即在“为N所V”式中才表现出陈述性。“为”和“所”不再是通常意义上的系词和代词,二者相结合,共同转化为真正的被动式(陈述式)的标记。这一点至关重要,为我们追溯陈述性“所V”结构的来源指明了方向,即当从“为N所V”被动式的生成过程中去寻找答案。

3.2 关于“为 N 所 V”被动式的生成路径，学界存在两种截然不同的看法。一种是王力(1989)提出的，由先秦的被动式“为”字句发展来的，在助动词“为”字和动词之间插入一个“所”字而成。另一种如王兴才(2015)所说，“为 N 所 V”并非由“为”字被动式(为 NV)在 V 前直接添加“所”演变而来，而是“A 所 V(之)R”中，通过 R“左位移”提至句首，因“所 V”与 R 具有同指关系，于是在“R，A 所 V”中添加系词“为”而形成[其中 R 表示受事，A 表示施事]。我们权且称之为“三步生成法”，图示如下：

A 所 V(之)R → R，A 所 V → R 为 A 所 V

第一步，从先秦汉语实有的“A 所 V(之)R”句出发，如：

(15)“南冠而絷者，谁也？”有司对曰：“郑人所献楚囚也。”(《左传·成公九年》)

(16) 仲子所居之室，伯夷之所筑与？抑亦盗跖之所筑与？所食之粟，伯夷之所树与？抑亦盗跖之所树与？(《孟子·滕文公下》)

(17)郑君已立太子矣，而有所爱美女，欲以其子为后，夫人恐，因用毒药贼君杀之。(《韩非子·内储说下》)

(18)虽然，(田)光不敢以乏国事也，所善荆轲可使也。(《战国策·燕策三》)

第二步，通过句式变换，受事 R 移位至句首成为话题。

(19)郑人所献楚囚 → 楚囚，郑人所献

(20)仲子所居之室 → 室，仲子所居

(21)(郑君)所爱美女 → 美女，(郑君)所爱

(22)(田光)所善荆轲 → 荆轲，(田光)所善

第三步，因“所 V”与 R 具有同指关系，在“R，A 所 V”中可以添加系词“为”。

(23)楚囚，郑人所献 → 楚囚为郑人所献

(24)室，仲子所居 → 室为仲子所居

(25)美女，(郑君)所爱 → 美女为(郑君)所爱

(26)荆轲，(田光)所善 → 荆轲为(田光)所善

最后又回到“受事—为—施事—V”的语义结构蕴含重新分析的可能，“R 为 A 所 V”由判断性质转为陈述功能。“所”字的指代功能逐渐弱化，“所 V”的动作性得到凸显。

前文已述“重新分析”说并不成立，同样，“三步生成法”的漏洞也是显而易见的。除了第一步有上古汉语的真实用例，接下两步句式变换都是虚拟出来的。如果说第二步尚有“鱼，我所欲也”(《孟子·告子上》)一类以“N 所 V”为表语的判断句作为辅证，第三步通过添加系词“为”形成判断句“R 为 A 所 V”的句法操作则纯属虚构。如上所述，一来以“N 所 V”为表语的判断句一般不能插入“为”字，二来几乎不存在“R 为 A 所 V”式判断句，这两条规则从先秦到两汉都是比较严格的。

因此毋庸置疑，“为 N 所 V”式唯一可能且正确的来源仍是“为(N)V”式，在助动词“为”

字和动词之间插入“所”字生成。在这一句式扩展链条上，由于助动词“为”是不可缺省的第一要件，我们便可顺藤摸瓜，沿着“为”字句的进化历程，把握“所”字介入的契机和动因，还原“所”及“所 V”结构的真实属性。

四 句式扩展与句法操作

无论在历时纵轴还是共时横轴上，“为 N 所 V”式都处于“为”字被动句的核心主导位置。参照前人研究可大致勾勒出“为”字被动句生成演变的时间轴线：

为NV → 为N之V → 为N所V
→ 加强式：为N之所V
为N所见V
为N之所见V
为N而所V
为所V
……
→ 译经变体：所V

4.1 “为 N 所 V”式的生成过程

(一)“为(N)V”作为“为”字被动句的基式，见于春秋时期，如：

(27)管蔡为戮。(《左传・襄公二十一年》)

(28)战而不克，为诸侯笑。(《左传・襄公十年》)

(29)上必无为而用天下，下必有为，为天下用。(《庄子・天道》)

(30)然而身死国亡，为天下大僇，后世言恶，则必稽焉。(《荀子・非相》)

(二)“为 N 之 V”式见于战国初期，如：

(31)身死国亡，为天下之大僇。(《荀子・正论》)

(32)员不忍称疾辟易，以见王之亲为越之擒也。(《国语・吴语》)

(33)(纣)遇周武王，遂为周氏之擒。(《管子・七臣七主》)

(34)晋文公为骊姬之谮，出亡十九年。(《尹文子・大道上》)

(三)“为 N 所 V”式见于战国末期。如例(4)(5)，再如：

(35)方术不用，为人所疑。(《荀子・尧问》)

(36)不诛之则乱，诛之则为人主所案据。(《晏子春秋・内篇问上》)

(37)敝邑为大国所患。(《吕氏春秋・审应》)

(38)夫直议者，不为人所容。(《韩非子・外储说左下》)

4.1.1 姚振武(1998)指出，从“为(N)V”式到“为 N 所 V”式的发展不是一种简单的扩展，体现的是由指称式到陈述式的转变。从先秦至两汉，进入“为(N)V”式和“为 N 之 V”式的及物动词只有“笑、戮、擒”等少数几个，且可在前面加上介词“以”，形成“以……为……”或

“以为”式这种只有指称性成分才能进入的句式，可知两个“为”字式表示指称。而“所”的介入使能够自由进入“为”字式的动词性成分呈爆发性增长，仅《史记》就有“败”“杀”“执”“夺”“围”“苦禽灭”“生得”等二十余个，几乎没有限制，这是陈述式正式确立的一个标志。

但同时姚振武也注意到，“为(N)V”式和“为 N 之 V”式中的“为”字不可缺省，这一点不同于常规判断句。所以王力(1989)把“为”看作助动词。另据姜南、吴福祥(2018)研究，中古以后，特别是在汉译佛经中，“为”因大量翻译原典梵语的 be 动词而发生功能扩展，不仅其后可带陈述性的谓词谓语，而且可以帮助构成被动态、疑问句和加强语气等，表现出鲜明完整的助动词属性。如：

(39)三千世界，为大震动。(东汉昙果共康孟详译《中本起经》卷上)

(40)菩萨摩诃萨闻是阿閦佛德号法经，皆为离魔罗网。(东汉支娄迦谶译《阿閦佛国经》卷下)

(41)时须达长者复来到边，复问彼人：“汝捉此花，为欲卖不?”皆言欲卖。(三国吴支谦译《撰集百缘经》卷一)

(42)世尊灭度后，其有闻是经，若能随喜者，为得几所福?(姚秦鸠摩罗什译《妙法莲华经》卷六)

而且表被动的“为 V”后也可带上宾语或补语，如：

(43)其妇上岸，便为虎将去。其夫拔刀大唤，欲逐之。(《搜神记》卷五)

(44)我昔曾闻，有诸比丘旷野中行，为贼剽掠、剥脱衣裳。(姚秦鸠摩罗什《大庄严论经》卷三)

(45)人说过恶，而起怨责，深为众人怪其愚惑。(萧齐求那跋陀罗《百喻经》卷一)

(46)往昔有一鹧鸪鸟，为人笼系在地。(萧齐僧伽跋陀罗《善见律毗婆沙》卷二)

4.1.2 杨伯峻、何乐士(2001)认同春秋战国时期“为(N)V”被动句式的大量出现为“为 N 所 V”式的诞生准备了条件。不同的是他们将第二类“为”字句——“为 N 之 V”式看成“为 NV”与“为 N 所 V”式中间的一种过渡形式，很快就被“为 N 所 V”式取代了。“之”与“所”的作用相似，都是对被动句的动词起标志作用。也就是说，助动词“为”后的“N 之 V”不是以“之”为定语标记的名词性偏正结构，而是谓词性的“主之谓”结构。

杨萌萌(2019)将上古汉语“主之谓”结构定性为以“之”为非定式标记的非定式句。姜南、吴福祥(2018)通过梵汉对勘也证实，汉译佛经多见表陈述的“为 V”式，其中 V 对应原文的非定式动词——分词，既有表达被动的分词，也有陈述一般动作行为的分词。如此看来，“为”字被动句中，助动词“为”后的句法槽要求出现一个不能脱离“为”字自立成句的非定式动词/结构。“所 V”处在助动词“为”后的句法位置，其真实属性当为非定式结构，相当于印欧语中的分词或动名词，从而具有陈述性质。

　　　　　　　　　　　　　　　　⎧指称性的 V
"为"＋ *非定式结构* ⎨主之谓　　→　被动式
　　　　　　　　　　　　　　　　⎩所 V

"所"的介入是句法操作的结果。既然"之"与"所"的作用相似,与其新立"非定式标记"名号,不如承袭传统。过去把"主之谓"结构中的"之"看作自指标记,推而广之,"为 N 所 V"被动式中的"所"未尝不可视为自指标记。我们仍然可用指称化标记统摄"所"字的功能,它不仅有提取宾语的转指功能,还有标志被动句动词的自指功能。或缘于此,"所"字后来成为一个可选成分,如现代汉语中:所写的文章＝写的文章、所住的房间＝住的房间、我所吃的＝我吃的,等等。

正如以"之""所"为标记的非定式结构要比无形式标记的 V 更适宜出现在助动词"为"后的句法位置,用"所"字标记被动句动词也明显优于"之"字。"之"作为自指标记,既可构成"定之中"结构,又可构成"主之谓"结构,同形异构存在歧义。而"所 V"一般只与受事有关,不过表示一种泛时空的人/物,在"为 N 所 V"式中,受事主语的出现,确实使"所 V"的指称更加明确,导致"所"的转指功能弱化,成为指向动词自身的自指标记。因而很快取而代"之",与"为"共同成为被动句的必有标记。

4.2　先秦"为 N 所 V"被动式的用例还不多,从汉代开始,使用频率才逐渐提高,魏晋南北朝时期成为汉语被动式的主体。

4.2.1　在"为 N 所 V"式广泛流行的时代,出于加强被动意味或韵律结构的制约,出现多种"为 N 所 V"式的加强式,且汉译佛经中的句式种类要比同期中土文献丰富。

(一)"为 N 之所 V"式始见于战国末期,如:

(47)有制人者,有为人之所制者。(《管子·枢言》)

(48)神农失水而陆居兮,为蝼蚁之所裁。……悲仁人之尽节兮,反为小人之所贼。(贾谊《惜誓》)

(二)"为 N 所见 V"式始见于三国,如:

(49)世尊,今此威德比丘,宿殖何福,身极柔濡,颜色鲜明,又为众人所见敬仰?(三国支谦译《撰集百缘经》卷七)

(50)圣者忧世,周流四方,犹为退士所见讥弹。(葛洪《抱朴子外篇·正郭》)

(三)"为 N 之所见 V""为 N 而所 V""为所 V"式等多见于中古译经,如:

(51)犹如斯人至大城里,……等化大众至入大城,不为秽浊之所见溺。(西晋竺法护译《渐备一切智德经》卷一)

(52)于时世尊,广为无数百千诸众而所围绕,敷演说法。(西晋竺法护译《佛说弘道广显三昧经》卷一)

(53)烦恼覆故则为所缚。(姚秦鸠摩罗什译《大庄严论经》卷一)

4.2.2 与此同时，中古译经中还产生大量“为 N 所 V”式的变体，即省略“为”的“所 V”式被动句。如《妙法莲华经》(引自姜南 2011)中：

(54)诸佛所叹。(序品第一)

sugatehi	varṇitam
m. pl. I.	ppp. n. sg. Ac.
诸佛	赞叹

(55)众苦所逼迫。(方便品第二)

duḥkhena	saṃpīḍita
n. sg. I.	ppp. m. pl. N.
痛苦	逼迫、折磨

(56)一切之所敬。(五百弟子受记品第八)

puras－kṛtaḥ	prāṇi-sahasra-koṭibhir
ppp. m. pl. N.	f. pl. I.
尊敬	千亿众生

(57)随意所作。(化城喻品第七)

vo	yāni	kāni-cit	karaṇīyāni
pers. 2. pl. G.	rel. pl. N.	inter. n. pl. N.	fpp. n. pl. N.
你们的	那些	任何	所应作

“所 V”主要对译原文表被动的分词，包括过去被动分词和未来被动分词(又叫必要分词)。朱庆之(1995)称“所 V”是原文被动态谓语动词“完整”的汉译。至于为何省略“为”字，朱文的解释是，原文当中没有一个与汉语被动句里引出施事的介词“为”相当的成分，所以地道汉语必须使用的这个“为”也就不一定出现了。后来姜南、吴福祥(2018)检讨道，以往多将“为”视为原文表施事的名词具格(及用如具格的属格、依格)的翻译，但是如果站在语言类型学和世界语言共性的角度重新审视，“为”也有可能对译原文帮助构成被动态的 be 动词√bhū，用作助动词。略录一例如下：

(58)我定当作佛，为天人所敬。(《妙法莲华经·譬喻品第三》)

niḥsaṃśayam	**bheṣyi**	tathāgatas	aham	puras-kṛtas	loki sadevakesmin
adv.	fut. 1. sg. A.	m. sg. N.	pers. 1. sg. N.	ppp. m. sg. N.	m. sg. L. m. sg. L.
必定	将是	如来	我	尊重	世上和天上

现代汉语译文：我必将成为如来，在天上和世间都受到尊重。

“为”对应原文 be 动词 bheṣyi，“所敬”对应原文过去被动分词 puras-kṛtas。分词在梵语中的作用相当于形容词，可与 be 动词结合构成谓语；同时分词作为非定式动词，常可无需辅以 be 动词，直接充当谓语。而这才是汉译佛经中出现大量省略“为”的“所 V”式被动句的原因。“所 V”对译原文分词一类的非定式动词,恰可印证“所 V”作为非定式结构的陈述性质。

缩略语表

adv.	adverb 副词
conj.	conjunction 连词
fpp.	future-passive-participle 将来被动分词,必要分词
fut.	future 将来时
G.	genitive 属格
I.	instrumental 具格
inter.	interrogarive 疑问代词
L.	locativen 位格,依格
m.	masculine 阳性
N.	nominative 主格
n.	neuter 中性
pass.	passive 被动语态
pers. 1.	first-personal 第一人称代名词
pers. 2.	second-personal 第二人称代名词
pl.	plural 复数
ppp.	past-passive-participle 过去被动分词
pron.	pronoun 代词
rel.	relative-pronoun 关系代词
sg.	singular 单数
pl.	plural 复数

参考文献

安俊丽 2010 《汉魏六朝汉文佛经标志被动句研究》,凤凰出版社。
邓 盾 2009 《现代汉语“所”及“所”字结构的重新审视与定性》,《汉语学习》第 2 期。
董秀芳 1998 《重新分析与“所”字功能的发展》,《古汉语研究》第 3 期。
姜 南 2011 《基于梵汉对勘的〈法华经〉语法研究》,商务印书馆。
姜 南 吴福祥 2018 《汉译佛经中“为”的系词用法与语义复制》,《中国语文》第 2 期。
洪 波 赵 茗 2005 《汉语给予动词的使役化及使役动词的被动介词化》,《语法化与语法研究》(二),商务印书馆。
洪 诚 1957 《论南北朝以前汉语中的系词》,《语言研究》第 2 期。
何乐士 2004 《〈左传〉虚词研究》(修订本),商务印书馆。
刘 坚 曹广顺 吴福祥 1995 《论诱发汉语词汇语法化的若干因素》,《中国语文》第 3 期。
沈家煊 完 权 2009 《也谈“之字结构”和“之”字的功能》,《语言研究》第 2 期。

唐钰明　1987　《汉魏六朝被动式略论》，《中国语文》第 3 期。
王克仲　1982　《关于先秦“所”字词性的调查报告》，《古汉语研究论文集》（一），北京出版社。
王　力　1989　《汉语语法史》，商务印书馆。
王兴才　2015　《“R 为 A 所 V”的形成和发展》，《古汉语语法研究新论》，西南师范大学出版社。
杨伯峻　何乐士　2001　《古汉语语法及其发展》（修订版），语文出版社。
杨萌萌　2019　《“主之谓”结构的句法》，《中国语文》第 3 期。
杨树达　1984　《高等国文法》，商务印书馆。
姚振武　1998　《“为”字的性质与“为”字式》，郭锡良主编《古汉语语法论集》，语文出版社。
朱德熙　1983　《自指与转指——汉语名词化标记“的、者、所、之”的语法功能和语义功能》，《方言》第 1 期。
朱庆之　1995　《汉译佛典中的“所 V”式被动句及其来源》，《古汉语研究》第 1 期。
朱庆之　2013　《“R 为 A 所见 V”式被动句的厘定——兼谈李密〈陈情表〉之“所见明知”》，《古汉语研究》第 4 期。

Transformation of *Suo*(所)V Structure in Ancient Chinese

JIANG Nan

Abstract: Previous studies have shown that *suo*(所) in ancient Chinese has two functions of nominalization and passive expression, which constitute referential and declarative *suo*(所)V structures respectively, and passive function was evolved from the function of its nominalization. However, this evolution process is very complicated and unclear in many respects. This paper intends to continue to explore the function of *suo*(所) and the nature of *suo*(所)V structure. It holds that the declarative *suo*(所)V originated from the attribute of its infinitive structure, which was unable to convert into an independent sentence unless co-occurrence with the auxiliary verb *wei*(为) to form a passive sentence of *wei*(为)N *suo*(所)V. The nature of *suo*(所) as a referential marker had not changed, just from the trans-referential marker to the self-referential one. *suo*(所) used as an optional component in modern Chinese may be regarded as its self-referential function.

Keywords: *suo*(所)V structure, referential, declarative

（姜南　中国社会科学院语言研究所　100732）

上古汉语副词“既”“已”的时体功能及演化差异*

焦一和　杨荣祥

提　要　时间副词“既”和“已”在上古汉语中常用于表达完成体意义，但二者的时体功能和演化路径都不相同，在完成体用法、篇章分布等方面表现出显著差异。文章归纳了副词“既”“已”差异的五种表现，并从“词汇来源”和“完成体演化的一般规律”两个角度作出解释。副词“既”“已”的功能及演化差异反映了上古汉语体系统的特点，也在一定程度上支持并丰富了 Bybee 等(1994)的“完成阶段”理论。

关键词　上古汉语　既　已完成体

一　引言

体范畴(aspect)在不同语言中有不同表达方式。Haspelmath(2010)指出，每种语言都可能具有仅适用于本语言的独特语法范畴，故语言研究应建立在“可比概念”(comparative concepts)①的基础之上。在今天看来，上古汉语②中体范畴的表现形式并不明确，相对便于观察的且学界普遍接受的主要是“完成体”(perfect/anterior)，③主要借助时间副词“既”“已”及语气词“矣”来表达。其中，“既”“已”虽然都是“与完成体相关的时间副词”，但二者的时体功能及演化方向有显著区别，本文即以它们为考察对象，详细分析其共时分工与历时演化方面的差异。

总体观之，学界通常认为古代汉语中的时间副词“既”和“已”分别由“尽、完”义动词和“停、止”义动词演化而来，二者都是比较典型的完成体表达方式(蒲立本 1995，李宗江 2004，赵长才 2009，Meisterernst 2015)。但也有研究者注意到二者的功能差异：

杨永龙(2001)指出在《朱子语类》中，副词“既”通常只用于背景事件句，在表示完成体的

---

* 本文系国家社科基金青年项目“上古汉语体信息表达方式系统研究”(19CYY032)的阶段性成果。本文初稿曾在第四届语言类型学国际学术研讨会(北京，2019.7)上宣读，在随后的修改过程中，杨永龙、赵长才、陈前瑞等诸位教授均提出了宝贵意见，特此致谢。

① 指在不同语言中可能具有不同表现形式但语义或功能相当的概念。

② 本文采纳王力(1980)对汉语史的分期，“上古汉语”指公元三世纪以前的汉语。

③ 不同研究者对“完成体”概念的表述并不一致，本文采纳 Bybee 等(1994)的定义：完成体(perfect)表示“情状发生在参照时间之前，并与参照时间的情状相关”。

同时还常表示“相对先时”。如：

(1)既熟，则其发见自不差。(《朱子语类》卷第八十八)

由于“既”常用于背景事件句中，所以发展出了“引出前提”的连词用法。如：

(2)若此书既晓未得，我宁死也不看那个。(《朱子语类》卷第一百一十七)

“已”则主要用于前景事件句，表示状态在某参照时间之前出现并延续至该参照时间，同时多表示“绝对过去时”，且无连词用法。如：

(3)见画本，唐明皇已带长脚幞头。(《朱子语类》卷第九十二)

周守晋(2005)考察了多种战国出土文献中的“既”和“已”，指出楚简中只有“既”是表示“已然”的时间副词。如：

(4)既皆至典，仆又典，邵行无典。(《包山楚简》第18页)

(5)新父既成，新母既成。(《包山楚简》第33页)

而在秦简中，副词“既”已很罕见，基本为“已”所接替。如：

(6)今法律令已布，闻吏民犯法为间私者不止。(《睡虎地秦简·语书篇》)

他还认为，从时间上看，副词“既”“已”和“既已”是三个层次，而“既已”的出现为副词“既”发展为表推论的连词提供了条件。

张赪、孙品健(2020)从“既”“已”所修饰谓词的情状类型、句子的叙述类型等方面入手，通过比较细致的定量分析，对比了二者的用法，但其部分观点与结论有待商榷。

基于上述研究，本文关心的主要问题是：

首先，据杨永龙(2001)，中古时期的“既”基本只用于背景句，“已”基本只用于前景句，而据周守晋(2005)，上古汉语中的“既”可用于前景句(例5)，“已”可用于背景句(例6)。此外，杨氏、周氏对“既”发展出连词用法的解释也不一致。据王力(1980)对汉语史的分期，上古汉语历时两千余年，在此期间，副词“既”的产生早于“已”。那么，副词“既”最初的时体功能是什么？其篇章分布情况如何？完成体副词[①]“已”出现后，“既”的功能和分布有何变化？为何只有“既”发展出了连词用法？这些问题都值得进一步探讨。

再者，周守晋(2005)所考察的战国出土文献中仅有47例“既”与86例“已”，数量较少，材料局限性较大，且周氏并未从时体角度展开论述。若要深入了解上古汉语完成体表达方式的特点，还需在时体理论框架下，扩大考查范围和研究视野，提高分析的精确度。

鉴于此，本文将在较大范围内穷尽性考察副词“既”“已”的使用情况。[②] 由于副词“既”产生较早，功能变化较大，副词“已”产生较晚，功能相对稳定，所以本文首先分析“既”在上古

① 本文将表达完成体意义的副词简称为“完成体副词”。

② 本文考察范围主要包括《尚书》《诗经》《国语》《左传》《论语》《孟子》《荀子》《韩非子》《战国策》《史记》等十部传世文献，必要时也会参考甲骨文、金文、简帛等出土文献的研究成果。其中，对《史记》的考查采纳了宋亚云(2014)的处理办法，以尽量保证分析的准确性。

汉语不同时期的时体功能,然后分析“已”的时体功能,并与不同时期的“既”作对比,进而根据材料,基于类型学成果和“既”“已”的词汇来源,对二者差异作出解释。

需强调的是,学界普遍认为古代汉语中的语气词“矣”也与完成体意义的表达密切相关(如刘承慧 2007;洪波 2015;陈前瑞、王继红 2018 等),而“既”“已”均可与“矣”搭配使用。杜海涛(1999)注意到,当“既”和“矣”搭配使用时,经常用于前景句。为了避免干扰、尽量直观地呈现出“既”“已”的使用特点,本文在讨论过程中,除特别说明,都排除了“既”“已”与“矣”搭配使用的情况。

二　副词“既”的时体功能及演化路径

2.1　早期①副词“既”的时体功能

副词“既”最早见于甲骨文,可用于前景句和背景句(参看张玉金 2001,赵诚 2009)。在本文考察范围内,早期的副词“既”主要见于《尚书》和《诗经》。两部文献中,时间副词“既”凡 283 见。其中,除 4 例与“矣”搭配使用外,“既”独立用于背景句 198 例,约占总数的 70%。如:

(7)未见君子,忧心弈弈;既见君子,庶几说怿。(《诗经·小雅·頍弁》)

(8)文王受命,有此武功;既伐于崇,作邑于丰。(《诗经·大雅·文王有声》)

独立用于前景句 81 例,约占总数的 29%。如:

(9)今相有殷,天迪格保;面稽天若,今时既坠厥命。(《尚书·召诰》)

(10)溱与洧,方涣涣兮。士与女,方秉蕑兮。女曰:“观乎?”士曰:“既且。”(《诗经·郑风·溱洧》)

(11)游于北园,四马既闲。輶车鸾镳,载猃歇骄。(《诗经·秦风·驷驖》)

(12)北风其凉,雨雪其雱,惠而好我,携手同行。其虚其邪,既亟只且!(《诗经·邶风·北风》)

陈前瑞(2016)从前人研究中归纳出完成体的五种用法(结果性用法、经历性用法、持续性用法、先时性用法、新情况用法),从“既”早期的使用情况来看,除持续性用法暂无例证外,其他用法都有所体现,这说明它起初是比较典型的完成体副词:

例(9)出自西周时期召公给周成王的上书,“既坠厥命”前出现了时间词“今时”,表示“坠厥命”这一结果直到说话时间仍然存在,是典型的结果性用法。例(10)中,“既且”表示男子在女子邀请他出游之前就已经去过,属经历性用法。例(7)中,“见君子”显然发生在“庶几说怿”之前,是背景句中的先时性用法;例(11)是对“秦公打猎”的记录,毛传曰“闲,习也”,郑笺

① “早期”指完成体副词“已”出现之前的时期,即春秋末期以前(参见赵长才 2009)。

云“公所以田则可获者，乃游于北园之时，时则已习其四种之马”，故此处强调“四马既闲”发生在“游于北园”之前，是前景句中的先时性用法。例(12)出自卫国百姓之口，毛序曰“卫国并为威虐，百姓不亲，莫不相携持而去焉”，故“既亟只且”当是百姓逃奔时相互招呼的话，表示“(现在)情况已经很紧急了”，为报道新情况用法。

2.2 春秋末期以后“既”的功能变化

春秋末期以后，副词“既”的功能变化体现在“篇章分布”和“完成体用法”两方面。

2.2.1 篇章分布

在本文所考察的《尚书》《诗经》以外的八部文献中，“既”做时间副词共679例(包括与“矣”搭配使用的情况)，其中“既”独立用于背景句558例，约占总数的82%。① 如：

(13)宣王既丧南国之师，乃料民于太原。(《国语·周语上》)

(14)既盟，子大叔咎之曰：“诸侯若讨，其可渎乎?”(《左传·昭公十三年》)

“既”还可独立用于连谓结构前项，如：

(15)惠公既杀里克而悔之，曰：“芮也，使寡人过杀我社稷之镇。”(《国语·晋语三》)

(16)贾生既辞往行，闻长沙卑湿，自以寿不得长，又以适去，意不自得。(《史记·屈原贾生列传》)

方梅(2005)指出前景与背景在不同层面有不同的表现形式：在篇章层面，“故事的叙述主线为前景，其他为背景”；在小句层面，“连动结构内部，背景在前，前景在后”。据统计，“既”独立用于连谓结构前项共40例，约占总数的6%，若加上独立用于背景句的情况，“既”独立为后续动作提供背景的比例就高达88%。

与早期不同的是，此时期副词“既”基本不独立用于前景句。王力(1981)、杜海涛(1999)、杨永龙(2001)等都认为副词“既”通常表示前后两动作行为之间的先后关系，此时“既VP”结构在语义上不自足，不能独立成句。Meisterernst(2015)也指出《史记》中的“既”强调某一事件或状态的实际发生，且经常用于背景句，与后续事件相关联。不过，据武振玉(2005)、张玉金(2010)对两周金文及出土战国文献的考察，战国时期仍存在少数时间副词“既”独立用于前景句的例证。如：

(17)克狄(逖)淮夷，印(抑)燮繁汤(阳)，金道锡行，具既卑(俾)方。(《曾伯[雨泰]簠》)

(18)既鹰(薦)之于东陵。(《新蔡楚简》零:303)

这些例证看似反例，实则不然。从数量来看，武振玉(2005)考察的31例中，仅6例用于

① 杨永龙(2001)指出，“既V”中的“既”在先秦时期有时仍可理解为“完毕、完成”义动词，只是数量很少，且难以判定，经常既可视为动词，又可视为副词。本文在统计时排除了只能解读为动词的“既”(如“楚人未既济”中，“既”前有否定副词“未”，故只能是动词而非副词)，将可解读为副词的“既”都纳入讨论范围。对“已”也采取同样的处理方式。

前景句;张玉金(2010)考察的93例中,仅20例用于前景句(皆见于楚简)。从意义和用法来看,武氏指出到战国早期,用于前景句的"既"已无明显"已经"义;张氏所举"既"用于前景句的例证中,仅3例为独立使用,其余皆与语气词"矣"等搭配。如此看来,即便时间副词"既"在战国时期还能用于前景句,也应是早期用法的残留现象,这一现象在《史记》中已不可见。据此可知,"既"的篇章分布呈现出"向背景集中"的趋势。

2.2.2 完成体用法

早期的副词"既"具备比较典型的完成体用法,表示"动作行为在参照时间之前已经完成",如例(9)—(12)。然而,最晚在《左传》中,"既"所表示的意义就已发生变化。焦一和(2017)将春秋末期以后副词"既"的功能概括为"指示动作的起始点或终结点",严格说来,此时"既"所指示的不仅仅是某个孤立的时间点,而是"动作开始或结束之后的时间范围",而其具体意义则要根据动词的过程结构(可用"起点(I)""续段(D)""终点(F)"描写,参见郭锐1993)来判断。本文考察范围内,"既"所修饰的动词的过程结构包括"I与F不重合""I与F重合""I存在而F不存在"三种情况。①

当I与F不重合时,"既"修饰同一动词时所指示的时间范围可能不唯一。如:

(19)不如私许复曹、卫以携之,执宛春以怒楚,既战而后图之。(《左传·僖公二十八年》)

(20)既战,简子曰:"吾伏弢呕血,鼓音不衰,今日我上也。"(《左传·哀公二年》)

动词"战"包括"战斗开始→战斗持续→战斗结束"这一完整过程。例(19)讲述的是先轸建议晋文公激怒楚国,待楚国发动战争后再进一步谋划,"既战"表示"战争开始之后","既"指示"战"起点I之后的时间范围;例(20)中,"简子曰"的内容是简子对自己在战争中表现的回顾和总结,"既战"表示"战争结束之后","既"指示"战"终点F之后的时间范围。可见,此二例中的"既战"本身就是句中的参照时间,表示"某情状(战斗)开始或结束之后又发生了新的情状(图之/简子曰)",此时"既"所表达的意义相当于"相对过去时"(relative past),而非完成体。② 再如:

(21)翟偻新居于新里,既战,说甲于公而归。(《左传·昭公二十一年》)

(22)夫郊祀后稷,以祈农事也。是故启蛰而郊,郊而后耕。今既耕而卜郊,宜其不从也。(《左传·襄公七年》)

---

① 这三种关系大致对应学界常说的"活动动词""达成动词"和"状态动词"。但考虑到上古汉语动词综合性强,同一动词在不同语境下的动作类型(aktionsart)可能不同,故本文只讨论某动词在特定语境下的过程结构,而不直接根据动作类型给动词分类。

② 吴福祥(2007)在讨论表达时间概念的"后"时指出,"活动动词+后+VP"结构在一些语境中既可理解为"VP的时间次序在某种活动结束之后",亦可理解为"VP的时间次序在某种活动开始之后"。比如"酒后吐真言"既可理解为"讲真话时喝酒的活动业已结束",又可理解为"讲真话时喝酒的活动仍在持续",可与"既"的相对过去时用法互相参照。

(23)项羽既飨军士，中酒，亚父谋欲杀沛公，令项庄拔剑舞坐中，欲击沛公，项伯常蔽之。(《史记·樊郦滕灌列传》)

例(21)—(23)中的“既战”“既耕”“既飨”分别表示“开始打仗之后”“开始耕种之后”“开始宴请(军士)之后”，都不属于完成体用法。需指出，由于此类“既”表示两个情状之间的相对先后次序，故与情状发生的绝对时间无关，在表示过去、现在或将来的句子中均可使用。张赪、孙品健(2020)利用“既”的使用不受绝对时制限制来证明它不表示“时”而表示“体”，正是由于忽视了这种相对过去时的用法。一个简单的旁证是，与此类“既”意义相似的“(之)后”的使用同样不受绝对时制限制，但大概不会有人认为“(之)后”表达任何体意义。

当I与F重合时，“既”所指示的时间范围也是重合的。如：

(24)伯有既死，使大史命伯石为卿，辞。(《左传·襄公三十年》)

(25)而北道酒泉抵大夏，使者既多，而外国益厌汉币，不贵其物。(《史记·大宛列传》)

例(24)中，动词“死”没有持续过程，开始即结束，所以“既死”既可凸显起点，表示“开始从生进入到死的状态之后”，亦可凸显终点，表示“由生到死的变化结束之后”。类似地，例(25)中的“既多”表示“开始从少进入到多的状态之后”或“由少到多的变化结束之后”。[①] 此时，不论“既”是指示I之后还是F之后的时间范围，都能得到“结束或完成”的解读。此类情况在考察范围内出现的频率最高，也正因如此，学界多认定该时期的“既”是典型的完成体副词，实际上，能否解读为完成体副词取决于其后动词的过程结构。

当I存在而F不存在时，与前两种情况的区别主要有二：一是I在时间轴上的位置是不确定的，无法判断动作或状态从何时开始；二是受“既”修饰的成分是静态的，不体现状态改变，一旦动作或状态开始出现，理论上可在时间轴上无限向右延伸。如：

(26)吾年既少，未有恒常，出则禽荒，入则酒荒。(《国语·越语下》)

(27)天子既好宛马，闻之甘心，使壮士车令等持千金及金马以请宛王贰师城善马。(《史记·大宛列传》)

例(26)中，“少”即“年轻”，是表状态的形容词；例(27)中，“好”即“喜欢”，是表示心理状态的静态谓词。[②] 据焦一和(2017)，由于I的位置可以是时间轴上的任意一点，故此时“既”所指示的时间范围涵盖了整个时间轴；又因为主体性状在时间轴上是均质的，所以“既+表性状成分”就有了“对某种性状的提示和强调”的作用。所以，“既少”表示“‘(吾年)少’这一事实存在之后”，换言之，“(吾年)少”是“未有……酒荒”的前提条件。同理，例(27)中，“(天

---

① “多”常用作静态的形容词，但据例(25)文意，“多”表示“由少到多”的状态变化，具有动态性，与例(24)中“死”的过程结构相同。

② 据例(26)文意，“少”不可能表示“由年老变为年轻”，只能解读为静态形容词。例(27)的原文中早已提到“天子好宛马”，说明“好宛马”是天子的固有属性，不表示由“不好”到“好”的转变，故“好”也是静态的。

子)好宛马"也是后续事件发生的前提条件。①

2.3 副词"既"的演化路径

上文描写了副词"既"在不同时期时体功能的表现,本节从"完成阶段"(perfage)的角度对其演化路径作进一步归纳。Bybee 等(1994)将世界语言范围内与完成体相关的语法成分所处的不同发展阶段归纳为五个完成阶段,依次是"完结体"(completive)、"新完成体"(young anterior)、"老完成体"(old anterior)、"完整体"(perfective)和"一般过去时"(simple past),②大致概括了世界语言中完成体演化的一般路径。

对照五个阶段的具体内涵,动词"既"的意义为"尽、完",属完结体。例(7)—(12)显示,早期的副词"既"具备新完成体的用法。"既"是否进入了老完成体阶段呢?答案应该是肯定的。据考察,早在《诗经》中就不乏"既"表示"状态存在"的例证。如:

(28)凫鹥在泾,公尸来燕来宁。尔酒既清,尔殽既馨。公尸燕饮,福禄来成。(《诗经·大雅·凫鹥》)

例(28)为周王设宴酬谢公尸时所唱之诗,"清"和"馨"分别描写酒水和菜肴具有"清醇"和"鲜香"的性质,并不强调状态改变,故郑笺云"女酒殽清美,以与公尸燕乐饮酒之,故祖考以福禄来成女"。不过,这并非唯一解读,因为"不强调状态改变"不等于"不允许状态改变",这从孔疏"其燕之时,尔王酒既清洁矣,尔王之殽既馨香矣,乃用之以公尸燕乐而饮之,则为神所悦,以此至福禄而来成"一句即可得证。两种解读并存的事实说明,此时"既"完成体副词的功能还比较显著,正处于由新完成体向老完成体过渡的初期阶段。

后来,副词"既"逐渐失去了典型的完成体用法,春秋末期以后主要用于依附性的背景小句,表达相对过去时意义,说明它在老完成体的道路上越走越远,逐渐向过去时阶段靠近。不过在此过程中,"既"并未经历完整体阶段。理由是:

首先,上古汉语在叙述离散事件序列时,通常不借助任何标记,仅依靠动词内部过程结构和语境。如:

(29)丙寅,齐师、宋师败吴师于鸿口,获其二帅公子苦雉、偃州员。(《左传·昭公二十一年》)

---

① 焦一和(2017)将这种情况下的"既"解读为程度副词,此说尚无足够证据支持。Bybee 等(1994)论述了世界语言中由包含"结束"(finish)、"完尽"(complete)义动词的构式发展出"完成""整体"的意义之后,用于状态可表示"状态以一种彻底的或最强烈的方式存在",突出了状态的彻底性。因此,时间副词"既"修饰静态性状义成分时本就具备表程度的条件,无需另释为程度副词。

② "完结体"指"彻底地做完某事",如"射死""吃光"等。"新完成体"只有典型的完成体用法,不超出陈前瑞(2016)所归纳的五种用法的范围。"老完成体"由"新完成体"发展而来,是一个比较宽泛的概念,其语法化程度更高,黏附性更强,在五种典型完成体用法之外还可表示"状态存在""状态开始"等意义,其形式和意义都更接近完整体或过去时。"完整体"表示"情状在时间上是有界的",多用于"叙述离散事件序列"。"过去时"表示"一个情状发生在说话时间之前",用以"叙述过去事件序列"。

(30)子路从而后，遇丈人，以杖荷蓧。(《论语·微子》)

例(29)中的动词“败”(失败)、“获”(获得)以及例(30)中的动词“遇”(遇见)都没有持续过程，其起点与终点重合，自然蕴含了事件的完整性，分别叙述了三个独立事件。

其次，Bybee等(1994)提到，如果一个语言中存在过去非完整体，那么泛化中的完成体通常会发展为完整体，否则发展为一般过去时。例(30)中，动词“荷”(担负)是一个持续性动作，有起点而无终点，在意义上符合非完整体内涵，用现代汉语表达需加“着”，但在上古汉语中，它同样不依赖任何标记。与完整体相比，上古汉语的非完整体更难观察，几乎没有明确的表达方式(参看魏培泉2015)。

因此，不论是从完整体还是从非完整体的角度来看，副词“既”都不大可能发展出完整体用法。而且，“既”的“状态存在”“相对过去时”用法在意义和功能上都跨过了完整体阶段，虽然我们尚未发现“既”有一般过去时用法，但可以看出它正在从体范畴向时范畴过渡。

总之，副词“既”的时体功能自春秋末期以后开始变化，经历了完结体、新完成体、老完成体三个阶段，后来逐渐脱离体范畴，向时范畴靠近，主要用于表达相对过去时。

三　副词“已”的时体功能及演化路径

3.1　副词“已”的时体功能

副词“已”的完成体用法与“既”有所不同，且未发生显著变化；其篇章分布的变化趋势与“既”相反。

3.1.1　完成体用法

上古汉语中，副词“已”具有除经历体用法外的其他四种完成体用法。如：

(31)死而已四百余年，而弟子志之不倦。(《史记·游侠列传》)

(32)戴伯元年，周宣王已立三岁。(《史记·管蔡世家》)

(33)子产忠于郑君，子国谯怒之曰：“……主贤明，能听汝；不明，将不汝听。听与不听未可必知，而汝已离于群臣。……”(《韩非子·外储说左下第三十三》)

(34)孝公已死，惠王代后，莅政有顷，商君告归。(《战国策·秦策一》)

(35)晋闻楚之伐郑，发兵救郑。其来持两端，故迟，比至河，楚兵已去。(《史记·郑世家》)

(36)路中大夫既许之，至城下，望见齐王，曰：“汉已发兵百万，使太尉周亚夫击破吴楚，方引兵救齐，齐必坚守无下！”(《史记·齐悼惠王世家》)

例(31)中，“已四百余年”表示“(季次、原宪)死亡的状态至今为止持续了四百多年”；例(32)中，“已立三岁”则表示“周宣王即位的状态到戴伯元年为止持续了三年”。不论“已”位于动词后还是动词前，只要其后出现表时段的时量成分，通常可解读为持续性用法。例(33)

中，子国认为“离于群臣”是“子产忠于郑君”的结果，该结果在子国说话时仍然存在，是结果性用法。例(34)中，“孝公死”发生在“惠王代后”之前，是背景句中的先时性用法。例(35)中，“楚兵已去”强调了楚军在晋国军队到达河边之前已经离去，是前景句中的先时性用法。例(36)中，路中大夫向齐王禀报军情，所言自“汉已发兵百万”至“方引兵救齐”皆为新情况，是报道新情况用法。

可见，“已”是上古汉语时期比较典型的完成体副词，它之所以缺乏经历性用法，主要是因为汉语“在完成体的语义范围内具有更为丰富的表现手段”(陈前瑞 2016)。战国时期，副词“尝”和“曾”专用于表经历义，这在很大程度上抑制了副词“已”经历性用法的产生(参见王继红、陈前瑞 2014，魏培泉 2015，陈前瑞 2018)。

赵长才(2009)指出，当“已＋VP”结构中的 VP 可以是“非延续动词”(即 I 与 F 重合)时，“已”才实现了由动词向完成体副词的转变。这就意味着，副词“已”主要用以指示动作进程的终点，表示“动作在某时刻结束或完成”，如上文例(34)。再如：

(37)楚有三施，我有三怨，怨仇已多，将何以战？(《左传·僖公二十八年》)

对比例(34)(37)中的“已死”“已多”与例(24)(25)中的“既死”“既多”可知，当 I 与 F 重合时，“已”和“既”指示的时间范围相交于一点，这就为它们传达相同的“完成”义提供了可能。但是，二者表示“完成”义的根据不同——“既”表示后一动作在前一动作开始或结束之后的时间范围内发生，若前一动作的 I 和 F 重合，则消除了歧义出现的条件，进而可由相对过去时意义推导出“完成”义；而“已”作为完成体副词，只表示动作结束，始终表达“完成”义。

不过最晚从汉代开始，“已＋VP”中的 VP 偶尔也出现了 I 与 F 不重合的情况。如：

(38)伐宛再反，凡四岁而得罢焉。汉已伐宛，立昧蔡为宛王而去。(《史记·大宛列传》)

动词“伐”包含“讨伐开始→讨伐持续→讨伐结束”的过程，但结合语境，“已伐”只有“讨伐结束”一种解读，而且考察范围内未见一例“已”指示动词起点的用例。据此可断定，不论动词 I 与 F 是否重合，“已”都不限制起点 I 的位置，只对 F 有强烈的指示作用。这也解释了为何“已”修饰形容词时只表示状态转变而从不表示静态义——静态谓词有 I 而无 F，此时“已”在时间轴上没有可指示对象，故无法与静态义兼容。① 可见，“已”的完成体用法始终比较稳定。

---

① 《诗经·唐风·蟋蟀》有“无已大康”句，毛传释“已”为“甚”；《诗经·小雅·巧言》有“昊天已威”句，郑笺亦以“甚”释“已”。王力(2000)、何乐士(2006)、张玉金(2004)、向熹(2017)等都认为“已”在上古汉语中有程度副词的用法。其实，这一现象仍可用上文 2.2.2 节末句脚注中 Bybee 等(1994)的观点来解释。但与“既”不同的是，“已”修饰状态义成分时，被修饰的状态通常本身便具有[＋高程度]的语义特征，只是在特定语境下突出了被修饰状态的高程度。如“昊天已威”可以理解为“昊天”已经达到了“威”的程度，依然表示状态改变，具有动态性。也就是说，时间副词“已”的功能并未明显发生泛化，没有类似“吾年既少”“天子既好宛马”的用法。至于“无已大康”中的“已”似乎无法解作时间副词，但据我们考察，这种情况仅此一例，且目前关于此句的解读尚无定论，故本文认为副词“已”修饰形容词无法表示静态义。

3.1.2 篇章分布

赵长才(2009)认为“在上古汉语时期,完成体副词‘已’用在背景事件句和前景事件句的比例大体是平衡的”。材料显示,在整个上古汉语时期,尽管副词“已”可用于前景句,但用于背景句的数量明显较多,未达到“平衡”状态。在考察范围内,时间副词“已”共780例(包括与“矣”搭配使用的情况),其中“已”独立用于背景句456例,约占总数的58%(如例31、34、36);用于连谓结构前项共31例,约占总数的4%,如:

(39)已有天下而无以天下为者,尧、舜是也。(《韩非子·忠孝第五十一》)

“已”独立用于前景句的例证集中分布在战国中期以后的文献中。虽只有71例,约占总数的9%(如例32、33、35),但从发展趋势来看,自战国中期开始,副词“已”用于前景句的情况明显增多,且该变化过程从先秦一直持续到现代。据杨永龙(2001),《朱子语类》第二册的205个时间副词“已”中,有202例用于前景句;我们又考察了老舍《骆驼祥子》和王朔《空中小姐》中的“已经”,发现两部书中的500例“已经”全部用于前景句。可见,“已”的篇章分布呈现出“向前景集中”的趋势。

3.2 副词“已”的演化路径

动词“已”本义为“停、止”,后发展出“完结、完毕”义(赵长才2009,魏培泉2015),经历了完结体阶段。上文已说明,副词“已”并未产生超越新完成体阶段的用法,故它只经历了完结体和新完成体两个阶段。

张赪、孙品健(2020)认为战国后期“已”不再用于将来时间,并据此断言“其完成体标记的用法正在消失”,对此我们不敢苟同。从数据来看,杨永龙(2001)对《朱子语类》的考察充分说明“已”的完成体用法在宋代依然典型,而且可以用于将来时间;从语感来看,“已(经)”在现代汉语中也经常在各种绝对时制下表达完成体意义。因此,副词“已”长期处于新完成体阶段,其完成体用法从未消失。

四 “既”“已”功能差异的表现及其原因

4.1 功能差异的表现

上文所述的副词“既”“已”功能差异的表现可归纳如下:

(一)“已”有持续性用法(例31、32),而“既”没有。尽管汉代文献中副词“既”偶尔与时量成分共现,如:

(40)周襄王既居外四年,乃使使告急于晋。(《史记·匈奴列传》)

(41)帝太甲既立三年,不明,暴虐,不遵汤法,乱德,于是伊尹放之于桐宫。(《史记·殷本纪》)

但这并非完成体的持续性用法，理由见4.2节。

(二)"既"的篇章分布趋势是"向背景集中"，而"已"是"向前景集中"。

(三)"既"的演化经历了完结体、新完成体、老完成体三个阶段，后来主要表示相对过去时意义，并发展出表前提条件的连词用法；"已"的演化经历了完结体和新完成体两个阶段，是比较稳定的完成体副词，无连词用法。①

此外，还有两种表现值得注意：

(四)"既"从不直接修饰数词，而"已"可以。如：

(42)今赵卒之死于长平者已十七八，其国虚弱，是以寡人大发军，人数倍于赵国之众，愿使君将，必欲灭之矣。(《战国策·中山策》)

(43)当是时，百里傒年已七十余。(《史记·秦本纪》)

(五)副词"既"与副词"已"组合时，"既"必前置于"已"。如：

(44)既已告于君，故与叔向语而称之。(《左传·昭公三年》)

4.2　造成差异的原因

造成上述差异的原因可归结为如下两点：

一是副词"既""已"的词汇来源不同。

副词"既""已"分别源于"完、尽"义动词和"停、止"义动词，尽管两种意义都蕴含了动作行为的"完成"，但"完、尽"义凸显"量的减少与消失"，侧重空间变化；"停、止"义凸显"进程的终止"，侧重时间变化(参见李宗江2004)。根据"语义滞留原则"(Persistence)，②其时体功能自然会有所不同。具体说来，早期的副词"既"侧重表示"一定量的动作在某时刻全部做完"；副词"已"侧重表示"动作过程在某时刻暂停或终止"。由于完成体的持续性用法表示动作持续时间的积累，若对动作的持续时间进行限制，只能用"已"。之所以说例(40)(41)不属于完成体的持续性用法是因为：首先，此类用例始见于汉代，而此时副词"既"已丧失典型的完成体用法；其次，从词汇来源看，"既"本就不具备表达持续性意义的语义条件。所以"既＋VP＋时量成分"结构中的"VP＋时量成分"相当于一个终结性动作，"既"用以指示该动作起点或终点之后的时间范围，而非动作的持续。如例(41)中，"既立三年"不表示"即位的状态持续了三年"，而表示"(帝太甲)即位三年之后"，故其意义不完整，在句法上不独立，只能作为前置小句，为后续动作提供时间背景。同理，由于时间副词修饰数词时，数词并不表示简单的数量，而表示数量在一定时间内从无到有、从少到多的累积变化，若要对其进行限制，只

① 赵长才(2009)认为时间副词"已"虚化为表并列关系的关联副词，如"已失人，又失天"，但同时也指出，此时"'已'所在的小句跟后面的小句具有时间上的先后关系，还没有发展为表示纯粹抽象的并列关系的程度"。故此类"已"不是连词。

② 该原则为：当某形式从词汇项语法化为语法项时，只要语法上允许，其原始词汇意义中的一些痕迹通常会黏附着它，其词汇史中的细节也有可能通过它在语法分布上受到的限制反映出来。见Hopper(1991)。

能将其积累进程打断，使之在某时刻停止，故只能用“已”。如例(42)表示“到现在为止，战死在长平的赵国士兵的数量达到了总人数的十分之七、八”，例(43)表示“到当时为止，百里奚活着的时间达到了七十多年”。可见，词汇来源不同是上文差异(一)(四)存在的主要原因。

二是完成体普遍演化规律的作用。

上文提到，完成阶段理论显示出不同语言中完成体的演化路径具有普遍的规律性，“既”“已”的演化虽不完全与之相符，但总体一致。“既”的完成体用法自春秋末期开始发生变化，步入老完成体阶段，主要表达相对过去时，这一过程不仅使副词“既”逐渐集中分布于背景句，也为它演化为表前提条件的连词提供了条件。如：

(45)既来之，则安之。(《论语·季氏》)

例(45)中的“来之”可视为“安之”的前提条件，“既”可视为表前提条件的连词。但实际上，“来之”仍有较强的动态变化义，且在“安之”之前完成，故将“既”视为时间副词也未尝不可。本文认为，只有当“既”所引出的成分只能解读为后续成分的前提条件、不包含动态变化义时(如例26、27)，它才有可能演化为真正的引出前提的连词。概言之，当“既”发展到老完成体阶段后期，“状态存在”和“相对过去时”意义可以同时凸显，加之它长期处于背景小句，才有充分的条件发展出表前提的连词用法。

然而，为何“已”未进入老完成体阶段并发展出连词用法呢？这一方面是由于完成体副词“已”产生时，“既”已进入老完成体阶段，“已”在一定程度上接替了早期的“既”，用于表达完成体意义(参见周守晋2005，赵长才2009)，受语言经济性原则影响，“已”并不急于进入老完成体阶段；另一方面，受词汇来源影响，“已”无法与“状态存在”义兼容，故长期停留在新完成体阶段。也正因如此，完成体副词“已”用于背景句并非相对过去时用法，而是完成体的先时性用法。换言之，春秋末期以后，“既”用于背景句遵循“时间范围原则”，①为后续动作提供“时间背景”；“已”用于背景句遵循“时间顺序原则”，②为后续动作提供“事件背景”。所以，“已＋VP”即便用于背景句也表示一个完整的事件，具备进入前景句的条件。在完成体的五种用法中，结果性用法、经历性用法和持续性用法是三种主要用法(陈前瑞2016)，“已”作为完成体副词不可能仅限于背景句中的先时性用法，因而必然会越来越多地分布于前景句。

最后，“既”与“已”组合时必前置也是顺理成章之事了。从句法角度看，句法范畴“越往左缘层次发展虚化程度越高”(蔡维天2019)，“既”的演化先于“已”，自然更容易前置于“已”。从语义角度看，“既”表示“……之后”，有开放性，不可受终点限制，而“已”表示“到……为止”，有封闭性，需要设置终点。若“已”先于“既”构成“已既＋VP”结构，那么在逻

① 见戴浩一(1988)：如果句法单位X表示的概念状态在句法单位Y表示的概念状态的时间范围之中，那么语序是YX。

② 见戴浩一(1988)：两个句法单位的相对次序决定于它们所表示的概念领域里的状态的时间顺序。

辑层面,“已”的辖域(scope)大于“既”的辖域,其封闭性会阻止“既”的开放性,造成意义上的矛盾;而在“既已＋VP”结构中,“既”的辖域更大,于是可以指示“已”为VP设置的终点之后的时间范围,表示“已VP之后”。可见,只有“既已＋VP”结构可以成立。至此,差异(二)(三)(五)也得到了解释。

五　结语

上古汉语完成体有多种表达方式,本文选取其中最相似的两种进行比较,通过分析其历时、共时层面的功能差异及演化路径,说明了上古汉语完成体的特点。本文主要结论包括:

(一)上古汉语时间副词“既”和“已”在词汇来源和完成体一般演化规律的双重影响下,产生了不同的完成体用法,经历了不同的完成阶段。二者的篇章分布虽呈现出相反的发展趋势,但都符合完成体演化的一般规律;“既”发展出连词用法而“已”没有的原因并非“既”长期处于背景句,亦非“既已”的驱动,而是演化规律的作用,篇章分布只是演化规律的外在表现。

(二)副词“既”“已”的发展一方面基本符合Bybee等(1994)所归纳的普遍规律,一方面也具有鲜明的特色,比如相对过去时用法在“既”的发展历程中占据了重要地位。尽管相对过去时在Bybee等(1994)提出的五个完成阶段中没有明确对应的位置,但这恰恰反映出上古汉语这种“弱时语言”(梅广2018:474)的特点,体现出副词功能由体范畴向时范畴的过渡,在一定意义上支持并丰富了完成阶段理论。

(三)张赪、孙品健(2020)认为“既”“已”都兼有完成体、完整体的用法,这似乎与语言事实不符。上文显示,“既”和“已”作为上古汉语中最常用的两个完成体副词,都没有进入完整体阶段,无法独立叙述离散事件序列。目前看来,上古汉语缺乏明确的语法手段来表达完整体,这是上古汉语体系统的一个重要特点。

参考文献

蔡维天　2019　《制图理论和汉语语法》,《语言学研究》第二十五辑,高等教育出版社。
陈前瑞　2016　《完成体与经历体的类型学思考》,《外语教学与研究》第6期。
陈前瑞　2018　《试论“曾”的反预期与经历义的演变关系》,《古汉语研究》第2期。
陈前瑞　王继红　2018　《〈左传〉中“矣”的多功能性的量化分析》,《中国语文》第5期。
戴浩一　1988　《时间顺序和汉语的语序》,黄河译,《国外语言学》第1期。
杜海涛　1999　《上古汉语“既”字的意义和用法及汉语实词虚化问题》,《语言学论丛》第二十二辑,商务印书馆。
方　梅　2005　《篇章语法与汉语篇章语法研究》,《中国社会科学》第6期。
郭　锐　1993　《汉语动词的过程结构》,《中国语文》第6期。

何乐士 2006 《古代汉语虚词词典》,语文出版社。
洪 波 2015 《从〈左传〉看先秦汉语"也""矣"的语气功能差异》,吴福祥、汪国胜主编《语法化与语法研究》(七),商务印书馆。
焦一和 2017 《上古汉语的时间副词"既"》,《河南师范大学学报》第6期。
李宗江 2004 《"完成"类动词的语义差别及其演变方向》,《语言学论丛》第三十辑,商务印书馆。
刘承慧 2007 《先秦"矣"的功能及其分化》,《语言暨语言学》第3期。
梅 广 2018 《上古汉语语法纲要》,上海教育出版社。
蒲立本 1995 《古汉语体态的各方面》,《古汉语研究》第2期。
宋亚云 2014 《汉语作格动词的历史演变研究》,北京大学出版社。
王继红 陈前瑞 2014 《从尝试到经历——"尝"的语法化及其类型学意义》,《语言科学》第5期。
王 力 1980 《汉语史稿》,中华书局,2005年。
王 力 1981 《古代汉语》,中华书局。
王 力 2000 《王力古汉语字典》,中华书局。
魏培泉 2015 《古汉语时体标记的语序类型与演变》,《语言暨语言学》第2期。
吴福祥 2007 《汉语方所词语"后"的语义演变》,《中国语文》第6期。
武振玉 2005 《试论"既"字在金文中的用法》,《苏州科技学院学报》(社会科学版)第4期。
向 熹 2017 《简明汉语史》(修订版),商务印书馆。
杨永龙 2001 《〈朱子语类〉完成体研究》,河南大学出版社。
张 赪 孙品健 2020 《上古汉语中后期时间副词"既、已"的用法演变》,《汉语史学报》第22辑。
张玉金 2001 《甲骨文语法学》,学林出版社。
张玉金 2004 《西周汉语语法研究》,商务印书馆。
张玉金 2010 《出土战国文献中的虚词"既"》,《殷都学刊》第3期。
赵长才 2009 《上古汉语"已"由"止"义动词到完成体副词的演变》,冯力、杨永龙、赵长才主编《汉语时体的历时研究》,语文出版社。
赵 诚 2009 《甲骨文简明词典》,中华书局。
周守晋 2005 《出土战国文献语法研究》,北京大学出版社。
Bybee, J., Perkins, R. & Pagliuca, W. 1994 *The Evolution of Grammar: Tense, Aspect, and Modality in the Languages of the World*. Chicago: The University of Chicago Press. (《语法的演化:世界语言的时、体和情态》,陈前瑞等译,商务印书馆,2017年)
Haspelmath, Martin 2010 Comparative concepts and descriptive categories in crosslinguistic studies. *Language* 86(3): 663-687.
Hopper, P. 1991 On some principles of grammaticization. *Approaches to Grammaticalization*, Vol. 1.
Meisterernst, B. 2015 *Tense and Aspect in HAN Period Chinese-A Linguistic Analysis of the 'SHI-JI'*. Berlin: De Gruyter Press.

The Differences of Tense-aspect Function and Evolution between the Adverbs *ji*(既) and *yi*(已) in Archaic Chinese

JIAO Yihe YANG Rongxiang

Abstract: The temporal adverbs *ji*(既) and *yi*(已) were often used to mark perfect aspect in archaic Chinese, but they have different tense-aspect functions and evolutionary paths, which lead to significant differences in the pragmatic uses of perfect aspect and the distribution of discourse. This paper sums up five differences between *ji*(既) and *yi*(已), and explains those differences from the perspectives of the lexical origins and the general law of the evolution of perfect aspect. Those differences not only show us the characteristic of the aspectual system of the archaic Chinese, but also to some extent support and enrich the theory of *perfage* proposed by Bybee et al. (1994).

Keywords: Archaic Chinese, *ji*(既), *yi*(已), perfect

(焦一和　北京师范大学汉语文化学院　100875/中国社会科学院语言研究所　100732;
杨荣祥　北京大学中文系　100871)

小句整合视角下条件句“只要P，就Q”的演变研究*

韦志刚　洪　波

提　要　本文基于小句整合视角通过语料库历时梳理了从条件复句“只要P,就Q”到紧缩句“X就Y”再到句末助词“就Y”或“Y了”的演变过程,并进一步指出这一演变过程的动因是完形认知下的信息结构图形重塑,演变机制是在条件句中说话者将视点落在结果向条件扫描,结果小句长期位于信息结构的背景位置发生凝固和弱化,条件小句成为新信息并得到强化。处于句末的“就X了”结构从演变中通过重新分析获得了降低祈使语力的功能,甚至有的已经发展为语气词,具有主观交互性。

关键词　小句整合　条件句　句末助词

一　引言

在现代汉语口语中我们会见到出现在句末的一类特殊助词,如下①:

(1)再说,不管环境怎么改变,只要你的心不变就好了。(星云大师、刘长乐《传媒大亨与佛教宗师的对话:包容的智慧》)

(2)周拉奴笑笑:“别管给谁办,我交钱就是了。”(《1994年报刊精选》)

(3)登上歌坛,跟着感觉走,潇洒走一回就结了。(2000年《人民日报》)

(4)那是人家的卧室,咱们不能胡来,我一个人上去搜一搜就成了。(陈廷《蒋氏家族全传》)

(5)立刻把F小姐调到别的部门去吧!同时她的新工作必须比现在做的工作高一级,你就说公司希望她来担任这项工作就得了。(《哈佛管理培训系列全集·第十三单元》)

(6)打我没事,只要能妥善处理这事就算了。(《1994年报刊精选》)

(7)你可以和司机交谈,了解当地的风土人情,小费按常识给就可以了。(1996年《人民日报》)

以上例句中都有一个“就X了”结构出现在句末,有的前文中“只要”已经省略。吕叔湘

---

* 本研究得到国家社科基金重大项目“中国境内语言语法化词库建设”(15ZDB100)的资助。

① 本文语料来源于CCL、BCC和语料库在线等网络语料库。

(1980:320)认为陈述句句末的"就是了"有两种意义:一是"不用犹豫、怀疑",二是"把事情往小了说"。太田辰夫(2003:357)将这类词称为"准句末助词",他认为这些成分原来是全句的述语,虚化之后表示强调和限制的语气了,但陈述功能还没有完全去掉。我们认为以上例句中类似语气词的"就好了"等都可以在句末起到说话人有意降低祈使语力(illocutionary force)的作用,是将条件复句中条件-结果之间的客观逻辑关系主观化,传达说话人的言者态度和立场,因此具有主观交互性。除"好了"已经发展为句末助词,同类结构的其他词依然保留陈述性。

目前学界关于这类结构的来源和形成过程有以下两种观点:一种观点是认为来源于"完成义"动词与"了"的组配,比如李小军(2009)对语气词"好了"进行了话语功能分析和来源探析;高增霞(2010)注意到这类结构中的共同语义特征,指出"达成"义词语具有较强的发展为语气词的倾向。另外一种观点看到了"X了"所在的结构式,认为来源于条件复句,比如李宗江(2008)指出"就是了"来源于"X=SP+(ad+V+了)结构";刘顺、潘文(2014)注意到了句子整体的表述功能为"便是(了)"语气意义的形成奠定了基础;宋文辉(2015)指出"X就是了"构式来源于充分条件复句的主句。石飞(2019)指出句末"就是了"立场表达的形成机制和其所处充分条件句有着密切关系。

以上两种观点主要是从词汇化和语法化视角出发对"就X了"结构的演变进行分析,本文拟从小句整合的视角出发审视从条件复句"只要P,就Q"到紧缩句"X就Y",再到句末助词的演变过程,并对其话语功能和立场进行归纳和总结。

二　小句整合下的"X就Y"

"X就Y"结构来源于充分条件复句"只要P,就Q",是两个小句整合的结果。整合后的"X就Y"依然保留了X是实现Y的最低条件关系。在条件复句中,"P"和"Q"都是彼此独立的小句,而在"X就Y"中,"X"和"Y"很难独立分开,整个结构更容易理解为一体。比如:

(8)晚上自己洗澡,洗发液也不用直接用水冲冲就完了!(微博@shuyangma)

(9)中国男篮实力获认可,主帅霸气回应:干就完了,还准备啥啊!(腾讯视频新闻标题)

小句整合(clause integration/union/combining)指两个本来独立的小句合并为一个带有一套语法关系的单一小句的现象。两个独立的事件现在被当作一个单一事件来处理(Haboud 1997:213—214),由于汉语中没有一致关系,我们很难从形态角度出发来审视汉语的小句整合现象。

小句整合涉及句法的历时演变,复句经过整合可以演变为单一小句。Givón(2001、2006)认为小句整合包括三个阶段:主从复合句—复杂小句—单一小句。Hopper & Traugott(2003,张丽丽译 2013:222)根据[依存][内嵌]两个特征用一个连续统描写小句整合的语法化历程:并连(parataxis)—主次(hypotaxis)—从属(subordination)。高增霞(2005)指出汉语中也存在小句整合的连续统:复句—复杂谓语句—简单句。赵雅青(2014)考察了汉语有标紧缩句的形成过程,指出汉语小句整合的斜坡:小句联合>小句复合>小句黏合>小句亲合>小句糅合>小句融合。

结合前人的研究①,我们认为在小句整合的过程中涉及四个参项:

①韵律模式,小句整合的结果是否发生韵律模式的改变(停顿消失、语调融合)

②成分省略,前后小句主语的省略情况

③语义依存,小句间的语义关联是否紧密

④结构内嵌,小句间在句法上是否存在控制与受控

“X 就 Y”结构的演变和形成经历了从两个独立的、复杂度高的小句整合成语义关联紧密、单一小句的过程。根据语义、句法形式和韵律模式等特征,我们将“X 就 Y”的演变过程分析为准备、形成和发展三个大阶段,九个具体的小阶段:

2.1 准备阶段

2.1.1 准备阶段Ⅰ:“只要+小句”结构的形成

“只”和“要”连用,最早出现在唐朝,是“仅仅需要”的意思,后接名词短语,比如:

(10)能断世间腥血味,长生只要一丸丹。(唐·王建《赠王屋道士赴诏》)

(11)长者还钱八十贯,董永只要百千强。(《敦煌变文校注·董永变文》)

唐五代时期就已有后接小句的用法。“只要”的位置还比较灵活,可以出现在前一小句,也可以出现在后一小句。比如:

(12)如山僧指示人处,只要尔不受人惑。(《镇州临济慧照禅师语录》)

(13)只要门徒发信根,万般一切由心识。(《敦煌变文校注·维摩诘经讲经文》)

副词“只”和动词“要”结合在一起,此时的“要”意义比较实在,还不能理解为条件连词。

2.1.2 准备阶段Ⅱ:“只要 Q,便 P”结构的形成

我们在宋代文献《朱子语类》中发现大量“只要 P,便 Q”的条件复句,在复句中 P 和 Q 两个小句保持一定的独立性:

(14)今人都不识这意思,只要嵌字,使难字,便云好。(《朱子语类》卷一百四十)

(15)上蔡只要说得泊然处,便有些庄老。(《朱子语类》卷三十四)

---

① Givón(2001、2006)认为小句整合的主要句法形式参数有六个:a. 共指论元的表达形式;b. 语法关系;c. 两个动词的临接程度;d. 限定动词的形态标记;e. 两个小句的临接程度;f. 语调曲线。Hopper & Traugott(1993[2003]:170)根据两个参项“依存”和“内嵌”来区分并连、主次和从属;赵雅青(2014)提出汉语小句整合斜坡的五个参项:语音停顿、成分省略、语义依存、结构内嵌、句间界限。

(16)只要穷得这道理,便是天理。(《朱子语类》卷九)

在以上诸例中"只要"引导的小句,与"便"引导的小句形成条件和结果的语义关系,"只要"的语义虚化,逐渐成为连词。宋元之后"就"开始出现替代"便",形成"只要 P,就 Q"的复句结构。

2.2　形成阶段

2.2.1　形成阶段Ⅰ:"只要 P,就 Q"结构的出现

"就"最早在先秦时代是动词,梅祖麟(1984)指出副词"就"在元代才出现。"就"替换"便"是一个长期的过程,元代早期多用"便",后期渐用"就"。根据刘顺、潘文(2014)的研究,到明朝晚期,"便是(了)"很少使用,直到在现代汉语中"就是(了)"才完全取代了"便是(了)"。如:

(17)只要姐姐许小生做一程伴,便当倾囊相赠,有何虑哉!(元·石君宝《李亚仙花酒曲江池》)

(18)你到官中,少不得问你,只要说的冤枉,这包待制就将前案与你翻了。(元·李行道《包待制智勘灰阑记》)

我们可以将这个阶段的小句整合特征总结如下:

语义特征	两个事件施事不同,主语不同
句法形式特征	两个小句形式上独立,有标记词"只要"和"就"/"便"
韵律特征	两个小句中间有停顿,有独立的语调和语气

2.2.2　形成阶段Ⅱ:"只要 P,就 Q"结构主语一致

在这个阶段,前后小句依然形式独立,但是小句主语一致,语义关联程度提高,如:

(19)又走了半日,已自是白龙江口上,只要转身,就进到江里面,离了大海,怎么不是家门?(明·罗懋登《三宝太监西洋记》第九十七回)

(20)伯伯,你孩儿情愿不要家财,只要傍着祖坟上埋葬了我父母这两把骨殖,我便仍到潞州去了。(明·凌濛初《初刻拍案惊奇》卷三十三)

(21)你只要打两只野兽,就可去得的了。(清·唐芸洲《七剑十三侠》第九十回)

我们可以将这个阶段的小句整合特征总结如下:

语义特征	两个事件施事相同,主语相同
句法形式特征	两个小句形式上独立,有标记词"只要"和"就"/"便"
韵律特征	两个小句中间有停顿,有独立的语调和语气

2.2.3　形成阶段Ⅲ:"只要 P1,P2(P3,P4)就 Q"

充分条件句更加强调条件小句,因此是语义重心所在,根据象似性原则,"相对简单概念由相对简单形式表达,相对复杂概念由相对复杂概念表达"(张敏 1998:153),在这个阶段,

条件小句“P”的语义内容不断扩张,形式也由单一小句扩张为两个、三个,甚至多个小句。而结果小句“就Q”语义内容趋于固定,表示结果达成,形式也趋于固化。比如:

(22)只要六两茶礼,备盛些的担盘进来,即讨了去就是。(清·坐花散人《风流悟》第六回)

(23)中丞不能自己保自己,只要把话说明,叫上头看得出就行。(《官场现形记》第十六回)

(24)只要带了侄儿进去,好好的作文章,早早的回来,写出来请咱们的世交老先生们看了,等着爷儿两个都报了喜,就完了。(《红楼梦》第一百一十九回)

我们可以将这个阶段的小句整合特征总结如下:

语义特征	多个事件施事不同,结果小句指向整个事件
句法形式特征	多个小句形式上独立,有标记词“只要”和“就”
韵律特征	多个小句中间有停顿,有独立的语调和语气

条件小句的语义重心在这个阶段得以全面展现,对条件小句的强调,使条件小句成为全句的焦点信息和重音所在。

2.2.4 形成阶段Ⅳ:“只要P就Q”

随着前后小句语义关联逐渐紧密,处于背景位置的结果小句语义逐渐弱化,形式逐渐缩减,句子的特性也逐渐丧失,开始非句化(dc sententialization)①,前后小句之间的语音停顿消失,语调发生融合,条件复句逐渐整合为一个紧缩句,比如:

(25)只要喉嗓儿好就是,歌之文字与你无干。(明·罗懋登《三宝太监西洋记》第八十四回)

(26)宝钗说道:“一月只要两次就够了。”(《红楼梦》第三十七回)

(27)那贾大人全仗我家的西府里才得做了这么大官,只要打发个人去一说就完了。(同上,第一百〇四回)

我们可以将这个阶段的小句整合特征总结如下:

语义特征	两个事件施事不同,结果小句指向整个事件
句法形式特征	紧缩为一个单句,有标记词“只要”和“就”
韵律特征	小句中间的停顿渐趋消失,语调渐趋融合,重音在条件小句

2.3 发展阶段

2.3.1 发展阶段Ⅰ:“X就Y了”

在这个阶段,结构式更加紧缩,其典型表现就是连词“只要”在语境中已经省略,可以不

① 非句化(desententialization)指小句逐渐失去作“句子”资格成为一个词的过程(Lehmann 1988,高增霞 2005)。

用出现;结果小句Q进一步固化,由完结义动词、属性义动词"Y"和"了"组成,整个结构"X就Y了"只有一个标记词"就",依然可以表示最低条件关系。比如:

(28)我觉得走到三十岁这一段路上,就按照自己的节奏,坚持往下走就好了。(微博@纸怪兽 vs 木头人)

(29)今日几时打第二场,就算输波都要打出广警嘅尊严!打出自己风格就得了,某(谋)事在人,成事在天。(微博@King 旗_No5)

(30)虽说她是个蛮夷,但长得美就够了,你说是不是?(楼采凝《狩猎将军的心》)

我们可以将这个阶段的小句整合特征总结如下:

语义特征	两个事件施事不同,结果小句指向整个事件
句法形式特征	紧缩为一个单句,只有标记词"就"
韵律特征	小句中间的停顿完全消失,语调完全融合,重音在条件小句

2.3.2 发展阶段Ⅱ:"X就Y"

在这个阶段,句尾的"了"逐渐脱离,形式缩减,"达成义"动词"Y"与副词"就"联系更加紧密,根据象似性原则,代表前后事件关系更加紧密,小句整合程度进一步加深。如:

(31)今天剪完头,理发师问我行不行,我戴眼镜看一眼,真想说一句,兄弟你开心就行。(微博@Loading-ing)

(32)明天要做一天导游,嗯,别把我冻死就好。零下五度。别把我冻死就好。(微博@努力码字的逸小文)

(33)真是感谢,请把我放在火车站就可以。(言妍《荒雾奇缘》)

我们可以将这个阶段的小句整合特征总结如下:

语义特征	两个事件施事不同,结果小句指向整个事件
句法形式特征	紧缩为一个单句,只有标记词"就",句末"了"消失
韵律特征	小句中间的停顿完全消失,语调完全融合,重音在条件小句

2.3.3 发展阶段Ⅱ$^{+}$:"X好了"

我们在语料库中还可以看到"X就好了"结构省略"就"之后,单独用"X好了"的情况,此时"好了"已经高度词汇化和语法化,更像一个语气词附着在整个小句上。比如:

(34)熟人会给你说,那东西你拿去好了,或者会说我们之间还分啥你我。(微博@方子强)

(35)和尚怔怔的望了他片刻,只有把馒头放在他身旁的草堆上,道:"馒头就放在这里,施主自便好了。"(马荣成《风云续集》)

(36)黄衣少女道:"你家在哪里?"岳小龙道:"河南南阳。"黄衣少女笑道:"那也没关系,等你回家禀过令堂,再去找我好了。"(东方玉《同心剑》)

我们可以将这个阶段的小句整合特征总结如下：

语义特征	两个事件施事不同,结果小句指向整个事件
句法形式特征	紧缩为一个单句,没有标记词,有句末的“了”
韵律特征	小句中间停顿彻底消失,语调彻底融合,重音在条件小句

上例中的“好了”都出现在具有指令义或建议义的小句之后,形成一种弱断言语气,删去之后不影响句子的合法性也不影响命题表达。我们将这类出现在句末的“好了”称为句末助词。句末助词是语法上的非必有成分和语义上的非实义成分(徐晶凝 2008)。而弱断言语气正是来自最低条件义,即说话人有意通过降低听话人对事件达成的预期量,来降低指令或建议的语力(illocutionary force),增强指令和建议的接受度。值得注意的是这种情况目前只有“好了”,其他如“成了”,“可以了”等还需要与“就”结合,这说明“X就Y”结构内部发展并不均衡。

2.4 “X就Y(了)”小句整合的历时过程

“X就Y(了)”紧缩小句经历了由复句到单句的整合过程,根据以上分析,可以总结为如下：

【准备阶段】:

Ⅰ“只要+小句”结构

(37)只要门徒发信根,万般一切由心识。(《敦煌变文校注·维摩诘经讲经文(一)》)

Ⅱ“只要P,便Q”结构

(38)只要穷得这道理,便是天理。(《朱子语类》卷九)

【形成阶段】:

Ⅲ“只要P,就Q”结构

(39)你到官中,少不得问你,只要说的冤枉,这包待制就将前案与你翻了。(元·李行道《包待制智勘灰阑记》)

Ⅳ“只要P,就Q”结构主语一致

(40)你只要打两只野兽,就可去得的了。(清·唐芸洲《七剑十三侠》第九十回)

Ⅴ“只要P1,P2(P3,P4)就Q”结构

(41)只要带了侄儿进去,好好的作文章,早早的回来,写出来请咱们的世交老先生们看了,等着爷儿两个都报了喜,就完了。(《红楼梦》第一百一十九回)

Ⅵ“只要P就Q”结构

(42)宝玉劝道:“无妨碍的,只要明白就是了。”(《红楼梦》第一百一十八回)

【发展阶段】:

Ⅶ “X 就 Y 了”结构

(43)虽说她是个蛮夷,但长得美就够了,你说是不是?(楼采凝《狩猎将军的心》)

Ⅷ “X 就 Y”结构

(44)一大早起来就给儿子做了蛋挞~嚯嚯嚯嚯让儿子给吃没了,你开心就好。(微博@吃耳朵的眼睛)

Ⅸ “X 好了”结构

(45)随便发发,你们也随便看看好了。(微博@Lammong)

“今天的词法是昨天的句法,今天的句法是昨天的章法”(Givón 1971)。“X 就 Y(了)”由两个独立小句整合为有条件标记的复句,再到省缺标记“只要”,单独用“就”来表示,再到最后标记词完全省略,整个演化过程经历了如下过程:

篇章→复句→整合单句→准句末助词→句末助词

2.5　话语功能

李小军(2009)在分析语气词“好了”的话语功能时指出“好了”的语气功能可以分为两类:(一)表“妥善处理”,说话人自认为如此处理很妥善,觉得听话人不须担心、牵挂;(二)表“随意;轻描淡写”,来源于前者。我们在李的语料中发现在第一类功能的例句中主语都是第二人称,并且都在提出一个新的建议,如:

(46)“爹爹”,媳妇以感动的,颤抖的声音说:“你老人家搬来好了,我们搬走……”(曾卓《老人和他的家族》,转引自李小军 2009)

(47)“你就跟我一道睡好了。”李学文,为某种热情所支撑着,说:“你看,我可以把铺拉大一点。”(曾卓《同床》,转引自李小军 2009)

“你老人家搬来好了”,建议让对方搬来;“你就跟我一道睡好了”建议对方跟我一起睡。“好了”分布的语境都在指令类的建议中。

在第二个功能表“随意;轻描淡写”的例句中,如:

(48)颂莲说,呛,怎么又是我的错了?算我胡说好了,其实谁想管你们的事?(苏童《妻妾成群》,转引自李小军 2009)

(49)宁宁:“嗨,阿春。”起明:“叫阿姨。”宁宁:“人美国人都兴叫名字。是吧?阿春。”阿春:“没关系。反正只差一个字。叫我阿春好了。”(方方《北京人在纽约》,转引自李小军 2009)

“算我胡说好了”和“叫我阿春好了”都省略了主语“你”,“好了”降低了命令-建议的语力,缓和了说话语气,去掉之后的“算我胡说”和“叫我阿春”命令-建议式语气明显增强。

我们基本认同李文的观点,但这两种功能的表述不够准确。朱丽师(2018)将句末语气词“好了”区分为三种语义——句法类型:最低条件义、任由义和纯粹祈使语气。实际上一个句末助词只有一个核心的功能性语法意义,当该句末助词与不同类型的小句组合时,该句末助词的核心功能性语法意义会因小句概念性语法意义的变化和差异而呈现出实体化倾向(姚双云等 2015),把句末助词在具体句子中各种实体化的语法意义提取出来就是句末助词的功能性语法意义。我们认为句末的准助词“好了”来源于充分条件句的结果小句,其核心功能仍然与“X 就 Y(了)”构式中“就 Y(了)”功能一致,起降低祈使语力的作用,表达说话人委婉建议的语气,语用目的是减少谈话阻力,以便促成结果的实现。

三 “X 就 Y(了)”小句整合的机制和动因

语言的演变机制是语言在使用中所发生的过程,而且是产生语言的过程(Traugott & Trousdale 2019:58)。“X 就 Y(了)”的演变机制与充分条件句有非常密切的联系,这一点毋庸置疑。而语言演变的动因通常来自语言系统的外部,信息结构的完形重塑(re-configuration)是推动“X 就 Y(了)”小句整合的基本动因。

3.1 信息结构的完形重塑

在条件句中,结果的实现往往依赖于条件的实现,所以从句往往对应的是背景,主句对应的往往是焦点。条件部分发生在前,往往是确定的、已知的,而结果部分发生在后,往往是未知的、不定的。此时条件句焦点语义如下表:

	条件小句	结果小句
时间顺序	靠前	靠后
已知/未知	已知	未知
原因/结果	原因	结果
新/旧信息	旧信息	新信息
前景/背景	背景	前景(焦点)

值得注意的是,在“只要 P,便 Q”充分条件句产生初期(宋朝),语义重心可以在条件小句,也可以在结果小句,当结果小句占据语义重心时,往往为后文提供新信息和延续话题。比如:

(50)若今看得太极处分明,则必能见得天下许多道理条件皆自此出,事事物物上皆有个道理,元无亏欠也。今之学者自是不知为学之要。只要穷得这道理,便是天理。虽圣人不作,这天理自在天地间。……天地间只是这个道理流行周遍。(《朱子语类》卷九)

在上面这段话中,条件小句“只要穷得这道理”中“这道理”指上文“天下许多道理条件皆自此出,事事物物上皆有个道理”,为已知信息;结果小句“便是天理”中的“天理”在上文未提及,在下文出现,属于新信息,结果小句引出后文对"虽圣人不作,天理自在天地间"的论述,并成为后文行文的中心论点。此时结果小句是全句的焦点。

当结果小句由已知信息担任时,往往用以强调条件的必要性,此时条件句是前景信息。比如:

(51)(净云)姨姨,恰才元和秀才要来姨姨家使把钞,姨姨心下如何?

(正旦云)妹夫,你说了就是。则俺母亲有些利害,不当稳便。(唱)……

(末云)那里有这般利害的?只是多与他些钱钞便了。(正旦唱)

【青哥儿】俺娘呵外相儿卜分十分慈善,就地里百般百般机变。那怕你堆积黄金到北斗边,他自有锦套儿腾掀,甜唾儿粘连,俏泛儿勾牵,假意儿熬煎,辘轴儿盘旋,钢钻儿钻研,不消得迫欢买笑几多年早下翻了你个穷原宪。

(末云)料得小生决不到此,只要姐姐许小生做一程伴,便当倾囊相赠,有何虑哉!(正旦唱)(元·石君宝《李亚仙花酒曲江池》)

在例(51)的上下文中,画横线语境提供了"女子的母亲很厉害,如果要去女子家提亲,就会被女子母亲要很多钱"这样的背景信息,并且上文"末云"也说了"只是多与他些钱钞便了",所以说话人早知道这个结果,在"给钱"是已知信息的情况下,结果小句的"倾囊相赠"是顺势而为的高可及信息,句末反问句"有何虑哉"也再次验证结果小句不可能是新信息。在结果小句是说话双方共享信息的情况下,条件小句"只要姐姐许小生做一程伴"在句中才是说话人强调的重点,是新信息。

此时条件句焦点语义如下表:

	条件小句	结果小句
时间顺序	靠前	靠后
已知/未知	未知	已知(可预料)
原因/结果	原因	结果
新/旧信息	新信息	旧信息
前景/背景	前景(焦点)	背景

当条件句中的结果小句可以由上下文的语境可以推知,具备高可及性,由此信息焦点由结果小句转移到了条件小句。洪波(2009、2017、2019)提出并反复论证了信息结构的完形重塑是语法化的基本动因。当说话人强调条件复句中的条件小句时,便会以条件小句为前景信息重新规划句子的信息完形结构,即句子信息结构的图形重塑,从而引发重新分析,条件小句成为前景,结果小句成为背景。

"美就够了""干就完了"这类"X 就 Y(了)"构式,说话人在使用时,首先选择以高可及的结果"就 Y(了)"为视点,然后根据结果提出实现的最低条件"X",体现了说话人的视点和观察方向。在充分条件句中,结果是存在于交谈双方的共享信息中的,是说话人选取的视点,从结果出发溯源达成的最低条件,表达事情容易做、结果容易达成的断言,因此充分条件句更强调结果达成的最低条件,焦点在于条件,而不是结果。

正是因为充分条件句“只要P,就Q”的逻辑语义关系是强调实现结果的最低条件,而整个复句的语义重心在于传达逻辑关系,所以结果信息作为会话双方的背景信息或共享信息,具有很高的可及性,在高频使用的情况下,非常容易凝固并弱化。条件小句作为新信息,在交谈中需要通过重音的方式不断强化其前景的地位。

3.2 平行虚化和词汇化的不平衡

所谓平行虚化,是指不同词汇单位由于分布在相同的句法环境中受到相同的因素影响,从而出现方向相同的虚化(洪波2000)。

分布于条件句结果小句的“好”“是”“成”“结”“得”“行”“算”等完结义和属性义动词,实词意义相同或相近,语义指向条件句事件的结果,在复句中位于句末的位置,受到信息结构的图形重塑的影响,由于长期处于背景位置,逐渐固化并虚化,形成了“X就Y(了)”结构。其中使用频率最高的具有评价语义的“好了”已经虚化为句末助词,其他完结义和属性义动词也有朝这个方向演变的趋势。

结果小句“就Y(了)”的词汇化和语法化,是在信息结构中的背景位置上发生的,单音节完结义动词和属性义动词与体标记“了”出现在句末,表示事件结果的达成或事件结束。高频使用后,原来的句法语义结构“就+Y(了)”被重新分析为“就Y+(了)”,句尾的“了”成为羡余结构。“了”有时可以省略不说,比如“吃了就成”,“试试就行”,但在某些结构中必须存在,比如“干就完了”的“了”就不能省略,这表明“就Y+(了)”内部词汇化程度和语法化程度发展得并不均衡。

3.3 概念整合

Givón(2001:328)提出一个认知上的“形式—功能”平行关系:两个事件状态在语义上或语用上结合得越紧密,对他们进行编码的小句在语法上也就结合得越紧密。小句整合的过程必然涉及认知上的整合过程。

Fauconnier & Turner(1998)创立了概念整合理论,概念整合理论就是将两个输入心理空间(input mental space)通过跨空间的部分映现(cross-space mapping)匹配起来,将两个输入空间中映现匹配的部分有选择地投射到第三个空间,得到一个动态解释的整合空间(blended space)。

条件复句结构中条件小句和结果小句同属于类属空间“事件表达”,最初来自两个独立的事件,分属两个不同的心理空间,并通过概念整合,建立起新的心理空间“只要P,就Q”结构。

如下图所示:

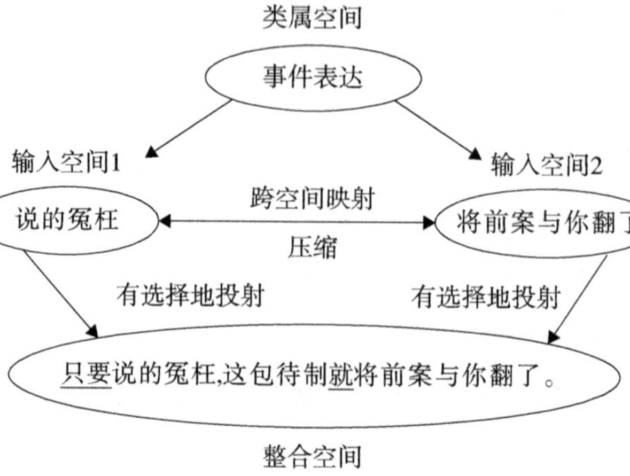

类属于事件表达的输入空间 1 和输入空间 2 通过压缩和跨空间映射联系起来,形成一个新的整合空间,凸显两个事件之间的条件和结果关系。

随着"只要 P,就 Q"心理空间的形成,句法结构框架也随之浮现,通过与角色和事件整合,就可以持续地形成"只要 P,就 Q"新的具体用例,这一阶段的整合机制可以图示为:

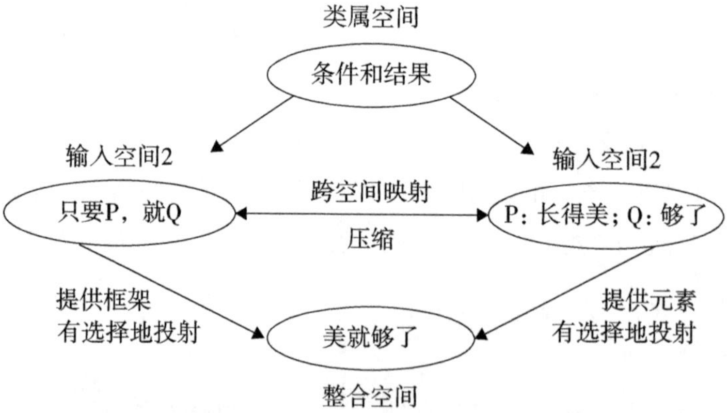

语义层面的概念整合往往伴随语言形式层面的整合,两个独立小句整合为单一紧缩句的过程是一个语义、语用多层次共融的过程。

3.4 韵律因素和短时记忆因素

在小句整合的末端,如"干就完了""吃了就行""知道就成""美就够了","开心就好"等诸多形式表现出强烈的四字格倾向。沈家煊(2019)指出从大语法着眼,四言格是汉语的语法形式,四言格式化是汉语的语法化。条件复句通过小句整合最终在口语中形成的四字格,正是汉语四字格的体现。

另外在口语中传达信息时,会受到人类短时记忆的限制。根据相关研究,短时记忆的容量限度一般为 7 加减 2,注意的跨度一般为 4 加减 1,而 7 加减 2 可以大致看作 4 加减 1 的翻倍(沈家煊 2019)。

四 小结

条件句“只要 P,就 Q”从复句到单一小句的整合过程涉及了语义、句法、语用、韵律等多层因素,是一个相对复杂的过程。

小句整合涉及小句降级和去句化,在形态发达的语言中会表现出更多形态方面的变化,在没有一致关系的汉语中我们只能通过借助韵律模式、成分省略、语义依存、结构内嵌等参项来观察小句整合的过程。通过对条件句“只要 P,就 Q”小句整合过程的描写和梳理,我们认为完形认知下的信息结构图形重塑是小句整合的动因,概念整合是小句整合的认知条件,同时小句整合的结果会受到汉语四言格的影响,有较强的四言格倾向。目前对小句整合的研究还不够深入,有待于更多的探索和发现。

参考文献

高增霞 2005 《从非句化角度看汉语的小句整合》,《中国语文》第1期。

高增霞 2010 《“达成”义与构式、语气的互动——兼谈语气词的句法特征》,《语法研究与探索》(十五),商务印书馆。

洪 波 2000 《论平行虚化》,《汉语史研究集刊》,巴蜀书社。

洪 波 2009 《完形认知与“(np)v 得 vp”句式 a 段的话题化与反话题化》,《语法化与语法研究》(四),商务印书馆。

洪 波 关 键 2017 《“V/A 得慌”的词汇化及“得慌”的词缀化——再论语法化的完形动因》,《语法化与语法化研究》(八),商务印书馆。

洪 波 张艳玲 2019 《“是……底(的)”的构式化、构式演变及相关问题》,《历史语言学研究》第十三辑,商务印书馆。

李小军 2009 《语气词“好了”的话语功能》,《世界汉语教学》第4期。

李宗江 2008 《近代汉语完成动词向句末虚成分的演变》,《历史语言学研究》第一辑,商务印书馆。

刘 顺 潘 文 2014 《“便是(了)”的词汇化与语法化——兼论语气词“就是(了)”的形成》,《语言科学》第1期。

梅祖麟 1984 《从语言史看几本元杂剧宾白的写作时期》,《语言学论丛》第十三辑,商务印书馆。

沈家煊 2019 《说四言格》,《世界汉语教学》第3期。

石 飞 2019 《句末“就是了”的话语立场与话语功能》,《汉语学习》第6期。

宋文辉 2015 《小句语法化为语气标记二例》,《语法化与语法研究》(七),商务印书馆。

太田辰夫 2003 《中国语历史文法》(第二版),北京大学出版社。

徐晶凝 2008 《情态表达与时体表达的相互渗透——兼谈语气助词的范围确定》,《汉语学习》第1期。

姚双云 雷 曦 朱 芸 高 娟 2015 《澳门中文与“的”相关的若干语法变异》,《云南师范大学学报》(哲学社会科学版)第1期。

张 敏 1998 《认知语言学与汉语名词短语》,中国社会科学出版社。

赵雅青　2014　《历时视角下的汉语有标紧缩句及其紧缩机制》，华中师范大学博士学位论文。
朱丽师　2018　《语法化过程中的结构省缩和语义保留——以语气词"好了"为例》，《湖北社会科学》第9期。
Fauconnier, Gilles & Mark Turner　1998　Conceptual integration networks. *Cognitive Science* vol. 22(2): 133-187.
Givón, T.　1971　Historical syntax and synchronic morphology: An archaeologist's field trip. In T. Givón (ed.) *The Diachrony of Grammar* vol. Ⅰ: 3-26, Amsterdam: Benjamins.
Givón, T.　2001　*Syntax: A Functional-Typological Introduction Vol. Ⅰ & Ⅱ*. Amsterdam: Benjamins.
Givón, T.　2006　Multiple Routes to Clause Union: The Diachrony of Syntactic Complexity. 11th Biennial Symposium on Linguistics: Intertheoretical Approaches to Complex Verb Constructions.
Haboud, Marleen　1997　Grammaticalization, clause union and grammatical relations in Ecuadorian Highland Spanish. In T. Givón (ed.) *Grammatical Relations: A Functionalist Perspective*. Amsterdam: Benjamins.
Hopper, Paul J. & Elizabeth Closs Traugott　2003　*Grammaticalization*. Cambridge: Cambridge University Press. 张丽丽(译)《语法化》，台湾"中研院"语言学研究所，2013.
Lehmann, C.　1988　Towards a typology of clause linkage. In Haiman & Thompson (eds.) *Clause Combining in Grammar and Discourse*. Amsterdam: Benjamins.
Traugott, E. C. & Graeme Trousdale　2013　*Constructionalization and Constructional Changes*. Oxford University Press，中译本《构式化与构式演变》，商务印书馆，2019.

The Study on the Evolution of Conditional Sentences "*Zhiyao* P, *Jiu* Q" from the Perspective of Clause Integration

WEI Zhigang　HONG Bo

Abstrac: This paperdiachronically explores the evolution process from conditional sentences "*zhiyao* P, *jiu* Q" to contracted sentences "X *jiu* Y", and to final particles "*jiu* Y" or "Y *le*" through corpus based on the perspective of clause integration, further points out that the motivation is the re-cofiguration of information structure driven by "Gestalt Motivation", the mechanism is speaker's scanning from result clauses to condition clauses. The result clauses are solidified and weakened in the background of information structure, and conditional clauses are strengthened because of new information. The structure of "*jiu* X *le*" at the end of the sentence has gained the function of reducing the imperative illocutionary force through re-analysis in the evolution, some have even developed into modal particles with subjective interactivity.

Keywords: clause integration, conditional sentences, final particles

(韦志刚　洪波　首都师范大学文学院　100089)

“等”“待”连词用法探源*

叶雯雯　李小军

提　要　汉语史上，“等”“待”都可表必要条件、充分条件、假设条件等，“待”还可引导让步条件小句。具体演变路径为“等待”义动词分别衍生出表必要条件、充分条件、假设条件的用法，“待”的假设条件用法进一步发展出让步条件用法。所处小句信息表达上的背景化是该演变发生的重要条件，“等”“待”本身的语义特征和句法关系是演变的动因。

关键词　等　待　条件连词　信息结构　语义演变

一　引言

汉语史上“待”可做连词，表必要条件、充分条件、假设条件、让步条件。如：

(1)如举天下说生姜辣，待我吃得真个辣，方敢信。(《朱子语类》卷五)——必要条件

(2)自古及今，惟闻汉来和蕃，不闻蕃去和汉，待伊汉儿的当回心，则我亦不惜通好也。(《旧五代史》卷一三七)——充分条件

(3)(王)俊道：“傅统制慷慨之人，大丈夫刚气，必不肯伏。”张太尉道：“待有不伏者，剿杀！”(《挥麈余话》卷二)——假设条件

(4)住后，僧问：“不出咽喉唇吻事如何？”师曰：“待汝一镢劚断巾子山，我亦不向汝道。”(《景德传灯录》卷十七)——让步条件

“等”亦可表必要条件、充分条件、假设条件。如：

(5)前年曾着人相求为婚，伯伯口许道：‘等登第方可。’小侄为此发奋读书，指望完成好事。(《初刻拍案惊奇》卷二九)——必要条件

(6)等我弄个法儿，他就散了。(《西游记》四十四回)——充分条件

(7)我如今与你十两银子，有闰香孩儿亲手与李庆安做了一双鞋儿，你将的去与李员外，悔了这门亲事。等他不肯悔亲时，你便说：“既你不肯，俺员外说，着你选吉日良

* 本文的研究得到了国家社科基金项目“汉语位移、空间范畴的语义演变及语义图构建”(20BYY154)、江西省教育厅研究生创新基金项目“互动语言学视角下‘确信’义词的语义演变研究”(YC2019-B057)的资助；匿名审稿专家提出了宝贵的修改意见，在此一并致谢。

辰，下财置礼，娶的小姐去。”(元·关汉卿《王润香月夜四春园》第一折)——假设条件

近年来有多位学者注意到了“等”“待”的连词用法。雷文治(2002)和钟兆华(2015)都列举了“等”和“待”的假设连词用法，江蓝生(2002)，贝罗贝、刘华丽(2013)认为“待”的假设连词用法源于其愿望动词用法，彭晓辉(2010)认为“等”的假设条件用法源于其时间条件用法，邱丽媛、董秀芳(2014)认为“等待”义动词经过时间指示功能发展出条件连词的功能。

学界已经探讨“等”“待”表时间义和假设条件义的用法及来源，我们认为尚有以下问题需进一步探讨：1)“等”“待”到底有几种连词用法；2)两者的连词功能之间的句法语义有何差异；3)“等”“待”演变为连词的动因及机制是什么。基于此，本文从历时的角度探讨“等”“待”从动词到连词的语义演变，尝试对以上问题进行回答。

二 “待”的连词功能及其来源

“待”本为“等待”义动词。《说文：彳部》：“待，俟也。”这个意义在今文《尚书》中已见。如：

(8)先王昧爽丕显，坐以待旦。旁求俊彦，启迪后人。(《今文尚书·商书·太甲上》)

春秋时期，“待”后宾语由名词性成分扩展为动词性成分或小句。如：

(9)上雨，水沫至，欲涉者待其定也。(《孙子·行军篇》)

由于后接动词性成分，“待”不再是句中唯一的动词，其动词性必然会减弱。这一时期，“待(S)VP”进入连动结构的 V_1 位置。如：

(10)姑归而息民，待其立君而为之备。(《左传·襄公二十八年》)

上例中，“待其立君”表示“为之备”的时间参考点，“为之备”是句子的谓语中心，“待”处于非中心动词位置。这种格式的大量出现为“待”的语法化作了句法上的准备。当一个动词经常在句子中充当次要动词，它的这种语法位置被固定下来之后，其词义就会慢慢抽象化、虚化，再发展下去，其语法功能就会发生变化。(刘坚等 1995)

“待”要演变为条件连词，还需一个重要条件，即所在小句“待(S)VP”背景化(backgrounding)①。“待”只有位于条件小句中，才可能演变为条件连词。“待”发展出了必要条件、充分条件、假设条件及让步条件连词功能，下面分述之。

2.1 “待”必要条件连词用法的产生及发展

战国时期，“待(S)VP”后出现另一个小句，两个小句之间具有时间先后关系，如：

(11)待水波定，不闻拏音，而后敢乘。(《庄子·渔父》)

例(11)“待水波定，不闻拏音”为条件小句，为“敢乘”的发生提供时间背景，该语句还蕴

① 关于背景化，可以参阅方梅(2018：3—6)。

含着“水波未定，孔子便不敢乘车而去”之义，两个小句间蕴含着“必要条件—结果”关系。前一小句凸显的是“水波定，不闻拏音”发生的时间点，“待”的“等待”动作义虚化，侧重于表时间义。再如：

(12)爱人，待周爱人，而后为爱人。(《墨子·小取》)

(13)雨之集无能霑，待其止而能有濡；矢之发无能贯，待其止而能有穿。(《淮南子·说山训》)

(14)其任耳目也，可知之事，思之辄决；不可知之事，待问乃解。(《论衡·实知》)

以上三例“待”后的“(S)VP”不表某一具体事件，或可随时发生，如例(12)(14)“周爱人”“问”，只要行为主体发出这个动作，这个动作就能实现；或者为惯常事件，如例(13)“雨止”“矢止”。“待(S)VP”所表时间点不是时间轴上的确定位置，而是任意时间点。前后小句所表事件不限定具体时间，表示“在任何时候，前一事件发生，后一事件就发生”，小句间“必要条件—结果”的关系凸显。

“待”侧重表条件义，兼有时间义。如例(13)“待其止而能有濡”说话人关注的不是“其止”何时发生，而是在提出一种“必要条件—结果”关系。

降至唐代，较为典型的必要条件连词“待”已见，宋代时较为常见，如：

(15)待知赃估，方可论刑；宜更推穷，以实裁断。(唐·张鷟《龙筋凤髓判》卷三)

(16)臣谓王世充远隔千里，山川县绝，无能为害，待有余力，方可讨之。(《旧唐书》卷七十五)

(17)曰：“古人意作么生？”师举拂子。僧曰：“宗乘中事如何？”师曰：“待汝悟始得。”(《五灯会元》卷十)

(18)盖为周室微弱，不可不立他；待自家强盛，方可去治他。(《朱子语类》卷一百三十)

“待”后小句描述的是一种状态，而不是占据时间过程的事件。“待”后小句的谓语由状态动词充当，如例(16)“有余力”；或者由形容词充当，例(18)“强盛”。这类谓语表示静态同质的存在，但“待”依然具有时间义，如(16)“待有余力”蕴含有“有余力”状态出现时间之义。

当“待”侧重表必要条件义，应视为必要条件连词。原因如下：①“待”自身语义虚化，“待”前不能出现主语；②“待”居于条件小句的句首位置，这是条件连词的典型位置；③其后成分可以独立成句，“待”可省略而不影响语义表达，如例(18)“待自家强盛，方可去治他→自家强盛，方可去治他”，语义变化不大；④“待”与关联副词如“方、始、才”等搭配使用，形成“待p，方q”关联结构，语义上可理解为“只有……才……”。“待”的句法特点与条件连词基本相同，应该理解为条件连词。

“待”还具有时间义，这应是语法化中较为常见的“语义滞留”现象(Hopper & Traugott 2003:95—96)。可见，在连词系统中“待”是个非典型成员，保留着部分动词的语义功能，尚未发展为典型的条件连词。

“待”由动词演变为必要条件连词,所在小句背景化是该演变发生的条件,“待”本身的语义经历了“纯粹时间→时间+必要条件→时间+必要条件”的变化,“待”基于语句关系而获得的“必要条件”的语境义逐渐凸显,并规约化为“待”的固定语义。这一词义变化促使其组合关系、句法功能相应变化:“待”本是“等待”义动词,后面的VP是“待”的谓词性宾语,但是经过重新分析,“待”成了条件连词,独立于VP结构之外,进入篇章层面,起关联前后小句的作用。

2.2 “待”充分条件连词功能的产生及发展

“待”的充分条件连词功能,源于其“等待”义动词功能。六朝时期,“待(S)VP”出现在条件小句中,如:

(19)待皇太子生,杀猪取其肝肺。(《宋书·文九王传》)

“待皇太子生”非具体的等候事件,为“杀猪取其肝肺”的发生提供时间背景,蕴含有“皇太子一生,就杀猪取其肝肺”之义,小句间兼有“充分条件—结果”关系,“待”侧重表时间义。再如:

(20)自地亢后,但所耕地,随饷盖之;待一段总转了,即横盖一遍。(《齐民要术·杂说篇》)

(21)诸以荫绪优劳准敕授官者,如判劣恶者,请授员外官。待稍习法理,试判合留,依资授正员官。(《通典》卷十七)

(22)其收市铜器期限,并禁铸造买卖铜物等,待议定,便令有司条流闻奏。(《旧唐书》卷四十八)

以上三例“待(S)VP”不表具体事件,如例(20)叙述一种耕种方法,例(21)在叙述一项制度。“待(S)VP”所表的是一个任意时间点,所在复合句义为“在任何时间,只要前一事件发生,后一事件就会发生”,如例(21)“待稍习法理,试判合留,依资授正员官”语义接近于“只要稍习法理,试判合留,就依资授正员官”,说话人不在乎“稍习法理,试判合留”何时发生,而是在提出一种“充分条件—结果”关系。“待”侧重于表条件义,兼有时间义。

较为典型的充分条件小句标记“待”出现于唐代,宋代时较为常见,如:

(23)臣以夙夜而计,机谋偶得,欲狂敌田之君,须中倾城之色。待其声色内伐,君臣外惑,自然纣妲己以亡宗,晋骊姬而乱国。(唐·徐寅《勾践进西施赋》)

(24)自古及今,惟闻汉来和蕃,不闻蕃去和汉,待伊汉儿的当回心,则我亦不惜通好也。(《旧五代史》卷一三七)

(25)待日用常行处理会得透,则鬼神之理将自见得,乃所以为知也。(《朱子语类》卷一)

(26)待自家意思与他意思相似,自通透。(同上,卷一一四)

以上四例“待”后小句描述一种状态，而非动态事件，如例(23)“其声色内伐，君臣外惑”是一种静态、同质的存在状态。“待”的时间义进一步虚化，条件义更为凸显。这类“待”可以视为条件连词，原因为：①“待”自身语义虚化，“待”前不能出现主语；②“待”居于条件小句的句首位置；③其后成分可以独立成句，“待”可省略而不影响语义表达，如例(23)“待其声色内伐，君臣外惑→其声色内伐，君臣外惑”，语义变化不大。“待”的句法特点与条件连词基本相同，应该理解为条件连词。但表充分条件的“待”亦具有时间义，尚未演变为典型的条件连词。

“待”由动词演变为充分条件连词，所在小句背景化是该演变发生的条件，“待”本身的语义经历了“纯粹时间→时间＋充分条件→时间＋充分条件”的变化，“待”组合关系、句法功能变化：由后接 VP 的“等待”义动词重新分析为条件连词，独立于 VP 结构之外，进入篇章层面，起关联前后小句的作用。

2.3 “待”假设条件连词功能的产生及发展

“待”的假设条件连词用法，直接源于“等待”义动词。起初，“待”常出现在已然或惯常性事件中，大约从西汉始，“待”可以出现在未然语境中。如：

(27)待其见我，我将问焉。(《韩诗外传》卷四)

例(27)为未然事件句，“其见我”表示“我将问焉”的时间背景，“待其见我”表示的将来的一个时间点具有模糊性、不确定性。小句间还蕴含着“假设条件—结果”的关系。“待”有两解：动词或条件连词，兼有“时间义｜假设条件义”。

在反复使用中，前后小句间蕴含的“假设条件—结果”关系逐渐凸显，可能成为句子的主要意义，而“待”的时间义则逐渐淡化以至最终消失，通过吸收语境义，“待”表假设条件义逐渐凸显。明确的语例在东汉时期可见。如：

(28)臣笑曰：“我年五十当富贵，今已四十余矣。女苦日久，待我富贵报女功。”(《汉书·严殊吾丘主父徐严终王贾传》)

例(28)“待我富贵报女功”，说话人不强调“我富贵”何时发生，而是提出一种假设条件关系，“如果我富贵，一定报答你的功劳”。“我富贵”描述的是一种尚未出现的状态，“待”的时间义弱化，假设条件义凸显，倾向于理解为假设条件连词。

唐代时期，“待”后的“(S)VP”可以表述一个在未来时间不太可能真正发生的事件，“待”的时间义就很弱了，假设条件意义变得凸显。如：

(29)待汝一口吸尽西江水，即向汝道。(《马祖语录》)

“待”后小句中还可出现假设条件连词“若”“如”“倘”等，如：

(30)待某甲若见圣人，与传妙旨。(《祖堂集》卷十八)

下列句子中的“待”的时间义彻底虚化，演变为一个纯粹的假设条件标记。如：

(31)待道是郑观音，不抱着玉琵琶；待道是杨贵妃，不擎着白鹦鹉。(《宣和遗事·亨集》)

(32)待若圣贤之道,只是说得赢,何消做工夫?只半日便说尽了。(《朱子语类》卷四)

(33)我待不吃你,教奴怎忍饥?(元·高明《琵琶记》二十出)

“待”可以用于列举对立的假设事件,如例(31);后一小句可为疑问句,如例(32);“待”可以出现在小句主语之后,如例(33)。“待”的假设条件连词功能已经成熟,此外,还可引导违实条件句(counterfactual conditional),但语例较少。如:

(34)不是山僧拣择诸公语言。只缘你家活小就你力量做些境致。待你有古人力量,堆土为山也得,堆粪扫为山也得,移山作山也得,就山看山也得,何所不可?(《大藏经》卷八十)

可见,表假设条件的“待”已是典型的条件连词,时间义彻底虚化。对比必要条件、充分条件连词“待”,假设条件连词“待”语法化程度最深。

2.4 “待”让步条件连词功能的产生及发展

表让步条件的“待”源于表假设条件的“待”。“待”引导的假设条件复句,前后小句之间具有“轶出于预期”的转折关系(吕叔湘 2014:476)。例如:

(35)你们所说待信来,又已前数次失信;待不信来,又怎生全不信得?今次举兵,为生灵不能得定。(《三朝北盟会编(汇编本)》)

(36)君瑞虽然腹中馁,忝胸中郁闷如麻;待强吃些儿,咽他不下。(金·董解元《西厢记诸宫调》卷一)

(37)这些病何时可?待医来却又无个方本。(同上,卷一)

例(35)“不信”表假定事实,“又怎生全不信得”表示与预期相反的结果,前后小句间具有转折关系,“待不信来”便被分析为“预为下句转折之地”(吕叔湘 2014:601),带有让步的意味,表示对虚拟事实的容然。换言之,“虚让—转折”的语境义赋予小句“待不信来”表让步条件的语义。“待”兼有两解:表假设条件或表让步条件。

随着反复出现在这类语境中,原本由所在小句负载的让步条件义逐渐凝固于“待”,形成“待”的固定语义。如:

(38)僧问:“不出咽喉唇吻事如何?”师曰:“待汝一镢劚断巾子山,我亦不向汝道。”(《景德传灯录》卷十七)

(39)便待宰我当初答得好,也无说话。况‘使民战栗’之语,下面又将启许多事邪!(《朱子语类》卷二十五)

(40)须要常存得此心,则便见得此性发出底都是道理。若不存得这些,待做出,那个会合道理!(同上,卷十七)

我们发现,相比于表示转折性假设,表示让步条件的“待”最典型的特征是蕴含着一组条件句的集合。如例(38)“一镢劚断巾子山”关联着“一镢劚不断巾子山、一镢劚断比巾子山小的山脉”等一组条件。让步条件连词“待”虽然主要见于宋元时期,但已经是一个成熟的连词。

该演变中，“待”经历了从[＋假设][±转折][－让步]到[＋假设][＋转折][＋让步]的语义变化，句法功能并未发生明显变化。这种语义演变在汉语史上较为常见，古汉语中很多连词可兼表这两种关系，如“即使”“假如”“虽然”等(参看蒋礼鸿 1955，席嘉 2000：264—265)。

综上所述，“待”由“等待”义动词功能直接衍生出必要条件、充分条件和假设条件连词功能。这三种功能的连词化程度不同，其中表必要条件、充分条件的“待”依然具有时间义，表假设条件的“待”的时间义彻底消失，后者连词化程度高于前者。

上述演变概括而言，首先，动词“待”所在小句背景化，充当另一小句的条件。其次，“待”的动词义虚化，吸收语境义并规约化为固定语义，句法关系和功能发生相应变化，衍生出条件连词功能。所在小句背景化，是“待”发展为条件连词的重要条件，“待”自身的语义特征和所处句法环境的变化是演变的动因。

三 “等”的条件连词功能及其来源

“等”表“等待”义动词用法，大约始于隋唐时期。如：

(41)终待此身无系累，武陵山下等黄公。(唐·崔鄘《增毛仙翁》)

在唐五代时期，“等”可由动词性结构或者小句充当宾语。如：

(42)为黏珠履迹，未等画梁齐。(唐·顾况《空梁落燕泥》)

动词性结构的进入导致“等”的动作义虚化。这一时期，“等(S)VP”可以进入双动词结构的 V_1 位置，如：

(43)行抽手版付丞相，不等弹劾还耕桑。(唐·韩愈《卢郎中云夫寄示送盘谷子诗两章歌以和之》)

“等”句法关系的变化导致其语义和功能的变化，为其语法化提供条件。

3.1 “等”必要条件连词功能的产生及发展

宋代时期，“等(S)VP”后出现另一个小句，前后小句间具有时间先后关系，如：

(44)忽一日，等苗忠转脚出门去，焦吉道：“我几回说与我这哥哥，教他推了这牛子，左右不肯。”(南宋《万秀娘仇报山亭儿》)

例(44)“等苗忠转脚出门去”是“道”发生的时间背景，此外，前后小句蕴含着“苗忠不转脚出门，焦吉不会说”语义，这是“必要条件—结果”的关系。其中，“等”侧重表时间义。再如：

(45) 西门庆道：“等打发了他每起身，我才来哩。”(《金瓶梅》第五十一回)

例(45)说话人不强调“打发了他每起身”何时发生，而是在提出“等打发了他每起身”是“我来”的必要条件，“等”表时间义，但具有条件义。

随着反复使用，“必要条件—结果”关系可能成为句式的主要语义，“等”吸收语句间的关

系义,开始侧重表必要条件义。如:

(46)前年曾着人相求为婚,伯伯口许道:'等登第方可。'小侄为此发奋读书,指望完成好事。(《初刻拍案惊奇》卷二九)

这类"等"可以视为条件连词,原因为:①"等"自身语义虚化,"等"前不能出现主语;②"等"居于条件小句的句首位置;③其后成分可以独立成句,"等"可省略而不影响语义表达,如例(46)"登第"可以单独成句,"等登第方可→登第方可",语义变化不大。"等"的句法特点与条件连词基本相同,应视为条件连词。表必要条件的"等"亦具有时间义,尚未演变为典型的条件连词。

该演变中"等"经历了"纯粹时间→时间+必要条件→时间+必要条件"语义变化,组合关系、句法功能发生了相应变化:由小句谓语核心动词发展为独立小句的条件连词,起篇章关系作用。

3.2 "等"充分条件连词功能的来源及发展

"等"的充分条件连词功能源于其"等待"义动词功能。宋代,"等"开始出现在充分条件小句中,如:

(47)等归院里向你道。(宋·赜藏主《古尊宿语录》卷二十)

例(47)"等归院里"为后一小句"向你道"提供时间背景,蕴含着"不归院里就不向你道"的语义,前后小句间存在"条件—结果"关系。"等"前不能出现具体的施事主语,已非典型的行为动词,侧重表时间义。再如:

(48)等我弄个法儿,他就散了。(《西游记》第四十四回)

例(48)说话人不强调"我弄个法儿"何时发生,而是在提出一种充分条件,语义接近于"只要我弄个法儿,他就散了"。"等"依然具有时间义,但条件义开始凸显。

比较典型的充分条件连词"等"出现在明代,如:

(49)你访得有甚名妓,牵他去吃酒嫖宿,等他不归来,我与你就好通宵取乐了。(《初刻拍案惊奇》卷三二)

该例中"等"后小句"不归来"是一种静态的状态,时间更为模糊。"等"条件义更为凸显,时间义更为弱化,应视为条件连词。原因为:①"等"不能出现施事主语,语义弱化;②"等"居于条件小句句首位置;③其后成分可以独立成句,"等"可省略而不影响语义表达,如例(49)"等他不归来,我与你就好通宵取乐了→他不归来,我与你就好通宵取乐了",语义变化不大。"等"的句法特点与条件连词基本相同,应视为条件连词。但"等"亦具有时间义,尚未演变为典型的充分条件连词。

演变中,"等"经历了"纯粹时间→时间+充分条件→时间+充分条件"语义变化,组合关系、句法功能发生相应变化:由小句的谓语中心动词发展为独立于 VP 之外的条件连词,起篇章关联作用。

3.3 “等”假设条件连词功能的产生及发展

假设条件连词“等”亦源于动词“等”。晚唐五代始，“等”可以出现表未然事件的条件小句中。如：

(50)南泉便问，师对曰：“等有伴则来。”(《祖堂集》卷六)

(51)等我满月回门去，到家告诉我哥哥。我哥性子烈如火，那时教你认得我……(南宋《快嘴李翠莲记》)

以上两例“等(S)VP”均为条件小句，表述的都是未然事件，如例(50)“等有伴”表示“来”的时间背景，“等有伴”为未然事件，表示的是一个将来时间，具有模糊性、不确定性。前后小句间蕴含着“假设条件—结果”的关系。“等”有两解：动词或条件连词，兼有“时间义+假设条件义”。

在反复使用中，前后小句间蕴含的“假设条件—结果”关系逐渐凸显，慢慢地就可能成为句子的主要意义，而“等”的时间义则逐渐淡化以至最终消失，通过吸收语境义，“等”的假设条件义逐渐凸显。如：

(52)等他不肯悔亲时，你便说：“既你不肯，俺员外说，着你选吉日良辰，下财置礼，娶的小姐去。”(元·关汉卿《王润香月夜四春园》第一折)

(53)等他爷儿每若无礼，我把他鼻子都咬下他的来。(元·刘唐卿《降桑椹蔡顺奉母》第一折)

(54)今日只如常时，不必提起什么，等他们不问便罢，若问时我便乘机兜他在里面做事便了。(《二刻拍案惊奇》卷三十四)

假设条件连词“等”偶见表示违实假设的用例。如：

(55)婆子道：“等我也对大娘说去，就交与他这银子去。昨日骑骡子，差些儿没吊了他的。”李瓶儿道：“等你吊了他的，你死也。”(《金瓶梅》第三十七回)

“等”从“等待”义动词衍生出必要条件、充分条件、假设条件的连词功能。所在小句背景化为“等”的演变提供重要条件。“等”位于全句的句首位置，本身的语义虚化，基于语境而获得的意义逐渐凝固为固定语义，句法关系和功能发生相应变化，由小句的谓语核心演变为独立于小句之外的篇章成分，衍生出条件连词功能。

“等”和“待”具有平行演变的关系，但“等”“待”在假设条件用法上存在重要差异，如上所述，“待”可引导具有转折关系的假设复句，并衍生出让步条件连词功能，而“等”不能引导具有转折关系的假设复句，亦未发展出让步条件连词功能。此外，表必要条件及充分条件的“等”，其后小句往往表占据一个时间段的事件，“等”依然具有较强的时间义。“待”可以出现在泛指性事件句及非事件句中，其时间义明显弱于“等”。“待”的连词化程度要高于“等”。

我们注意到，上面这几类用法中无论哪一种，连词“等”“待”所在的小句只能居前，不能像“只要”“如果”小句那样，具有居前和居后两种可能。而且，引导必要条件、充分条件的

“等”“待”依然具有时间义。在这个意义上说，“等”“待”虚化用法还必须完全遵从时间顺序原则，虚化程度不如“如果”“只要”等连词。

四　结语

本文讨论了“等”“待”的连词功能及来源，具体路径可以图式如下：

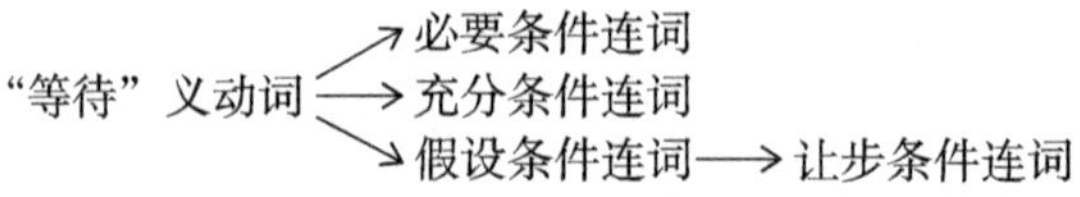

图1　“待”的连词功能来源演变路径

图2　“等”的连词功能来源演变路径

“等”“待”由“等待”义动词发展出为条件连词，两者演变具有平行性，这源于两者处于相同的语境及句法结构。所在小句背景化，“等”“待”位于条件小句句首位置，基于语境获得的语义凝固为固定义，语法关系和功能也发生相应变化，衍生出条件连词功能。“待”常接状态小句，连词化程度要高于“等”。由于能否引导转折性的假设复句的差异，“待”发展出让步条件功能，而“等”尚无。语义演变的殊相往往源于具体语境及句法格式的不同。(李小军2018)

参考文献

贝罗贝　刘华丽　2013　《汉语“等待”义动词历时考察》，《历史语言学研究》第00期。
方　梅　2018　《浮现语法：基于汉语口语和书面语的研究》，商务印书馆。
江蓝生　2002　《时间词“时”和“後”的语法化》，《中国语文》第4期。
蒋礼鸿　1958　《敦煌变文字义通释》，上海古籍出版社。
雷文治　2002　《近代汉语虚词词典》，河北教育出版社。
李小军　2018　《“敢”的情态功能及其发展》，《中国语文》第3期。
刘　坚　曹广顺　吴福祥　1995　《诱发汉语词汇语法化的若干因素》，《中国语文》第3期。
吕叔湘　2014　《中国文法要略》，商务印书馆。
彭晓辉　2010　《“等”的语法化：糅合导致的重新分析》，《语言研究》第2期。
邱丽媛　董秀芳　2014　《从等待义到时间指示功能的演变》，《汉语学报》第3期。
席　嘉　2010　《近代汉语连词》，中国社会科学出版社。
钟兆华　2015　《近代汉语虚词词典》，商务印书馆。
Comrie, Bernard　1986　Conditionals: A typology. In Traugott et al. (eds.) *On Conditionals*. 77－79. Cam-

bridge: Cambridge University Press.
Hopper, Paul J. & E. C. Traugott 2003 *Grammaticalization* (second edition). Cambridge: Cambridge University Press.

On the Origin of the Conjunction Functions of *Deng*(等) and *Dai*(待)

YE Wenwen LI Xiaojun

Abstract: In the history of Chinese, both *deng* (等) and *dai* (待) could indicate necessary conditions, sufficient conditions, hypothetical conditions, etc. *dai* (待) could also lead a concession conditional clause. The specific path of this semantic change is as follows: the verb *deng* (等) and *dai* (待) derived the functions of expressing necessary condition, sufficient condition and the hypothesis condition respectively. Furthermore, the hypothesis condition function of *dai* (待) develops the concession condition function. The backgrounding of the clause in the information expression. is an important condition for the evolution, and the semantic characteristics and syntactic relations of the clause are the motivation of the evolution.

Keywords: *deng*, *dai*, conditional conjunction, information structure, semantic evolution

(叶雯雯 李小军 江西师范大学文学院 330022)

从《道行般若经》及其同经异译看梵语关系小句的翻译*

——兼谈不同译者翻译策略的不同

于方圆

提　要　本文考察了《道行般若经》及其同经异译本中对梵语关系小句的翻译。梵语中关系代、副词引导的关系小句，汉语中没有完全一致的范畴，因此译者在翻译时会采取不同的方式：或者是着眼于句法功能，翻译成汉语的关系小句或条件小句；或者是关注词汇意义，使用汉语中的指示词来翻译；或者在使用关系标记或指示词的同时，把"如""随""敢"等置于小句句首。以支谶为首的早期译者更多地译为汉语中的"者""所"关系小句，在翻译时将小句翻译在主句外，且遵从梵语中关系小句相对主句的顺序。鸠摩罗什起，则绝大多数都译为条件小句，居于主句之前。

关键词　关系小句　梵汉对勘　同经异译　翻译策略

一　引言

所谓"同经异译"，就是同一部佛典的不同译本。同经异译之于佛典语言研究的重要价值近年来已为学界注意。朱庆之(1992:39)已经明确指出同经异译的研究价值："由于初译本与异译本译出的时代不同，译者不同，它们的语言就会带上各自时代的特征和译者个人的言语特征，如果对它们仔细地进行对比研究的话，我们很可能得知语法、词汇、音韵发展演变的情况。"

本文所使用的材料是东汉支娄迦谶所译《道行般若经》及其同经异译。据吕澂《新编汉文大藏经目录》，《道行般若经》流传下来的异译本有以下几部：

1. 吴支谦译《大明度经》(6 卷)，简称支谦本；

2. 前秦昙摩蜱与竺佛念共译《摩诃般若钞经》(5 卷)，简称竺佛念本；

3. 后秦鸠摩罗什译《小品般若波罗蜜经》(10 卷)，简称鸠摩罗什本；

4. 唐玄奘译《大般若波罗蜜多经》第四会(538—555 卷)、第五会(556—565 卷)，简称玄奘本；

* 本研究是国家社科基金重大项目"佛典语言的中国化"(20&ZD304)的阶段性成果。感谢姜南老师对文章初稿提出的宝贵意见。本文尚存谬误，概由作者负责。

5. 宋施护译《佛说佛母出生三法藏般若波罗蜜多经》(25 卷),简称施护本。

《道行般若经》及以上所列异译本,大致可以对应梵文的《八千颂般若》。《道行般若经》译于 2 世纪后期(公元 179 年),而最晚的《佛说佛母出生三法藏般若波罗蜜多经》译于十一世纪初(公元 1003—1004 年),中间跨度长达八百多年,基本上涵盖了中古汉语初期到近代汉语初期这一段历史时期。利用《道行般若经》及其同经异译开展的语言研究已有一些,但大多集中在词汇上,如解释具体词汇的意义,或是观察不同时代的词汇替换,语法研究并不多见。

因此,本文尝试以《道行般若经》为主,以同经异译的材料为辅,来观察译者在佛经翻译中对梵语关系小句的处理。

二　梵语关系小句的翻译

梵语的关系小句较为特殊:由 ya 及其派生形式充当关系代、副词,引导关系小句,主句中存在与之对应的 ta 及其派生形式,构成“yad/yāvad/yadā/yadi/yathā…… tad/tāvad/tadā/tadi/tathā”格式。由于汉语中没有完全对等的范畴,因此译者在翻译时会从不同的角度出发,尝试还原梵语的关系小句。

2.1 译为汉语的关系小句

汉语中也有关系小句。汉语史中使用的关系标记有“者”“所”“之”,其中,又以前两者在中古时期较为常见。梵语关系代词引导的关系小句有相当一部分翻译成了汉语的关系小句,其中,关系化主语的一般译为“者”字关系小句,关系化宾语的有些译为“所”字关系小句,各举一例如下①:

(1)

aham	api	tasya	kulaputrasya	vā	kuladuhitur	vā
pron. 1. sg. N.		pron. m. sg. G.	m. sg. G.		f. sg. G.	
我	也	这	善男子	或	善女人	或

rakṣāvaraṇaguptiṃ	saṃvidhāsyāmi,	ya	imāṃ
f. sg. A.	fut. 1. sg.	rel. m. sg. N.	pron. f. sg. A.
保护	做	那	这

prajñāpāramitām	udgrahīṣyati	dhārayiṣyati	vācayiṣyati
fut. 3. sg.	caus. fut. 3. sg.	caus. fut. 3. sg.	fut. 3. sg.
般若波罗蜜	领受	获得	读诵

① 梵文语法信息标注缩略语:m. 阳性;n. 中性;f. 阴性;N. 主格;A. 宾格;G. 属格;D. 为格;I. 具格;L. 处格;sg. 单数;pl. 复数;1. 第一人称;2. 第二人称;3. 第三人称;rel. 关系标记; pass. 被动;caus. 使动;pre. 现在时;fut. 将来时;abs. 绝对分词;pron. 代词。未标明语法信息的,为梵语中的不变词,包括副词、连词等。

paryavāpsyati	pravartayiṣyati.
f. sg. A.	caus. fut. 3. sg.
学习	流转

今译:那(善男子或善女人)将领受、获得、读诵、学习、流转这般若波罗蜜,我也将做这善男子或善女人的保护。

支谶本:我辈自共护是善男子、善女人学般若波罗蜜者、持者、诵者。(卷2,8/435a)①

支谦本:我当护是学持诵者。(卷2,8/438c)

竺佛念本:我辈自共拥护是善男子、善女人学般若波罗蜜、持者、诵者。(卷2,8/513c)

鸠摩罗什本:若善男子、善女人受持读诵般若波罗蜜,如所说行,我等皆当护念。(卷9,8/541c)

玄奘本:若善男子、善女人等能于般若波罗蜜多至心听闻、受持、读诵、精勤修学、如理思惟、书写、解说、广令流布,我等常随恭敬守护,不令一切灾横侵恼。(卷539,7/772c)

施护本:若有善男子、善女人于此般若波罗蜜多听、受、读、诵,如说修行者,我当往彼护念其人,使令精进不生退屈。(卷2,8/594c)

从梵文来看,主句在前,yad引导的关系小句在后,其修饰的核心名词"善男子或善女人"只作为主句的宾语出现了一次。支谶、支谦和竺佛念本都使用了后置于核心名词的"者"字关系小句来翻译梵语中的关系小句。这种处理,既与梵语中关系小句居于主句之后的语序一致,保持了核心名词与主句动词的紧密联系,也符合当时汉语"者"字关系小句后置的一般规律。而自鸠摩罗什起,完全改变了翻译策略,将梵语的关系小句和主句使用汉语的条件复句译出,由关系小句译来的条件小句居于主句之前,不再切合梵语的语序。并且,核心名词也随之出现在小句之中,主句中或者不再出现,或者使用代词替代。

(2) yat	punar	idam	ahaṃ	bhāṣe	etad
rel. n. sg. A.		n. sg. A.	pron. 1. sg. N.	pre. 1. sg.	pron. n. sg. N.
那	又	这	我	说	这

buddhabhāṣitam
n. sg. N.
佛所说

今译:再者,我说那个,这个就是佛所说。

① 本文所选汉译佛经用例,均来自《大正新修大藏经》,引用每部译经时注明经名、卷数、页码、栏次,a、b、c代表上、中、下栏。

支谶本：我所说皆佛语。（卷6，8/455a）

竺佛念本：今我所说是佛所说。（卷4，8/527b）

鸠摩罗什本：我所说经真是佛语。（卷6，8/564b）

玄奘本：我之所说是真佛语。（卷549，7/826c）

例(2)中，关系代词yad用来关系化动词“说”的宾语，译者一般都译为“我所说”。鸠摩罗什补充了核心名词，玄奘则加上了助词“之”。

以上两例翻译后符合当时汉语中关系小句的一般分布，但事实上，依然存在许多翻译后有悖于当时汉语使用习惯的用例。“者”字关系小句的特殊情况可分为以下两种：

a. 关系小句后置于核心名词，但与核心名词被其他句子成分隔开

(3)

imam	api	sa	kulaputo	vā	kuladuhitā	vā
pron. sg. A.		pron. m. sg. G.	m. sg. N.		f. sg. N.	
这	也	这	善男子	或	善女人	或

dṛṣtadhārmikaṃ	guṇaṃ	parigṛhṇāti，	ya	imāṃ
m. sg. A.	m. sg. A.	pre. 3. sg.	rel. m. sg. N.	pron. f. sg. A.
现在世	功德	得到	那	这
prajñāpāramitām	udgrahīṣyati	dhārayiṣyati	vācayiṣyati	paryavāpsyati
f. sg. A.	fut. 3. sg.	caus. fut. 3. sg.	caus. fut. 3. sg.	fut. 3. sg.
般若波罗蜜	领受	获得	读诵	学习
pravartayiṣyati	deṣayati	upadekṣyati	uddekṣyati	svādhyāsyati
caus. fut. 3. sg.	caus. 3. sg.	fut. 3. sg.	fut. 3. sg.	fut. 3. sg.
流转	宣说	教导	指出	诵习

今译：那(善男子或善女人)领受、获得、读诵、学习、流转、宣说、教导、指示、诵习这般若波罗蜜，这善男子或善女人也得到这现在世的功德。

支谶本：善男子、善女人所作为悉自见善，般若波罗蜜学者、持者、诵者。（卷2，8/431c）

支谦本：斯高士所作，悉见善像。（卷2，8/483c）

竺佛念本：是善男子、善女人所作，为悉自见现在功德，其学持诵般若波罗蜜者亦尔。（卷2，8/514a）

鸠摩罗什本：善男子、善女人受持读诵般若波罗蜜，亦得是现世功德。（卷2，8/542a）

玄奘本：诸善男子、善女人等若于般若波罗蜜多至心听闻、受持、读诵、精勤修学、如理思惟、书写、解说、广令流布，获如是等功德胜利。（卷539，7/773c）

施护本：彼善男子、善女人，以受持读诵般若波罗蜜多故，于现世中获如是功德。

(卷 2,8/595b)

比较例(3)与例(1),可以看出梵语的语序大体相同,关系小句都置于主句之后,关系小句修饰的核心名词只在主句中出现一次,关系小句中不再出现。从支谶本来看,两者唯一的差别在于,例(1)中核心名词在主句中作宾语,按照梵语的语序直译过来后,依然与关系小句紧邻,而例(3)中,核心名词在主句中作主语,因此直译后位于主句的句首,与关系小句隔开了。也就是说,支谶的翻译方法没有变化,造成差异的原因是核心名词在主句中的句法分布不同。

此类句子在支谶译本中还有几例,如:

(4)是辈人其福祐功德不小,闻般若波罗蜜者,何况乃学、持、诵、念。(卷 2,8/434a)

(5)其人前世时见佛,般若波罗蜜耳闻者,何况乃学、持、诵。(卷 2,8/434a)

值得注意的是,这种核心名词与关系小句隔开的句式,与汉语关系小句需要与核心名词紧邻的一般规律差异太大,也不利于听众的理解,因此,之后的译本都做了修改,或者是将隔开的关系小句删除(支谦本),或者是保持原有语序,但将后面的小句添加了谓语成分,翻译成了一个独立的句子(竺佛念本),或者是直接调整语序(鸠摩罗什本、玄奘本、施护本)。

b."者"字关系小句前置于核心名词[①]

(6)

ye	aprameyeṣu	asaṃkhyeṣu	lokadhātuṣu	buddhā
rel. m. pl. N.	m. pl. L.	m. pl. L.	m. pl. L.	m. pl. N.
那	无数	无量	世界	佛

bhagavanta	etarhi	tiṣṭhanti	dhriyante	yāpayanti,
m. pl. N.		pre. 3. pl.	pass. pre. 3. pl.	caus. pre. pl. 3.
世尊	现在	安住	生活	度日

tān	dharmatayā	draṣṭukāmena	kulaputreṇa	vā
pron. m. pl. A.	f. sg. I.	m. sg. I.	m. sg. I.	
这	法性	想要看	善男子	或

kuladuhitrā	vā	prajñāpāramitāyāṃ	caritavyam,	prajñāpāramitāyāṃ
f. sg. I.		f. sg. L.	n. sg. A.	f. sg. L.
善女人	或	般若波罗蜜	应当被修行	般若波罗蜜

yogamāpattavyam.
n. sg. A.
应当被修习

---

① 《道行般若经》中还能见到另一类"者"字关系小句前置于核心名词的用例,如:有学般若波罗蜜者善男子、善女人心无所动摇。(卷 2,8/431b)但笔者经过对勘发现,此类用例都是对译梵文中现在主动分词作修饰语的情形,而非对译梵语的关系小句,因此,这里不展开说明。

今译：那些在无数无量世界中的诸佛世尊现在安住、生活、度日，想要凭借法性看到这些（佛世尊）的善男子或者善女人应当在般若波罗蜜中修行，应当在般若波罗蜜中精进。

支谶本：十方无央数佛国现在诸佛欲见者善男子或善女人当行般若波罗蜜，当守般若波罗蜜。（卷 2,8/436a）

竺佛念本：若善男子、善女人，天中天！欲见今现在阿僧祇刹土诸佛，当承法如般若波罗蜜行，当作是念。（卷 2,8/518a）

鸠摩罗什本：若善男子、善女人欲如实见十方无量阿僧祇诸佛者，当行般若波罗蜜，当修般若波罗蜜。（卷 2,8/545c）

玄奘本：若善男子、善女人等欲得常见十方无量无数如来、应、正等觉，当行般若波罗蜜多，当修般若波罗蜜多。（卷 541,7/782c）

施护本：若善男子、善女人乐欲见彼十方无量阿僧祇世界现住说法诸佛如来真实身者，应当于此般若波罗蜜多如法修行，于此般若波罗蜜多安住相应如实观想。（卷 4,8/602c）

梵语中关系小句位于主句之前，支谶的翻译中就将“者”引导的关系小句置于核心名词“善男子或善女人”前。善男子或善女人想要看的“那些人”是上一句中所说的“在无数无量世界中安住、生活、度日”的诸佛世尊。因此，支谶所译“十方无央数佛国现在诸佛欲见者善男子、善女人”，也与梵文本的语序大致一致。此句调整为比较容易理解的语序应为：“善男子、善女人欲见十方无央数佛国现在诸佛者”。这种使用与“者”字关系小句在汉语史中一般后置的分布规律完全不符，因此之后的翻译者都进行了调整，使得更加符合汉语的组织方式。

需要注意的是，例(6)的特殊之处不仅在于语序。从梵语翻译为汉语，译者还将关系化的对象进行了调整。从梵语看，关系化的对象应该是“buddhābhagavanta（佛世尊）”，其在关系小句中作主语，在主句中作宾语。而支谶翻译时，将关系化对象换为“善男子或善女人”。之后的译者虽然不再将此句译为汉语的关系小句，但也都使用“善男子或善女人”作为主语。这种调整或许是出于表达的连贯性和一致性，因为佛经的说教对象就是这些“善男子或善女人”，全经中更是有多处以“善男子或善女人”作核心名词或复句主语的表达。此类例子还有：

(7)怛萨阿竭、阿罗诃、三耶三佛所说善男子、善女人功德未竟，学般若波罗蜜者、持者、诵者，云何？（卷 2,8/434b）

梵文本直译过来是“怛萨阿竭、阿罗诃、三耶三佛未说一切功德，那善男子或善女人学习、受持、诵读般若波罗蜜后得到那些功德”。梵语关系化的对象是“功德”，但翻译为汉语，关系化的对象就成了“善男子、善女人”。支谦的做法是将整个关系小句放入主句中：“如来所说善士学、持、诵明度者功德未竟”，竺佛念翻译为“怛萨阿竭、阿罗诃、三耶三佛说善男子、善女人从般若波罗蜜教学、持、诵者,说其功德未能竟”,而到了鸠摩罗什,将主句与小句的顺序进行了调整,译为“是善男子、善女人受、持、赞、诵般若波罗蜜,如所说行,所得功德,如来说之,犹亦未尽”,这就是十分符合汉语的表达了。

“所”的特殊情形主要表现在关系化介词宾语时介词不悬空。请看下例:

(8)

tam	api	dharmaṃ	na	samanupaśyati,	yena
pron. m. sg. A.		m. sg. A.		fut. 3. sg.	rel. m. sg. I.
这	也	法	不	看	那

dharmeṇa	idaṃ	vā	anyad	vā	buddhakṣetraṃ	samanupaśyet.
m. sg. I.	n. sg. A.		n. sg. A.		n. sg. A.	opt. 3. sg.
法	这	或	另一个	或	佛土	看

今译:也不会看见这个法,通过那个法看见这个或另一个佛土。

支谶本:无有所因法见佛境界。(卷9,8/469c)

支谦本:无所因法当见佛界。(卷5,8/503a)

鸠摩罗什本:亦不见有法见此佛世界、彼佛世界。(卷9,8/579a)

玄奘本:不见有法能见此佛、彼佛世界。(卷554,7/859a)

施护本:不见有法是此佛刹,亦不见有法是彼佛刹。(卷23,8/666c)

梵语中使用关系代词“yad”的阳性单数具格“yena”来引导关系小句,“dharma(法)”在前面的主句中标记为宾格,是主句动词的宾语,在后面的小句中标记为具格,是小句动词的工具状语。而从支谶的翻译来看,关系化的对象“法”没有像梵语一样在主句和关系小句中都出现,而是只保留在小句之中。

回到例(8),完整的关系小句可以还原为“因法见佛境界”,用“所”来关系化“因”的宾语,应该是“所因见佛境界法”。朱德熙(1983)指出,“所”用以提取介词宾语时,介词后面的宾语必须缺位。郭锐(2009)也提到,古代汉语中介词悬空的一种情形就是“所”关系化介词宾语造成的介词悬空,如:

(9)庆之于长老,此道法之所从来,是治本也。(《管子·君臣上》)

(10)其妻问其所与饮食者,则尽富贵也。(《孟子·离娄下》)

但这里没有采取这种处理方法,而是将“法”保留在原先的位置上。这种用例在汉语史上是十分罕见的。鸠摩罗什及之后的译本,都删去了介词,但保留了关系小句居后的语序。“有法(能)见此佛世界、彼佛世界”在某种程度上也可理解为“有(能)见此佛世界、彼佛世界法”。

另外,在例(8)中,“所”置于介词“因”前,但在支谶本中也能见到“所”放在介词后、动词前的用例:

(11)设有谋作者,从所来处,便于彼间自断坏不复成。(卷二,8/431b)

2.2　译为汉语的条件小句

除了使用汉语的关系小句进行翻译外，另一种句法功能上的处理，是将梵语的关系小句译成汉语的条件小句。姜南(2020)较为详细地说明了梵语中的关系小句在汉译佛经中会译为“若”引导的小句，指出这种翻译是基于“若”与“yad”在功能上的类似——二者都兼具关联和指示作用。笔者认为，这也是译者基于当时可用的语言材料做出的选择。梵语中的关系小句与主句间关系密切，主句中有相应的代、副词与关系代、副词对应，但在汉语中，小句与主句间却常常可以不出现任何标记。条件标记是汉语史上出现较早、使用较广的关联标记，与“yad”在功能上有一定的相似性，因此被译者用来翻译梵语的关系小句也比较合理。

这种情形在《道行般若经》及同经异译本的翻译中也十分常见，上文所举例(1)(6)中已经可以看到支谶译为“者”字关系小句的，鸠摩罗什、玄奘等则使用“若”来翻译。这里再单举一例：

(12) yo	bodhisattvo	mahāsattvo	atra	śikṣiṣyate,
rel. m. sg.	N. m. sg. N.	m. sg. N.		fut. 3. sg.
那	菩萨	摩诃萨	这里	学习
sa	niryāsyati	sarvajñatāyām?		
pron. m. sg. N.	fut. 3. sg.	f. sg. L.		
这	前往	一切智		

今译：那个菩萨摩诃萨将在这儿学习，这个(菩萨摩诃萨)将前往一切智吗？

支谶本：菩萨设使出是中，便自致萨芸若？(卷1,8/426b)

支谦本：其学此者，必出一切智？(卷1,8/479c)

竺佛念本：学是者，为学萨芸若？(卷1,8/509b)

鸠摩罗什本：若菩萨于是中学，能成就萨婆若耶？(卷1,8/538a)

玄奘本：若菩萨摩诃萨于此中学，速能成办一切智智耶？(卷538,7/765a)

施护本：若菩萨摩诃萨是中学者，彼能成就一切智不？(卷1,8/588b)

可以看出，支谶使用了条件连词“设使”来引导小句，支谦和竺佛念仍然使用了“者”，鸠摩罗什、玄奘和施护都使用了“若”。尤其是自鸠摩罗什之后，用“若”等来翻译梵语关系小句的例子更为普遍与常见。

2.3　使用指示词

就笔者所见，译者也会使用“是”及相关指示词来翻译梵语中的关系代词。请看下例：

(13) syād	paryāyo	yena	paryāyeṇa	yena	avāsaṅgalakṣaṇena
opt. 3. sg.	m. sg. N.	m. sg. I.	m. sg. I.	rel. m. sg. I.	m. sg. I.
有	因缘	那	因缘	那	无着相

prajñāpāramitā	saṃvidyate	tena	eva	avāsaṅgalakṣaṇena
f. sg. N.	psaa. 3. sg.	pron. m. sg. I.		m. sg. I.
般若波罗蜜	存在	这	就	无着相

sarvadharmāḥ	saṃvidyeran?
m. pl. N.	opt. 3. pl.
一切法	存在

今译:有这个因缘吗?凭借那一因缘,那无着相存在于般若波罗蜜多,这无着相也存在于一切法?

支谶本:是所相得般若波罗蜜,如是相得诸法?(卷7,8/462a)

支谦本:无罣碍明度相,是相为得诸法。(卷5,8/499b)

竺佛念本:是相实般若波罗蜜,如是相者为得诸法?(卷5,8/535a)

鸠摩罗什本:颇有因缘,如般若波罗蜜无碍相,一切法亦无碍相耶?(卷8,8/571c)

玄奘本:颇有因缘,甚深般若波罗蜜多无着之相,余一切法可说亦有无着相耶?(卷551,7/840a)

施护本:颇有因缘,如般若波罗蜜多无着相,一切法亦无着相耶?(卷19,8/654b)

梵语中的核心名词"avāsaṅgalakṣaṇena(无着相)"在关系小句和主句中都以具格形式出现,实际上是作动词的主语,"yena avāsaṅgalakṣaṇena-tena avāsaṅgalakṣaṇena",支谶译为"是所相-如是相",支谦译为"相-是相",竺佛念译为"是相-如是相"。鸠摩罗什起才开始不使用汉语中的代词来翻译梵语中的关系代词。除了上例中提到的"是、是所、如是"外,笔者在支谶本中还见到了类似的"随是",与"如是"的用法一样:

(14)是所相般若波罗蜜各各虚空,随是相诸法各各虚空。(卷7,8/462a)

例(13)中,核心名词"avāsaṅgalakṣa(相)"在主句和小句中都出现了,翻译为汉语时,核心名词"相"也出现了两次。但更为常见的情形,仍然是被关系化的核心名词在上下文中只出现一次:

(15)yasmin	hi	samaye	bhagavan	bodhisattvo	mahāsattvaḥ
rel. m. sg. L.		m. sg. L.	m. sg. V.	m. sg. N.	m. sg. N.
那	正是	时	世尊	菩萨	摩诃萨

imān	dharmān	prajñāpāramitāyāṃ	vyupaparīkṣate,	tasmin
m. sg. A.	m. sg. A.	f. sg. L.	pre. 3. sg.	pron. m. sg.
这	法	般若波罗蜜	仔细思考	这

samaye	na	rūpam	upaiti	na	rūpam	upagacchati
m. sg. L.		n. sg. A.	pre. 3. sg.		n. sg. A.	pre. 3. sg.
时	不	色	走近	不	色	接近

na	rūpasyôtpādaṃ	samanupaśyati	na	rūpasya	nirodhaṃ
	n. sg. A.	pre. 3. sg.		n. sg. G.	m. sg. A.
不	色的产生	看	不	色	灭

samanupaśyat
pre. 3. sg.
看

今译：正在那时，世尊！菩萨摩诃萨在般若波罗蜜中仔细思考这法，在这时，(他)不走近色，不靠近色，不见色生，不见色灭。

支谶本：行般若波罗蜜法，当熟思维如是，是时为不入色。(卷1,8/428b)

支谦本：行此经时，以如是法孰观斯道，是时为不近色。不近色者，不见灭也。(卷1,8/481b)

竺佛念本：般若波罗蜜者，天中天！熟思惟，是时为不入，色何以得？(卷1,8/511a)

鸠摩罗什本：菩萨随行般若波罗蜜时，作是观，诸法即不受色。(卷1,8/539b)

施护本：若菩萨摩诃萨于般若波罗蜜多若行若观想时，不受于色，不见色生、不见色灭。(卷2,8/591a)

在此例中，关系代词“yad”与所修饰的名词“samaya(时)”以处格形式出现，在小句中作时间状语，同样的，与之对应的“tad samaya”在主句中也作时间状语。支谶本、竺佛念本只在主句中译出“是时”，鸠摩罗什、施护则将关系小句译为一个时间状语小句，把“时”翻译在小句中，只有支谦将核心名词“时”在小句和主句中都译出了。

2.4　使用“如”“随”

在例(13)中已经能够看到，鸠摩罗什和施护在翻译梵语的关系小句时也会使用“如”。这里再举一例如下：

(16) yathā-eva	ca	ebhiḥ	śikṣitavyam，	tathā-eva	mayā
rel.		pron. n. sg. I.	n. sg. N.		pron. 1. sg. I.
这样	而	这	应学	同样	我

śikṣitavyam
n. sg. N.
应学

今译：正如这些(菩萨)应当学习，同样我应当学习。

支谶本：是所学，我亦当学如是。(卷8,8/464c)

支谦本：彼所学，我亦当学。(卷5,8/500c)

鸠摩罗什本:如彼所学,我亦应学。(卷 8,8/574a)

施护本:彼菩萨摩诃萨若有所学,我亦随学。(卷 20,8/658a)

支谶本没有直译出"yathā",而是在句末添加了状语"如是"。将竺佛念本和鸠摩罗什本进行比较,可以看到后者在句首添加了"如",正是对"yathā"的翻译。与之前译本都不同,施护本选择使用条件句来进行翻译,也在主句中使用了与"如"类似的"随",来表达主、从句语义上的呼应。类似地,也有使用"随"来翻译关系小句的:

(17)

yāvanti	khalu	punaḥ	Subhūte	nimittāni,	tāvantaḥ	saṅgāḥ
n. pl. N.			m. sg. V.	n. pl. N.	m. pl. N.	m. pl. N.
那样多	确实	又	须菩提	迹象	这样多	附着

今译:须菩提!有那样多的迹象,就有这样多的附着。

支谶本:随所想者,是故为着。(卷 3,8/442c)

支谦本:随所想,便为着。(卷 3,8/488c)

鸠摩罗什本:随所取相,皆名为着。(卷 4,8/552a)

玄奘本:随所取相,皆名执着。(卷 545,7/802c)

关系副词"yāvat"的意思是"as much",与"tāvat"一起使用,表示某一事物的数量或某一事件的时间、程度等与前面提到的另一事物或时间相同。译者采用的翻译方式大体相同,都是使用"随"置于小句的句首,与"如"类似,来表达主句中事物数量与从句所说事物数量的一致关系。需要注意的是,此例的汉文翻译已经使用了"所"字结构,仍然在小句句首添加了"随"。

与上例类似,汉文翻译中使用了指示词时,也能在句首使用"随":

(18)

yāvad	iyaṃ	prajñāpāramitā	loke	pracariṣyati,	tāvat	tathāgatas
rel.	f. sg. N.	f. sg. N.	m. sg. L.	fut. 3. sg.		m. sg. N.
多久	这	般若波罗蜜	世界	出现	多久	如来

tiṣṭhati iti	veditavyam	tāvat	tathāgato	dharmaṃ	deśayati iti
pre. 3. sg.	n. sg. N.		m. sg. N.	m. sg. A.	caus. pre. 3. sg
住	应当知道	多久	如来	法	说

veditavyam
n. sg. N.
应当知道

今译:这般若波罗蜜在世界上出现多久,应当知道"如来存在多久",应当知道"如来说法多久"。

鸠摩罗什本:随尔所时般若波罗蜜在世,当知尔所时有佛在世说法。(卷 10,8/586b)

施护本：知随尔所时此般若波罗蜜多正法在世，即尔所时诸佛世尊在世说法。（卷25,8/676c）

在例(18)两个能够对照的译本中，一方面，小句和主句中都使用了指示词“尔所(时)”来翻译“yāvat”“tāvat”，这属于2.3节所说的使用指示词来进行翻译，另一方面，在小句句首也使用了“随”。因此，类似这种用例，可以视为两种不同翻译方式的混合应用。①

2.5　使用“敢”

(19)

yat	kiṃcid	bhagavataḥ	śrāvakā	bhāṣante	deśayanty
rel. n. sg. A.	n. sg. A.	m. sg. G.	m. pl. N.	pre. 3. pl.	caus. pre. 3. pl.
那	某个	世尊	声闻	宣说	显示

upadiśanty	udīrayanti	prakāśayanti	samprakāśayanti,	sa
pre. 3. pl.	caus. pre. 3. pl.	caus. pre. 3. pl	caus. pre. 3. pl	pron. m. sg. N.
教导	展现	开示	开显	这

sarvas	tathāgatasya	puruṣa-kāro	veditavyaḥ.
m. sg. N.	m. sg. G.	m. sg. N.	m. sg. N.
一切	如来	人力	当知

今译：世尊的声闻们宣说、显示、教导、展现、开示、开显那(法)，当知这一切是如来的功劳。

支谶本：敢佛弟子所说法、所成法，皆持佛威神。（卷1,8/425c）

支谦本：敢佛弟子所说，皆乘如来大士之作。（卷1,8/478b）

竺佛念本：敢佛弟子所说法、所成法，皆承佛威神。（卷1,8/508c）

鸠摩罗什本：佛诸弟子敢有所说，皆是佛力。（卷1,8/537b）

玄奘本：世尊弟子敢有宣说、显了、开示，皆承如来威神之力。（卷538,7/763b）

施护本：世尊所有声闻弟子于诸法中若自宣说、或为他说，一切皆是佛威神力。（卷1,8/587a）

例(19)与例(2)同样都是梵语关系代词“yad”引导的关系小句翻译为汉语中的“所”字关系小句，例(19)在小句中使用了“敢”。朱庆之(1989)已经注意到了“敢”在这类句子中的使用，认为这里的“敢”是“凡是”的意思。

三　不同译者翻译策略的不同

梵语关系小句与中古时期汉语的关系小句差别较大，译师们无法在汉语中找到与梵语

① “随”在这类句子中可视为一个连词，关于“随”的此种使用，笔者拟另撰文讨论，此处不再展开。

关系代词或副词在词汇意义和语法功能上完全一致的成分。译师们在翻译时也意识到了这一点，因此一方面从词汇意义出发，将关系代、副词译为词汇意义类似的指示词“是/此/尔/如是/是所/尔所”等①，另一方面从语法功能出发，借助汉语的关系标记、条件标记等来进行翻译。

早期的译者，尤其是支谶，在翻译过程中译为汉语关系小句的数量较多，其中主要是“者”“所”引导的关系小句。汉语中，“者”引导的关系小句主要关系化主语，一般置于核心名词之后；“所”引导的关系小句主要关系化宾语，一般置于核心名词之前。译者在翻译时，较好地遵守了“者”“所”句法功能上的分工，使用不同的关系标记来提取不同的句法成分。问题主要出现在语序上，换句话说，是关系小句相对于核心名词的顺序。

梵语中，关系小句由关系代词或副词引导，独立于主句之外，且与主句的相对顺序较为灵活，既可以前置，也可以后置。支谶在翻译时，一方面，倾向于将核心名词翻译在主句中，将关系小句放在主句之外，另一方面，比较注意译文与梵语语序上的一致，即：梵语中的关系小句在主句之后时，翻译到汉语中仍然放在主句之后。在这一翻译策略的指导下，如果核心名词在主句中作主语，就与前置的关系小句紧邻(例20)，而与后置的关系小句隔开(例21)；如果核心名词在主句中作宾语，就与后置的关系小句紧邻(例22)，与前置的关系小句隔开：

(20)十方无央数佛国现在诸佛欲见者善男子或善女人当行般若波罗蜜，当守般若波罗蜜。(卷2,8/436a)

(21)善男子、善女人所作为悉自见善，般若波罗蜜学者、持者、诵者。(卷2,8/431c)

(22)我辈自共护是善男子、善女人学般若波罗蜜者、持者、诵者。(卷2,8/435a)

以上3例中，核心名词“善男子、善女人”在关系小句中都作主语，因此都使用关系化主语的“者”来提取。例(20)中，梵语的关系小句在主句前，支谶翻译时也将关系小句置于主句前；例(21)和(22)中，梵语的关系小句位于主句后，翻译过来以后仍然放在主句之后，两者的差别只是核心名词在主句中一个作主语居于句首，一个作宾语居于句末，因此前者与核心名词隔开，后者与核心名词紧邻。也就是说，尽管以上3例有2例都不符合汉语中“者”类关系小句的一般分布，但支谶的翻译逻辑是一以贯之的。

不仅如此，支谶还尝试使用汉语材料来还原出梵语中小句里关系代、副词与主句中代、副词的对照，因此有了“是所-如是”等这种词汇上的对照。而“随”“敢”的使用，也体现了译者在翻译过程中进行的语言创新——例(17)(18)和例(19)中分别使用了指示词和关系标记“所”，但仍在句首添加了“随”与“敢”，两者在这种使用下产生了新的功能和意义，这在当

---

① 吴娟(2008)提到了梵语关系代词与汉语疑问代词“何/何等”的对照，但笔者在以上几部佛经中没有见到类似的使用。这种差异与译者个人翻译风格有关，还是与时代相关，仍需考察。

时的中土文献中没有见到。也就是说，译者尽管已经使用了汉语的语法要素（关系标记“者”“所”）或词汇要素（指示词）来对译梵语的关系小句，但仍认为无法完全反映出梵语中关系代、副词与主句中代、副词的呼应关系，因此，开始尝试在小句上添加标记，来反映小句与主句的紧密联系。“随”与“敢”的使用就属于这种尝试。事实上，佛经中十分常见的“若……者”组合，也可视为在“者”类关系小句上添加了“若”这一条件标记，只是“若”总与“者”搭配，“随”“敢”则是与“所”配合使用。

以上都是早期译经家支谶在如实反映原典语言和使用汉语材料之间做出的融合。支谶之后，支谦本和竺佛念本是在参考支谶本的基础上做了一些调整，前者对重复的表述做了删减，后者已经开始对其中不太符合汉语的表达进行了自己的修改，但仍能看出与支谶本的对照。自鸠摩罗什起，可以看出，已经有意识地对梵语的关系小句进行统一化处理，绝大多数都译成了汉语的条件小句。无论小句在梵语中是居于主句前还是后，译成汉语后，都出现在主句前。这也进一步说明，原典语言对译者的牵掣更少了，译者已经能自如地使用汉语来表达原典的意思，译经的语言也更加符合当时汉语的实际面貌。这与译者汉语水平的提高、官方译场的形成等都密切相关。

参考文献

郭　锐　2009　《现代汉语和古代汉语中的介词悬空和介词删除》,《中国语言学》第二辑，山东教育出版社。

姜　南　2020　《再探指示代词“那”的来源——来自汉译佛经的证据》,《古汉语研究》第2期。

吴　娟　2008　《汉译佛典中疑问代词“何”的任指用法》,《中文学刊》第5期。

辛岛静志　2011　《道行般若经校注》,(日本)创价大学国际佛教学高等研究所。

朱德熙　1983　《自指和转指》,《方言》第1期。

朱庆之　1989　《“敢”有“凡”义及其原因》,《古汉语研究》第2期。

朱庆之　1992　《佛典与中古汉语词汇研究》,(台湾)文津书局。

Vaidya, P. L. (ed.)　1960　*Aṣṭasāhasrikā Prajñāpāramitā: With Haribhadra's Commentary Called Āloka*. Darbhanga: The Mithila Institute.

Translations of Sanskrit Relative Clauses in Chinese texts of the *Aṣṭasāhasrikā Prajñāpāramitā*

YU Fangyuan

Abstract: Comparing different Chinese texts of *Aṣṭasāhasrikā Prajñāpāramitā*, we can inquiry into the translation of Sanskrit relative clauses. Translators have developed several ways when translating: either focuson the syntactic function and translated into Chinese relative clauses or conditional clauses, or focuson the lexical meaning and use the demonstrative words in Chinese, or employ "*ru*""*sui*""*gan*" at the beginning of the clauses. The earlier translators headed by Lokakṣema tended to translate them into Chinese relative clauses.

When translating, the clauses were translated out of the main sentences, and their order relative to the main sentences was consistent with Sanskrit order. Beginning with Kumarajiva, most of them were translated into conditional clauses, which always precede the main sentences.

Keywords: relative clause, comparative study of Sanskrit and Chinese Buddhist Scriptures, different translations of same sutra, translating strategies.

(于方圆　中国社会科学院语言研究所　100732)

角色指派型构式"NP1＋的＋NP2"的历时演变研究

张　磊

提　要　角色指派型构式"NP1＋的＋NP2"萌芽于明代,经清代发展,到清末民国成熟。该构式由"是"字句"S＋是＋NP1＋的＋NP2"省去话题性成分S、略去系词"是"而形成。"的"字为名词化标记,其句法功能在于使事件"NP1＋V∅＋NP2"名词化,语义功能是表示自指。

关键词　角色指派型构式　来源　形成途径　历时演变

指人名词或代词(记作"NP1")组成的"的"字结构修饰名词性成分(记作"NP2")构成名词性偏正结构"NP1＋的＋NP2",理应表达领属关系,比如"小明的同学"。但是,有些情况下"NP1"只是动作行为的参与者而与"NP2"并无直接的语义联系,"NP1＋的＋NP2"表示某人取得某种身份、角色,比如:①

(1)你的原告,你先说。

(2)谁的介绍人呢?

上述用例中"你的原告""谁的介绍人"不是指称形式而是表示陈述:例(1)"你的原告"即"你是(当、作)原告","你"为"是(当、作)原告"的主事;例(2)"谁的介绍人"中"谁"亦为主事。

黄国营(1981、1982)称"NP1＋的"这类形式上的定语为"伪定语",朱德熙(1982:146)称为"准定语",邵敬敏(2009)根据准定语"NP1＋的"所在句式的语义类型将其细化为指派型准定语。②

"NP1＋的＋NP2"有两个明显特点:从形式上看,该格式由指人名词或代词"NP1"、"的"字及角色、职务名词"NP2"三部分组成,整体上构成定中结构形式;意义上,该格式表示给某人分配角色、职务,且该意义无法从其构成成分的组合或其他已经存在的结构中推断出来。因此,我们把"NP1＋的＋NP2"纳入特定的构式进行考察,称该类指派角色、身份给某人的"NP1＋的＋NP2"格式为角色指派型构式。

---

① 以下两用例转引自黄国营(1982)。

② 邵敬敏(2009)把准定语细分为"指派型""技能性"以及"关涉性"三类,并把"张三的原告,李四的被告"中"张三""李四"归为指派型准定语。

历史语料显示，该构式早在明代就已萌芽，比如：

(3)只见道人道："好教列位得知，此间是贫道的主人，一向承其厚款，无以为答。今日恰恰寻得野蔬二味在此，特请列位过来，陪着同享，聊表寸心。"(《二刻拍案惊奇》卷十八)

本文以角色指派型构式"NP1＋的＋NP2"为研究对象，探讨以下三个问题：(一)角色指派型构式"NP1＋的＋NP2"的来源及形成路径；(二)角色指派型构式"NP1＋的＋NP2"的历时演化过程；(三)"的"字的句法语义属性。

一　前人的研究

关于角色指派型构式"NP1＋的＋NP2"的形成过程，研究者们提出了多种推导方案。代表如下：

沈家煊(2007)提出"类推糅合说"，对于角色指派型构式的形成过程，沈文分析为：

a. 马连良演戏。　　　　b. 马连良的戏。

x. 马连良演诸葛亮。　　y. ←(xb)马连良的诸葛亮。

"马连良的诸葛亮"中隐含了语义较为实在的"扮演"义谓词，对于此类用例"类推糅合说"比较成功，但却不能涵盖隐含语义空灵的谓词"是(当、作)"的情况，如《官场现形记》二十九回"原来这爿番菜馆就是诸位的主人"；沈文还主张该类句式强调角色指派，各有各的角色，不容易混淆，因此常并列着说。事实上，只有当一个事件需要指派多个角色时才会出现多个句子并列(如在事件"演出"中，需要把"苏三""诸葛亮"等角色指派给不同的演员，才出现了"梅兰芳的苏三，马连良的诸葛亮"并列着说的情况)，并且近代汉语中该类句子单说的情况也很常见，如《补红楼梦》第四十一回"今儿是我的大主考，也没什么难题目，你们各人都做一首即景的七言绝句罢，也不用限韵"，再如《九尾龟》第八回"这一日，正是秋谷的主人，请的就是辛修甫等数人"；另外，"类推糅合"的过程也缺乏明晰性，详见刘辉(2015：83)，兹不赘述。

邵敬敏(2009)受朱德熙(1982：146)启发，推测"今天的演出，梅兰芳的苏三，马连良的诸葛亮"类句式经过如下重组过程：

a. 今晚的演出，苏三是梅兰芳扮演的，诸葛亮是马连良扮演的。

b. 今晚的演出，苏三是梅兰芳的，诸葛亮是马连良的。(动词"扮演"减缩)

c. 今晚的演出，是梅兰芳的苏三，马连良的诸葛亮。(角色名词"苏三""马连良"移位)

d. 今晚的演出，梅兰芳的苏三，马连良的诸葛亮。(系词"是"删除)

相对于"类推糅合说"，邵文的推导过程明晰。不过，邵文的问题在于：基础式(a)中动词"扮演"含有"已然"义，即陈述"今晚的演出，梅兰芳演了苏三，马连良演了诸葛亮"这一既成事实；而派生式(d)既可以解读为"已然"义(即陈述"梅兰芳演了苏三，马连良演了诸葛亮"这一既成事实),又可解读为"未然"义(预报"梅兰芳要演苏三,马连良要演诸葛亮"这一未然情况),动词缩减后造成的这种语义差别尚需进一步解释。

万辉(2011:33)融合了黄正德(2008)的"词义分解""核心词移位"与邓思颖(2008、2009、2010)的"名物化参数",提出了如下推导过程:

a. 今晚的演出,是梅兰芳DO的演苏三,是马连良DO的演诸葛亮。(底层结构)

b. 今晚的演出,是梅兰芳演的苏三,是马连良演的诸葛亮。(轻动词DO吸引核心动词"演"移位)

c. 今晚的演出,是梅兰芳e的苏三,是马连良e的诸葛亮。(动词"演"删除)

d. 今晚的演出,梅兰芳的苏三,马连良的诸葛亮。("是"脱落)

首先,万文的底层结构式(a)属于强调动作行为施事者的焦点句,"梅兰芳""马连良"均为对比焦点,而表层结构式(d)客观陈述"梅兰芳演苏三,马连良演诸葛亮",推导前后语义发生变化;其次万文跟邵文存在类似的问题,底层结构式(a)的主动词DO为含有"已然"义定式动词,(b)式中"演"经过核心词移位来到DO的位置上也获得了"已然"义,陈述"梅兰芳演了苏三,马连良演了诸葛亮",这与而表层结构式(d)的语义有别;最后,(b)式中核心动词"演"实际上经历了"V-to-N-to-V"的移位,关于该类移位存在的问题参看胡建华(2016)。

总之,学者们对角色指派型构式"NP1＋的＋NP2"形成过程的探讨各有一定道理,又都有难讲通的地方,更为重要的是这些推导需要历时材料的支撑。

二　角色指派型构式"NP1＋的＋NP2"的来源及形成过程

我们认为,角色指派型构式"NP1＋的＋NP2"源自"是"字句"S＋是＋NP1＋的＋NP2",其形成途径涉及话题性成分S及系词"是"的省缩。详情如下:

2.1　角色指派型构式"NP1＋的＋NP2"的来源

角色指派型构式"NP1＋的＋NP2"来自"是"字句"S＋是＋NP1＋的＋NP2"。比如:

(4)今日是王伦的首坐,任正千的主席,二坐本该贺世赖,因其与任正千有郎舅之亲,亲不僭友之故,骆宏勋坐了二席,贺世赖是三坐。(《绿牡丹》第七回)

在"S＋是＋NP1＋的＋NP2"中,前项S为非指人名词,后项"NP1＋的＋NP2"中"NP1"为指人名词(或代词)且核心名词"NP2"为角色、身份名词,前项S与后项"NP1＋的＋NP2"之间既不表分类也不表同一而是表达属性关系,即后项"NP1＋的＋NP2"说明前项S的静态属性。比如:

(5)和尚认得陈木南,指着桥上说道:"你看这丁言志无知无识的,走来说是莺脰湖的大会是胡三公子的主人。我替他讲明白了,他还要死强,并且说我是冒认先父的儿

子。”(《儒林外史》第五十四回)

(6)三人抬头,只见“太元居”一面匾。这店是知府轿夫的东家,甚是兴隆。(《施公案》第一〇九回)

(7)这一天是不空和尚的东儿,他先请我到了前门东里一个窄胡同子里一间门面的一个小楼儿上去吃饭。(《儿女英雄传》第三十二回)

(8)当下正要分手,我猛然想起那个什么王大嫂,说过当日娶的时候,也是他的原媒,他自然知道那秋菊的旧主人的了。(《二十年目睹之怪现状》第三十四回)

(9)原来,这县官并不是赃官,就是有点惧上,此事又是焦公子的原告,县太爷焉敢不细细审问?(《三侠剑》第六回)

例中“是”字句前项S“莺脰湖的大会”“这店”“这一天”“当日娶的时候”“此事”均非指人的名词性成分,后项核心名词“主人”“东家”“东儿”“原媒”“原告”皆为角色、身份名词,二者在句法、语义方面不能直接对应,后项“NP1＋的＋NP2”陈述、说明前项S的静态属性:例(5)中“胡三公子的主人”说明“莺脰湖的大会”的静态属性是“胡三公子是主人”,例(6)中“知府轿夫的东家”说明“这店”的静态属性是“知府轿夫是东家”,例(7)中后项“不空和尚的东儿”说明时间名词“这一天”的属性是“不空和尚作东儿”,例(8)的“他的原媒”说明“当日娶的时候”的属性是“他是原媒”,例(9)中“焦公子的原告”说明“此事”的属性为“焦公子是原告”。

那么,后项“NP1＋的＋NP2”何以能够表示静态属性?学者们已注意到“的”字结构修饰名词构成的偏正结构“NP1＋的＋NP2”中隐含谓词。(如袁毓林1995,宋作艳2014,李强2015等)袁毓林(1995)指出,“NP1＋的＋NP2”中隐含谓词,修饰语“NP1”与中心语“NP2”之间有某种述谓关系(predicative relation)而表示这种及物性关系(transitivity relation)的谓词却没有出现,但是通过前后两名词性成分的语义连接,可以激活这个谓词,如“绍兴(出产)的黄酒”。由前可知,后项“NP1＋的＋NP2”中“NP1”为概念自足[①]的指人名词或代词,“NP2”为概念自足的角色、身份名词,[②]而两个概念自足的名词性成分“NP1”“NP2”本身又不能连接,它们之所以联系在一起靠的是临时加进去谓词性成分,反映在“NP1＋的＋NP2”中即该结构存在谓词隐含,且隐含谓词V∅为“NP2”的施成角色。不过,与常规的名词性偏正结构“NP1＋(V∅)＋的＋NP2”/“(V∅)＋NP1＋的＋NP2”这一隐含方式不同的是,后项

① “自足”(“自主”)是与“依存”相对的概念。典型的动词、形容词不是自足概念而是依存于相关的其他概念,典型的名词是自足概念而非依存概念。(参看Langacker 1987/2013:303,沈家煊2015:285)但据袁毓林(1994),亲属名词、部件名词、属性名词并非自足概念而要依存相应的配价名词,比如“刘伟的妻子→＊刘伟的”“塑胶的弹性→＊塑胶的”“老张的胳膊→＊老张的”。

② 亲属名词并非像动词、形容词那样属于绝对的依存概念。在一定句法环境中,它可以指称角色身份而非作为实体的人,仍属自足概念,如前例(5)—(9)中的“主人”“东家”“东儿”“原媒”“原告”。

“NP1＋的＋NP2”的隐含方式为“NP1＋的＋(V∅)＋NP2”。因此后项“NP1＋的＋NP2”实为事件“NP1＋V∅＋NP2”直指的名词化形式，自然能够表示静态属性。

谓词隐含意味着隐含的谓词可以在表层结构中显现，但在后项“NP1＋的＋NP2”中隐含谓词不能出现，究其原因主要有以下两点：一是“NP1＋的＋NP2”中隐含谓词的显现情况与动词V∅的语义类型有关。宋作艳(2014)总结了“NP1＋的＋NP2”中隐含谓词在表层出现的规律，即：动作、过程动词＞关系动词、介词、存在动词＞系动词“是”或存在动词“有”，①并且宋文还明确指出关系动词“是”绝对不能在表层出现，如“＊(是)部长的身份”。前文已经提到，“是”字句后项“NP1＋的＋NP2”的中心语“NP2”为角色、身份名词，其施成角色当为“是(当、作)”这类语义抽象的关系动词，故谓词V∅一般不能在表层显现；二是汉语“NP＋的＋VP”格式的句法限制。“是(当、作)”类关系动词不能进入“NP＋的＋VP”格式(詹卫东1998，张新华2018：69)，因此例(5)—(9)中“胡三公子的(当、作、是)主人”“知府轿夫的(当、作、是)东家”“不空和尚的(当、作、是)”“他的(当、作、是)原媒”“焦公子的(当、作、是)原告”格式本身不能成立。

2.2　角色指派型构式“NP1＋的＋NP2”的形成途径

“是”字句“S＋是＋NP1＋的＋NP2”中，前项S与后项“NP1＋的＋NP2”之间的语义关系松散，如前例(5)—(9)所示。在上下文充分描写的情况下，话题性成分S可以省略，“是＋NP1＋的＋NP2”形成，比如：

(10)陆书道：“在这里，何能要弟兄们作东？”谦之至再，仍是陆书的主人，摆下酒来。(《风月梦》第十七回)

(11)湘云道：“快商议作诗！我听听是谁的东家？”(《红楼梦》第四十九回)

(12)施公吩咐排酒宴来。不多时酒筵齐备。仍是施公的首座，大众各按次序落座。(《施公案》第七十三回)

(13)迂奶奶见知县不答话，又追问一句道：“这个案，又是谁的原告”……迂奶奶又顶着问道：“到底那个的原告，大到那么个样子，也有个名儿？”(《二十年目睹之怪现状》第九十五回)

(14)到场期已近，却是奉旨钦派包公首相的主考，真是至正无私，诸弊全消。(《七侠五义》第二十三回)

例(13)十分具有启发性，“到底那(哪)个的原告”针对前文“这个案，又是谁的原告”继续追问，此处省去了情景性话题成分“这个案”。其余四例可补出情景性指示词“这(那)”。

在“S＋是＋NP1＋的＋NP2”中，系词“是”并无实在的词汇意义而仅起到联系主语与谓

① “＞”代表显现的可能性依次递减。

语的语法作用,只要能够识别前项S与后项“NP1+的+NP2”之间的话题—说明关系,这种语义空灵的“是”可以省略,比如:

(15)只见三子走进房来道:“诸位老爷,今日是东家的主人,〔请〕老爷们在这里便晚饭。”贾铭道:“昨日被那些混帐忘八蛋一闹,玩得不畅快。今日我的主人,你照昨晚的一样办法,快些将月相公请来。”(《风月梦》第十回)

(16)袁猷道:“大哥不必取笑,今日我兄弟的主人。”贾铭道:“我只要有得吃就不说了。”(《风月梦》第十一回)

(17)二郎先拍手痛赞道:“在田所言,正合鄙意。明日即从我为首,然后再次第挨作主人。还要议定。譬如明日我的东道,早间诸位即要过来。”(《绘芳录》第二十回)

话题性成分S省略,系词“是”缩去,角色指派型构式“NP1+的+NP2”形成。但是,只有非指人名词(或代词)做主语的“是”字句“S+是+NP1+的+NP2”才有资格发展出角色指派型构式“NP1+的+NP2”(如前例(5)—(9)、例(15)—(17)所示),加之该构式又与名词性偏正结构“NP1+的+NP2”同形,因此脱胎于“是”字句后项的“NP1+的+NP2”对语境高度依赖,“NP1+的+NP2”实现为分句时往往出现在对举格式或者因果复句中,比如:

(18)崔龙说:“这是月下老人赤绳系足。我的媒人,谁的保人?烦劳贾、赵二位作保人罢,这是好事。”(《续小五义》第十四回)

(19)(刘蕴)回头对玉梅道:“你去知照,备席酒来,我的东道,请祝王二位少老爷的。”(《绘芳录》第五回)

三　角色指派型构式“NP1+的+NP2”的历时演变

明代,角色指派型构式“NP1+的+NP2”萌芽,不过用例并不多见。此时,“NP1+的+NP2”尚未独立,主要在“是”字句或者名词谓句中充当谓语,比如:

(20)他听得陈府判差人请王瑞去教书,心中暗忖道:“古怪,我老李想了两年的馆,再没个荐头,这是谁人的主荐?”(《鼓掌绝尘》第三十七回)

(21)却说骆宏勋大叫为何?因这日亭子内席面上任大爷的主席,骆宏勋是客席,背里面外,对着王伦的亭子,饮酒之间,抬头看见王伦手之舞之,足之蹈之,向贺氏嬉戏,心头大怒,按捺不住,遂失声大叫。(《绿牡丹》第三回)

例(20)中“谁人的主荐”在“是”字句作谓语,意为“谁人是主荐”。例(21)“任大爷的主席”充当名词谓语句的谓语,且与“骆宏勋是客席”并举,意即“任大爷是主席”。

到清代,该构式“NP1+的+NP2”进一步发展。一方面用例增多,在我们收集到的60个用例中,该时期有14例(明代仅4例);另一方面方面“NP1+的+NP2”的句法功能更加丰富。除充当“是”字句、名词谓语句的谓语外,还可作言说义动词的宾语,有的甚至可以实现为分句。比如：

(22)且说三名水寇，今晚是刘六、刘七的东道，请银钩大王挂角蛟。(《施公案》第三十一回)

(23)舅太太道："今日是我的东儿，不用你们张罗。"(《儿女英雄传》第三十一回)

(24)王夫人向平儿道："你明儿过了巧姐儿的事，就向蓝儿的娘说去，说是我的媒就是了。"(《补红楼梦》第十回)

(25)晴雯听了，顿时一盆火发道："太太是仁慈的，因何送咱们的人不好？等明年二爷生日这天，我的东，替另办两席酒，给你做过生日，把平姑娘也请了过来，看还有人去唆耸太太来撵咱们不撵？"(《红楼梦补》第四十五回)

(26)等到成了，他祖母作主，亲舅舅的保山，是不怕的。(《红楼梦》第一一八回)

该时期内"NP1＋的＋NP2"实现为分句是有条件的，即出现在对举格式或者因果复句中：上例(25)的先行分句"我的东"(即"我作东")与"替另办两席酒"构成因果关系，例(26)中"亲舅舅的保山"(即"亲舅舅作保人")与"他祖母作主"并举。

清末民国初年，准定语构式"NP1＋的＋NP2"还可充当叙实谓词(factive predicate)的宾语，比如：

(27)鸣乾笑道："我这篓枇杷，还不知谁的主人呢！既然小姐们要吃，你自己台底下去搬就是。"(《歇浦潮》第八十八回)

(28)勒先道："还等大爷费心呢！代书、门稿，哪里不打听过来？却只查不出哪个的原告。"(《九命奇冤》第三十四回)

较之前一阶段，该时期"NP1＋的＋NP2"最突出的特点有二：一是能够在技能评价型准定语句式"NP1＋的＋NP2＋V＋得＋C"中作主语；二是可以实现为独立的单句。至此，角色指派型构式"NP1＋的＋NP2"发展成熟。比如：

(29)我就立刻写信到一营，把你的恶迹说个明白，再托各报馆上起报来，看你老子的统领可做得成做不成？(《九尾龟》第十九回)

(30)小儒递与王兰道："你的媒人做妥了，预备肚皮吃谢媒酒罢！"(《绘芳录》第五十五回)

(31)童仁道："两物一比，自有高下。难道朱年兄的媒就做得成，老夫脸面就不如他。"(《五美缘》第五回)

(32)白俊说道："我是奉母命，谁是保人？谁是媒人？"三太说道："我的媒人。"萧银龙说道："我的保人。"金头虎说道："我是证人。三媒六证。"(《三侠剑》第七回)

前三例中"NP1＋的＋NP2"充当技能评价性准定语句式"NP1＋的＋NP2＋V＋得＋C"的主语，而技能评价性准定语句式评价、描述事件"NP1＋V＋NP2"自指的名词化形式"NP1＋的＋NP2"："你老子的统领"即"你老子做统领""你的媒人"即"你做媒人""朱年兄的媒"即

"朱年兄做媒"。最后一例中"我的媒人""我的保人"均可实现为独立的单句,但它是对前文问句"谁是媒人? 谁是保人?"的回应。

综上,角色指派型构式"NP1+的+NP2"萌芽于明代,经清代发展,到清末民国初年发展成熟。

四 "的"字的句法语义属性

角色指派型构式"NP1+的+NP2"中"的"字究竟如何定性? 赵元任(1980/1996:269)认为:"的"有一个特别的所有格用法,表示一个人对某一件事所担任的角色,"X+的+Y"就成了"X做的是Y"的缩短语。例如:"今儿是我的东。"换言之,"的"字是领属性的,其语法意义为"表示一个人对某件事所担任的角色"。既然"X+的+Y"是"X做的是Y"的缩略式,那么"某个人对某一件事所担任的角色"理应是整个"X+的+Y"结构的意义而并非"的"字自身的语义。黄国营(1982)认为该构式中"的"字是伪定语标记,其语义相当于"当""做",刘公望(1984)也持类似观点。但是,黄文中"伪定语"的句法属性并不明晰。此外,黄、刘二文把构式"NP1+的+NP2"的功能简单地等同于各构成成分的功能之和,进而推知"的"字的语义相当于关系动词"当、做"。由前文2.1节可知,后项"NP1+的+NP2"的深层结构为"NP1+的+V∅+NP2","当、作、做、是"实际上是隐含谓词V∅的语义。

在源句式"S+是+NP1+的+NP2"中,后项"NP1+的+NP2"深层结构为"NP1+的+V∅+NP2"。"NP1+的+V∅+NP2"是事件"NP1+V∅+NP2"自指的名词化形式,"NP1+的+(V∅)+NP2"仍可看作领有结构,不过与亲属、方位、整体-部分等典型领有结构不同的是,领有者"NP1"领有的是抽象事件"V∅+NP2"。因此,构式"NP1+的+NP2"中"的"字的句法属性当为名词化标记,其语法功能为使事件"NP1+V∅+NP2"名词化,语义功能是表示自指。

五 结论

角色指派型构式"NP1+的+NP2"萌芽于明代,经清代发展,到清末民国时期成熟。该构式来自"是"字句"S+是+NP1+的+NP2",其中前项S为非指人名词(代词),后项"NP1+的+NP2"中核心名词"NP2"为角色、身份名词,前、后项之间语义关系松散,后项"NP1+的+NP2"单纯说明前项S的静态属性。"是"字句"S+是+NP1+的+NP2"省去话题性成分S、略去语义空灵的系词"是",形成角色指派型构式"NP1+的+NP2"。其中,"的"字的为名词化标记,其句法功能在于使事件"NP1+V∅+NP2"名词化,语义功能是表示自指。

参考文献

邓思颖　2008　《"形义错配"与名物化的参数分析》,《汉语学报》第 4 期。
邓思颖　2009　《"他的老师当得好"及汉语方言的名物化》,《语言科学》第 5 期。
邓思颖　2010　《"形义错配"与汉英的差异——再谈"他的老师当得好"》,《语言与教学研究》第 3 期。
胡建华　2016　《"他的老师当得好"与论元的选择——语法中的显著性和局部性》,《世界汉语教学》第 4 期。
黄国营　1981　《伪定语和准定语》,《语言教学与研究》第 4 期。
黄国营　1982　《"的"字的句法、语义功能》,《语言教学与研究》第 1 期。
黄正德　2008　《从"他的老师当得好"谈起》,《语言科学》第 3 期。
[美]兰盖克(Ronald W. Langacker)　1987　《认知语法基础》(第一卷),牛保义、王义娜、席留生、高航译,北京大学出版社,2015。
李　强　2015　《谓词隐含、物性角色和"NP1＋的＋NP2"结构》,《语言研究》第 4 期。
刘公望　1984　《试析"的"的几种特殊用法》,《兰州大学学报》(社会科学版)第 2 期。
刘　辉　2015　《准定语研究选评》,《东方语言学》第 15 辑。
邵敬敏　2009　《从准定语看结构重组的三个原则》,《山西大学学报》(哲学社会科学版)第 1 期。
沈家煊　2007　《也谈"他的老师当得好"及相关句式》,《现代中国语研究》第 9 期。
沈家煊　2015　《不对称和标记论》,商务印书馆。
宋作艳　2014　《也谈与"的"字结构有关的谓词隐含》,《汉语学习》第 1 期。
万　辉　2011　《现代汉语中含有准定语的"N1＋的＋N2"结构研究》,北京大学硕士研究生学位论文。
袁毓林　1994　《一价名词的认知研究》,《中国语文》第 4 期。
袁毓林　1995　《谓词隐含及其句法后果——"的"字结构的称代规则和"的"的语法、语义功能》,《中国语文》第 4 期。
詹卫东　1998　《关于"NP＋的＋VP"偏正结构》,《汉语学习》第 2 期。
张新华　2018　《"感谢"类叙实动词句的话题、焦点和名词化现象》,《语言研究集刊》第 20 辑。
赵元任　1980　《中国话的文法》,刘梦溪主编《中国现代学术经典・赵元任卷》,河北教育出版社,1996。
朱德熙　1982　《语法讲义》,商务印书馆。

A Study on the Diachronic Evolution of Role-assigning Quasi-attributive Construction "NP1＋ *de* (的)＋ NP2"

ZHANG Lei

Abstract: The role-assigning quasi-attributive construction "NP1＋ *de*(的) ＋ NP2" originated in the Ming Dynasty, developed in the Qing Dynasty, and matured during the late Qing Dynasty and the early Republic of China. The construction is formed by omitting the topic S and copular "*shi*(是)" in "S ＋ *shi*(是) ＋ NP1＋ *de*(的) ＋ NP2". "*de*(的)" is a nominalizer, whose syntactic function is to nominalize the event "NP1 ＋ VØ ＋ NP2", and the semantic feature is to indicate self-referential.

Keywords: role-assigning quasi-attributive construction, origin, formation, diachronic evolution

(张磊　中国社会科学院语言研究所　100732)

《历史语言学研究》稿约

一

《历史语言学研究》是由中国社会科学院语言研究所历史语法与词汇学学科（中国社会科学院重点学科）主办、商务印书馆出版发行的系列学术集刊，旨在为国内外历史语言学界提供一个较高水平的学术交流平台。从2021年开始，本刊改为一年两辑，简体字。

本刊主要发表原创性的历史语言学及其相关专业的学术论文。

本刊面向国内外语言学界组稿，实行双向匿名审稿制。欢迎投稿。本刊通讯地址：中国北京建国门内大街5号中国社会科学院语言研究所《历史语言学研究》编辑部，100732；电话：010-85195400。电子邮件：lsyyx@cass.org.cn.

二

来稿请注意以下事项：

1. 字数一般请控制在20000字以内，超过5000字者请提供300以内的中文提要和3至5个关键词，以及相应的英文题目、提要、关键词。

2. 投稿电子文本即可。电子文本以WORD编辑，通过电子邮件以附件形式发送。作者姓名、单位、电子邮件、电话、通信地址及邮编等请另页给出。

3. 编辑部在收到稿件后半年内告知评审结果，半年内如未收到用稿通知，可自行安排。论文一经发表，即赠样书两本。

三

稿件编排主要体例如下：

1. 章节层次编号，可以用1、2，1.1、1.2，1.1.1、1.1.2，……；或一、二、三，（一）、（二）、（三），1、2、3，……

2. 图表编号，用图1、图2；表1、表2，……。

3. 例句编号，用(1)(2)(3)……。例句版式，首行空4格，回行空2格，必要时接排，中间用竖线隔开。例句出处在圆括号内标明，包括书名、卷回名或卷回数等。

4. 国际音标是否加方括号视需要而定；调值用数字形式标在音标右上角，如“[lou^{35}]”。

5. 注释用①②③……置于每页下面，每页单独排序。谢启置于首页下，并于篇题之后标星号参照。

6. 征引形式为“吕叔湘(1944)”；引述原文时，兼附页码，如“王力(1980:21)”，或加在引文后面“(王力1980:21)”。

7. 征引文献一律附在文末“参考文献”下，先中文，后日文、英文，按音序排列。

《历史语言学研究》编辑部